CHRISTIAN BARON, geboren 1985 in Kaiserslautern, lebt als freier Autor in Berlin. Nach dem Studium der Politikwissenschaft, Soziologie und Germanistik in Trier arbeitete er mehrere Jahre als Zeitungsredakteur. 2020 erschien bei Claassen sein literarisches Debüt *Ein Mann seiner Klasse*, wofür er den Klaus-Michael-Kühne-Preis und den Literaturpreis »Aufstieg durch Bildung« der noon-Foundation erhielt. Die von ihm zusammen mit Maria Barankow herausgegebene Anthologie *Klasse und Kampf* erschien 2021 bei Claassen.

Christian Baron

SCHÖN IST DIE NACHT

Roman

Ullstein

Besuchen Sie uns im Internet:
www.ullstein.de

Dieses Buch ist ein Roman. Obwohl ich darin die Lebensgeschichten meiner Großväter und weiterer Familienmitglieder verarbeitet habe, sind alle Figuren in diesem Text frei erfunden.

Der Autor dankt der Senatsverwaltung für Kultur und Europa des Landes Berlin und dem Ministerium für Wissenschaft, Weiterbildung und Kultur des Landes Rheinland-Pfalz für die Unterstützung.

Die Zitate auf S. 216 und 258 stammen aus Heinrich Böll, *Und sagte kein einziges Wort*, Verlag Kiepenheuer & Witsch: Köln, 1995.

Ungekürzte Ausgabe im Ullstein Taschenbuch
1. Auflage Dezember 2023

Umschlaggestaltung: zero-media.net, München,
nach einer Vorlage von Büro Jorge Schmidt, München
Titelabbildungen: © Privat (Vorderseite)
Satz: Pinkuin Satz und Datentechnik, Berlin
Gesetzt aus der Albertina MT Pro
Druck und Bindearbeiten: ScandBook, Litauen
ISBN 978-3-548-06858-9

Januar 1944

Ein Ziel im Leben haben

Am Abend war die Hoffnung da. Beim Anblick der zerstörten Villa des Apothekers Jansohn am Museumsplatz überfiel sie ihn. Die Südfront war weggerissen worden, an der Nordseite hatte eine Bombe ein Loch in die Klinkersteinfassade gestanzt. Als Horst drei Tage nach dem Fliegerangriff vom siebten Januar neunzehnhundertvierundvierzig am Brückengeländer lehnte, konnte er alle drei Etagen des Apothekerhauses betrachten. In nicht ganz neun Wochen würde er elf Jahre alt werden, und in einem solchen Haus, das nahm Horst sich in diesem Moment vor, würde er später einmal leben.

Wie viele Stuben es dort drinnen wohl gegeben hatte? Auf dieser Seite ließen sich drei pro Stockwerk ausmachen, bei dem breiten Bau mussten es auf der anderen Seite mindestens ebenso viele gewesen sein. Drei mal drei macht neun, das rechnete er mit den Fingern aus, noch mal drei mal drei macht wieder neun, und neun plus neun, das sind … nicht zu fassen! Von der Einrichtung war nichts übrig, natürlich, doch Geröll und Trümmer waren auf dieser Seite schon fortgeräumt, sodass Horst bloß seiner Fantasie freien Lauf lassen musste, und schon erwachte das Leben.

Wofür der alte Jansohn mit seiner Frau und den paar Kindern so viel Platz gebraucht haben mochte, wo Horst sich im Heim mit zehn Kameraden einen einzigen Raum teilte?

Nun, Horst war ein Waisenhauszögling, und der Herr Jansohn, der war Apotheker, also musste diese Villa etwas mit seinem Beruf zu tun haben. Womöglich hatte der Mann sich als Zehnjähriger auch mit zehn Kameraden oder Geschwistern einen Schlafraum geteilt, und weil er fleißig gewesen war, hatte er sich dieses Haus gebaut, oder nein: Er hatte es sich bauen lassen, was freilich noch besser war, und eines Tages, wenn der Endsieg da und Kaiserslautern wiederaufgebaut wäre, würde Horst es dem Herrn Jansohn nachtun.

Dafür durften sie ihn keinesfalls kaschen. Also riss er sich nach Einbruch der Dunkelheit los von der Aussicht auf sein Erwachsenenleben. Horst zog seine Batschkapp tief ins Gesicht und ging hinüber zur Kammgarnspinnerei. Er kam am Eingang zum Bunker vorbei. Auf dem Kellerfenster waren von außen die mit weißer Farbe aufgeschriebenen Buchstaben SR zu sehen. Es war der Schutzraum, den er seit dem Beginn des Bombenterrors Dutzende Male aufgesucht hatte, ohne dass mehr als ein paar Sprengkörper eingeschlagen waren. Feucht und stickig war die Luft dort unten, und weil die Leute ihre Angst zwischenzeitlich schon fast vergessen hatten, waren die verheerenden Angriffe vom siebten Januar umso schrecklicher gewesen. Es gab Arbeiter, die beim Einquartieren halfen, Leute aus einem Land namens Ukraine, von dem Horst in der Schule erfahren hatte, dass es nun zum Deutschen Reich gehörte, was ihn noch immer verwirrte, denn diese Menschen sprachen überhaupt kein Deutsch. Eine Frau mit blonden Zöpfen, Anusch hieß die, hatte Horst seit Monaten nach jedem Fliegeralarm dort unten in die Arme genommen und immerzu das gleiche Lied mit beunruhigendem Klang gewispert, dessen Text er nicht verstehen konnte, das ihn aber an seine Mutter denken ließ.

Vor drei Tagen, als zum ersten Mal wirklich der Lärm der Flugzeugmotoren und der Bomben durch den Luftschacht gedrungen war, da kam der Bunkerwart heran und schlug Anusch mit seiner kurzen Peitsche ins Gesicht. Die Haut platzte auf, das Blut nahm eine finstere Farbe an, und der Mann brüllte: »Schaff dich enaus, du Drecksau!« Mit ihren feuchten Lumpen um die Füße trat Anusch in die Bombennacht, und Horst hatte sich vorgenommen, sie zu finden, tot oder lebendig. Wenn sich rund um die Spinnerei, wo es keine Trümmer und keine Sucher gab, heute Nacht vom Boden etwas abgreifen ließ, und sei es ein im Davonlaufen verlorenes Zigarettenetui, dann hätte sich der Ausflug hierher bereits gelohnt.

Außer ein paar Kippenstummeln fand Horst nichts, auch von Anusch keine Spur, also stapfte er zurück in Richtung Stadtkern. Überall in der Umgebung der Einschläge waren die Fensterscheiben eingedrückt von den Druckwellen der Sprengbomben, oft fehlten die Dächer. Aus den heil gebliebenen Häusern drang kein Licht, nur der Schein der letzten Laternen fiel auf die Straßen. Nichts war zu hören außer dem Klopfen der Holzsohlen seiner Schweinslederschuhe auf dem Trottoir. Oder? Da war noch was. Hallten ihm seine eigenen Schritte nach? Hinter ihm war was. War jemand. Starr vor Schreck stand Horst da, das Geräusch schien sich zu nähern, da sprang er am Altenhof ins Trümmerfeld der Villa Orth. Unter seinen Füßen zerbrach das gefrorene Gras bei jedem Schritt wie dünnes Glas, hinter einem der Schutthaufen duckte er sich, hielt Mund und Nase zu und hörte, wie sich Schritte näherten. Nun schloss er auch die Augen, denn er spürte, dass jemand vor ihm stand, dunkel, leise. Jetzt haben sie mich, dachte er, doch als er blinzelte, waren da bloß zwei ärmlich behoste Beine. Er hob den Kopf, da stand ein junger Mann mit einem umgeschneiderten Wehrmachtsmantel.

»Was machst du hier?«, fragte der Mann, der selbst fast noch wie ein Kind aussah. Nur seine große Nase verlieh ihm den Anschein eines Erwachsenen. »Weißt du nicht, dass wieder Alarm kommen kann?«

Horst gab keine Antwort. Was hätte er auch sagen sollen? Dass er abgehauen war, weil ihm der Sinn nicht nach täglichem Siebenstriem stand? Dass er auf der Suche war nach Anusch, die ein Bunkerwart ins Verderben geschickt hatte?

»Seit wann ist es Halbwüchsigen erlaubt, nachts durch die Stadt zu stromern? Willst du die Fliegergeschädigten bestehlen? Oder bist du ein Fliegergeschädigter? Dann zeig deinen Fliegergeschädigtenausweis! Und nimm die Batschkapp ab, oder bist du ein dreckiger Jud?«

Horst versuchte es mit einer Gegenfrage: »Wer sind Sie?«

»Brandwache. Ich mache die Nachtschicht, seit zwei Tagen schon. Wenn ich meinen Dienst weiterhin anständig ableiste, darf ich zur HJ-Feuerwehr, bald, wenn ich sechzehn bin.«

»Donnerwetter.«

»Nun sag schon: Was treibst du hier? Wo sind deine Eltern? Wo wohnst du? Wenn du die Auskunft verweigerst, muss ich dich melden. Bei der Volkswohlfahrt haben sie Methoden, glaub mir.«

»Ach, ich weiß nicht …«

»Bist also doch ein Jud?«

»Nein, ich bin kein Jud.«

»Was soll dann die Geheimniskrämerei?«

Er musste sich schnell etwas einfallen lassen, was ihm bei der Kälte schwerfiel. Statt zu reden, fing er an zu husten.

»Was ist los, hast du Tbc?«

»Ha«, sagte Horst, spuckte in die Hände und sagte: »Sehen Sie Bazillen?«

»Dumm und frech bist du auch noch. Wann war deine letzte Untersuchung?«

»Das weiß ich nicht.«

Der Mann zerrte ihn hoch: »Mitkommen!«

»Nein«, sagte Horst, »warten Sie. Ich erklär es Ihnen.«

»Dann raus mit der Sprache.«

Beim Betrachten dieses Nazis kam Horst eine Idee.

»Ich wohne im Heim«, sagte er, »weil meine Eltern fort sind.«

»Also doch ein Jud!«

»Nein, nein«, sagte er, »mein Vater ist in Dachau. Seit Jahren schon. Er ist … er *war* arbeitslos.«

»So? Ein Asozialer. Da hat mich mein Gespür doch auf die richtige Fährte geführt«, sagte der Mann und reckte seine fleischige Nase in den Nachthimmel.

Nun begann der Teil der Erzählung, der Horst wirklich wehtat.

»Mein Vater ist ein arbeitsscheuer Trinker. Gut, dass der im Lager ist, ich mag den nie mehr wiedersehen«, sagte er, bemüht um einen aufrichtigen Ton.

»Was ist mit der Mutter? Ist die auch in Dachau?«

»Nein.«

»Red schon. Wenn ich dir erst jedes Wort aus der Nase ziehen muss, nehm ich dich gleich mit.«

Horst presste die Lippen zusammen: »Meine Mutter war eine Hure«, sagte er, »darum hat mich ja die Fürsorge geholt. Und vor drei Tagen, nachdem die Flieger fort waren, da haben sie mich zum Kotten geschickt, wo unser Mietshaus in Trümmern lag.«

»Hast dich nützlich gemacht und Steine weggeschafft?«

»Das auch«, sagte Horst, der kämpfen musste, damit die Stimme ihm blieb, »da lagen die Leichen, aufgereiht in der Straße. Ich sollte vorübergehen und schauen, ob meine Mutter unter den Opfern ist.«

»Und, war sie?«

»Ja.«

»Bist du traurig?«

Nie hätte Horst gedacht, dass das Lügen so viel Kraft kosten könnte.

»Am Gesicht hab ich sie nicht erkannt«, sagte er. »Viel zu stark verbrannt. Darum brauchten die Schutzmänner mich. Sie trug ihr Marienkäferkleid und den dicken Armreif. Von beidem war mehr übrig als von ihrem Gesicht. Haben den Leichnam dann in einen Waschzuber verfrachtet, so geschrumpft war der.«

Horst sah sich dem prüfenden Blick dieses Mannes ausgeliefert. Er hielt ihm nicht stand und musste hoffen, dass der Kerl dennoch anbiss.

»Und nun bist du aus der Fürsorge getürmt. Weißt du, was dir blüht, wenn sie dich erwischen?«

»Im Heim kann ich mich doch nicht nützlich machen. Arbeiten will ich, für den Endsieg und dafür, dass ich mir irgendwann ein Haus bauen lassen kann, so eins wie die Villa Jansohn am Museumsplatz.«

»So? Das gefällt mir. Ein Ziel im Leben muss man haben.«

»Was ist Ihr Ziel?«

»Anständig bleiben«, sagte der Mann.

»Mehr nicht?«

»Alles andere kommt von ganz alleine.«

»Ich weiß nicht.«

»Man kann sich auch überschätzen. Wie willst du denn ans Ziel kommen?«

»Ich kenne das Reichsbürgergesetz«, sagte Horst. »Haben sie uns in der Kottenschule beigebracht. Reichsbürger mit vollen Rechten darf sein, wer deutschen oder artverwandten Blutes ist und durch sein Verhalten beweist, dass er gewillt und geeignet ist, in Treue dem deutschen Volk zu dienen.«

»Wenn deine Eltern Asoziale sind, bist du auch asozial. Hast wohl keine Ahnung von Erbgesundheit.«

»Sie sollten mich mal sehen! Unterricht findet seit Tagen nicht statt, von meinen Kameraden hat niemand so viele Fenster repariert wie ich. Und am Abend räume ich mit den Erwachsenen noch die Fliegerschäden weg. Mein Blut *muss* arisch sein!«

Der Mann musterte Horst mit einem schwer zu deutenden Blick. Dann nahm er zwei Zigaretten aus der Tasche und bot Horst eine an.

»Donnerwetter«, sagte Horst, »wie kommen Sie denn zu so etwas?«

Die Zigaretten waren halb aufgeraucht und leicht zerdrückt. Horst hatte sofort erkannt, dass der Kerl sie nicht etwa einem Zugang zu wichtigen Leuten verdankte, sondern beim Kippenstechen auf der Straße gefunden haben musste. Als er das Streichholz entzündete, blickte der Mann stolz und sagte: »Hast du den Ariernachweis?«

»Ich weiß nur, dass ich nicht wieder ins Waisenhaus kann. Dort wartet wohl der Karzer auf mich, im besten Fall.«

»Pass auf«, sagte der Mann, »ich glaub dir.« Er legte ihm die rechte Hand auf die Schulter, näherte sich seinem Ohr und flüsterte: »Weißt du, wir haben mehr gemeinsam, als du vielleicht denkst.«

Horst suchte mit den Augen das Trümmerfeld nach etwas Griffigem ab, das er dem Kerl über den Schädel ziehen konnte zur Not. Der aber sank nun herab, setzte sich neben ihn und zog an seinem Zigarettenstummel.

»Mit den Eltern hat man es nicht leicht«, sagte er. »Meine sind beide Kommunisten. Vater verlor seine Anstellung in der Tischlerei und kam dann ins Strafbataillon. Hat er nicht überlebt. Und die Mutter, elende Bolschewikin, lernt nicht dazu. Ins Heim gegeben hat die mich, einfach so. Keine Liebe zum Vaterland, keine Witwenrente, keine Arbeit. Dabei bin ich ganz anders. Anständig.«

»Hmm«, sagte Horst, dem nichts weiter einfiel; am wichtigsten erschien ihm ohnehin das Schweigen, damit der Mann nicht doch noch misstrauisch würde.

»Bei uns im Heinrichstift gibt es eine Scheune mit Unterboden«, sagte der nach einer Pause. »Da kommt kaum mal wer hin. Womöglich kriegen wir dich dort unter für eine Zeit lang. Mach dir keine Sorgen. Kein Deutscher bleibt zurück, das sagen sie uns doch immer.«

»Ist das nicht gefährlich?«, fragte Horst.

Der Mann sah ihn verwundert an: »Wir sind anständige Deutsche. So kurz vor dem Endsieg würden die in deinem Waisenhaus das nicht begreifen. Aber danach werden sie mir einen Orden verleihen für die Rettung eines arischen Jungen, da kannst du dich drauf verlassen.«

Er stand auf und sagte: »Du musst mir aber deinen Namen verraten.«

Horst musterte ihn von oben bis unten. Noch immer konnte er sich keinen Reim darauf machen, warum der Mann ihm seine Hilfe anbot.

»Horst heiße ich. Horst Baron. Und Sie?«

»Wagner. Willy Wagner.«

TEIL I

Wunderland
–
1973

ERSTES KAPITEL

Der Prolet, der aus der Kneipe kam

1

Er hielt es fest in der Hand, sein kleines Leben, der Zimmerer Willy Wagner. Wilhelm hieß er, Willy nannte er sich. Mit Ypsilon, so wie Willy Fritsch, einer der *Drei von der Tankstelle*. Und wie Willy Fritsch trug auch Willy Wagner das dunkle Haar gestutzt, er war ebenso rank und schlank, groß gewachsen, mit ähnlich hoher Stirn, und er blickte aus den gleichen Scheinwerferaugen. Bloß dieses Siegerlächeln, das dem Fritsch ins Gesicht getackert schien, fehlte ihm. Was nicht daran lag, dass er ein Miesepeter gewesen wäre.

Heute zum Beispiel, an diesem überraschend klaren Frühlingstag Anfang März, da hatte er sich fein gemacht. Seine Rosi, die eigentlich Rosemarie hieß, war in der Früh aufgestanden, um die Löcher der braunen Wildlederjacke zu stopfen, von Motten zerfressen im Wandschrank vergessen, das gute Teil, gerade noch rechtzeitig war es Willy eingefallen, sonst wäre er in Arbeitsmontur aufgekreuzt, was an diesem besonderen Tag nur dem Polier erlaubt war. Unter der Jacke trug Willy eine Kniebundhose, die dem Kollegen einen Anerkennungspfiff abrang, als er in den postgelben VW Bulli der Firma stieg.

»Na, so was«, sagte Hannes, der Fahrer, »unser Willy, freizügig wie ein Mannequin.«

»Musst du gerade sagen«, brummte Willy, »mit deinen Porzellanhändchen und den manikürten Nägeln.«

»Körperpflege hat noch keinem geschadet, Willy. Sollteste auch mal versuchen, bei Gelegenheit«, sagte Hannes.

Mit seinen dünnen, nassen Haaren, wie sie nur hutlose Zeitgenossen trugen, mit der rasierten Brust, die sich unter dem Hemd abzeichnete, mit den Storchenbeinchen und den engen Schlaghosen sah Hannes aus wie einer vom anderen Ufer. Das war er auch, ganz sicher war er das, was Willy kaum gekümmert hätte, würde der Kerl seine Unsicherheit nicht mit einem Schandmaul übertünchen und beim Fahren jede Geschwindigkeitsbegrenzung ignorieren.

Immerhin, während der halb- oder auch dreiviertelstündigen Fahrt zur Feier fiel kein weiteres Wort. An Dansenberg brausten sie vorbei, über die Breitenau und Queidersbach bis zur Neumühle, diesem entlegenen, an einem Abhang klebenden Ort im Speckbachtal.

Räuberdorf. Zigeunernest. Revolversiedlung. Diese Kolonie trug viele Namen. Und für Willy hatten sie alle ihre Berechtigung. Wer etwa den Waldweg nahm, musste wissen, worauf er sich einließ. Vor allem durfte er nicht unbewaffnet wandern, denn die Neumühler neigten zum kurzen Prozess wie die Banditen in düsteren Märchen aus uralten Zeiten. Im Schatten der Eichen lagen und standen sie, lauernd auf Tölpel, die aus Leichtsinn auf einen der sich zwischen den Bäumen windenden Pfade geraten waren und denen spätestens dann nichts mehr helfen konnte, nicht einmal der Warnruf des Eichelhähers. Ständig war in der Zeitung was zum Tumult im Wald zu finden, seit Jahren schon. Ebendarum war Willy zum Schleifer gestapft, sowie ihn die Firma vor Monaten zur Neumühle beordert hatte. Woche um Woche ließ er die Klingen seines Sackmessers schärfen, auf dass ihm keiner dieser Barackler was anhaben mochte, wenn er sich von Montag bis Samstag zu unchristlicher Stunde auf den Weg machte vom Bahnhof zur Baustelle, querwaldein durch Lichtungen und über Bäche, das Messer in der Tasche umklammernd.

Heute hatte er die Waffe zu Hause gelassen, denn der Anlass war so schön, dass Willy sich ausnahmsweise einverstanden gezeigt hatte, mit den Kollegen im Bulli zu fahren. Gab es schließlich nicht alle Tage, so ein Richtfest. Wer feste arbeiten könne, dürfe auch Feste feiern, das war das Erste, was Willy damals zu hören bekommen hatte, vor inzwischen auch schon wieder gut fünfundzwanzig Jahren, an seinem ersten Tag auf dem Bau. Was waren sie erstaunt gewesen, als dieser Koloss von einem Halberwachsenen die Schaufel in die Hand genommen und wild drauflosmalocht hatte. Er war kein Mann, der als Erster durch die Tür einen Raum betrat. Einem Streit ging er lieber aus dem Weg, was ihm hin und wieder mehr Scherereien eingebracht hatte, als wenn er den Konflikt gleich mit der Faust voran geklärt hätte. Bestenfalls schritt er ein, um wen aus den Klauen eines Prüglers zu befreien. Er konnte nicht sehen, wenn ein Mensch geschlagen wurde, und er griff dann nicht ein, weil er Mitleid oder gar Liebe empfand, sondern einfach, weil es ihm unerträglich war.

Willy hatte nicht bloß seine Rosi, nein, da waren auch die sieben Töchter: Ella, Trude, Sophie, Hanna, Gerda, Mira und Juli, die Älteste Jahrgang sechsundvierzig, die Jüngste sechsundsechzig geboren. Keine Kleinigkeit für einen Mann von vierundvierzig Jahren. Nie hatte Willy die Hand gegen Frau oder Kinder erhoben. Was man von Rosi nicht behaupten konnte. Wenn sie dem Alkohol zusprach, geriet sie in eine ihrer Phasen. Da war nix mit Verlässlichkeit. Einer hatte den Unterhalt zu sichern, und das war nun mal Willy. In den ersten Berufsjahren war er auf der Walz, danach arbeitete er tagsüber für die Firma und abends schwarz in der Umgebung der Stadt, wo die Bürgersleut sich am Fiskus vorbei ihre Häuschen bauen ließen. Anständig bleiben, das war Willy wichtig, aber wenn wer seine Hilfe brauchte oder er mit normaler Arbeit nicht über die Runden kam, nahm sogar er es mit dem Gesetz nicht mehr so genau. Vater oder Ernährer, er hatte wählen müssen. Beides zugleich gab es nur für die, die schon was vorzuweisen hatten, und da Willy den Hunger kannte, fiel die Wahl ihm gar nicht so schwer.

Zeitweise war er sich vorgekommen, als hätte er anstatt einer Familie einen Stall voller Hühner daheim, und erst als fast alle Mädchen ausgezogen und nur noch die beiden jüngsten übrig geblieben waren, da hatte Willy seine Zuneigung zu zeigen begonnen, er konzentrierte sie auf diese letzten drei weiblichen Wesen, für die er da sein würde, solange es eben nötig wäre. Mira, zehn Jahre jung, war scheu wie ein Reh, aber schlau wie eine Füchsin. Und Juliane, die Kleinste, die sie nur Juli riefen. Sie war mit ihren sieben Jahren frech wie ein Marder und im Kopf flink wie ein Wiesel. Die beiden wollte Willy ordentlich durchbringen, nachdem er bei den fünf anderen gescheitert war, schuldlos, aber kläglich. Alle hatten sie den Kontakt abgebrochen, keine von ihnen hatte eine Ausbildung oder einen vorzeigbaren Kerl. Nur Ella, die Älteste, hatte es richtig gemacht: sich einen Ingenieur geschnappt und ihn geheiratet, darauf war Willy stolz, auch wenn er kaum einmal ein Lebenszeichen empfing.

Dann war da noch seine Mutter. Wie viele Jahre hatte die

mittlerweile hinter sich, zweiundsiebzig oder dreiundsiebzig? Zum Glück war sie noch auf Zack, gestählt von zwei Kriegen, noch dazu als Kommunistin, ihr machte keiner was vor. Ganz allein kam sie aber auch nicht mehr klar, da musste Willy in die Bresche springen, er hatte ihr vergangenen Sommer die kleine Wohnung in der Häberlestraße besorgt, unweit des Volksparks, dort ließ sie es sich gutgehen, das war ein gutbürgerliches Wohngebiet; doch ohne die zwanzig Mark, die er ihr jeden Monat aus seiner Lohntüte gab, säße sie auf der Straße.

Und dann war da die Arbeit, die Willy so liebte, wie man eine Frau liebt. Man kann nicht ohne sie und nicht richtig mit ihr und ist am Ende jeden Tag froh, sie zu haben. Und zum Richtfest, das hatte Willy sich vorgenommen, würde er sich heute die Zunge locker trinken, der größte Teil seines Werks auf der Neumühle war erledigt, sein Anteil am Gelingen des Rohbaus enorm, obwohl er zuvor noch nie an einem Schützenhaus mitgetan hatte.

Nach dem Hinaufkriechen ins Dorf passierte der VW Bulli einen kleinen Gottesacker, auf dem Holzkreuze aus der Erde ragten, viele schief, aber keines umgefallen, so als müssten sie sich allezeit gegen die Welt stemmen. Willy hatte mal gehört, von den vierhundertnochwas Einwohnern hier trügen mehr als hundert den Namen Flickinger.

Kein Mensch war an diesem Vormittag auf den engen Schotterstraßen unterwegs. Hütte reihte sich an Hütte. Bäume gab es nur ringsum. Über die Dorfmitte zog sich ein langer, mausgrauer Kasten mit quaderförmigem Türmchen, den Willy erst für eine KZ-Ruine gehalten hatte, ehe ihm das Kreuz am Eingangstor aufgefallen war. Wenn der Herrgott wüsste, dachte Willy, dass diese Halunken sich eine Kirche errichtet haben, womöglich noch zur Tarnung, dann würde er ihnen die eine oder andere Plage schicken. Zur Arbeit kam Willy nie auf diesem Weg, sondern von hinten durchs Geäst, am Bolzplatz, wo die Kriegsversehrten schon vor Sonnenaufgang pichelten und nach Schichtbeginn den Zimmerern beim Schuften zusahen. Ihre müden Augen starrten herüber, stundenlang rührte sich keiner von ihnen, so als hätten sie einfach zu sterben vergessen. Vor Wochen war Willy dazu übergegangen, allmorgendlich für jeden dieser Herumtreiber jeweils eine Dose Bier einzustecken.

Natürlich waren die armen Schlucker auch heute die Ersten, denen Willy begegnete, als er auf dem Richtfestplatz aus dem Wagen sprang. Vorn lud der Bierfahrer seinen Pritschenwagen aus, auf dem Dachstuhl wehten die rotweißen Bänder des Richtkranzes. Der Polier trippelte um den Rohbau. Nach und nach kamen immer mehr Leute aus dem Wald, der Lärmpegel schwoll an, Willy stand mit einer Flasche Bier in der Hand an den Firmenlaster gelehnt, und schon bald war der planierte Teil des Platzes proppenvoll. Ein kleiner Kerl mit braunem Pilzkopf hatte den Grill schon angeschmissen, als der Polier auf dem Dachstuhl erschien. Ängstlich lächelnd stand er da, mit Stenz und Schlapphut, in schwarzer Hose und perlmuttbeknöpfter Weste über der Staude sah er aus wie eine Schießbudenfigur. Eisfahl im Gesicht, dem ging der Poppes auf Grundeis, so hatte Willy seinen Boss noch nicht erlebt, eine Ewigkeit sammelte der Mann sich, ehe er die Arme reckte.

»Liebe Kollegen, liebe Freunde, liebe Neumühler«, sprach er mit schwimmender Stimme zur stummen Masse, »bevor wir unseren Erfolg begießen wollen, lasst mich ein paar Worte des Dankes loswerden. Allen voran geht dieser an unseren Bauherrn Flickinger, der heute leider nicht anwesend sein kann, uns aber mit Gerstensaft und Grillfleisch versorgt hat.«

Verhaltener Applaus. Der Polier verhaspelte sich mehrmals, und nach ein paar Floskeln klang er auf einmal schmalzig, so als hätte er eine Dose Nivea-Creme ausgeleckt: »Essen und Trinken kosten nichts. Eine Bitte vom Bauherrn darf ich jedoch überbringen. Unten beim Grillmeister findet ihr eine Kasse, in die jeder hineinlegen mag, was er erübrigen kann, um dem neuen Schützenverein auf die Sprünge zu helfen. Nun lasst uns feiern. Mein Trunk sagt, das Haus ist geweiht und steht nun bis in alle Ewigkeit.«

Willy wandte den Blick nicht vom Dach ab, seine Füße waren bereit zum Sprint, falls der Chef gleich beim Runterklettern stürzen würde.

»Labbeduddel. Vor wem kackt der sich ins Hemd?«, sagte einer neben Willy.

»Ajo, hat Schiss vorm eigenen Bauherrn«, sagte Willy, und da erst fiel ihm auf, dass er die Stimme kannte. Er drehte den Kopf und sah in das vertraute Gesicht, das er in diesem Moment überall verortet hätte, im Puff oder im Knast oder in der Karibik, jedenfalls nicht auf der Neumühle beim Richtfest des ersten Schützenhauses im Ort.

»Na, alter Junge? Immer noch auf der Flucht vor der Sucht?«

»Was … wie …?«, stammelte Willy. »Was hast du hier verloren?«

»Begrüßt man so seinen alten Freund? Wo ist dein Anstand geblieben, mein lieber Willy? Freuste dich nicht, mich zu sehen?«

Es rauschte, dann fing eine Blaskapelle an zu spielen. Willy sah um sich. Kein Trompeter, nirgends. Dafür drehte sich neben dem Grillmeister eine vom grauen Tonarm betastete

Platte auf dem Teller, das Gedudel beschallte den Platz auch ganz ohne einen Schalltrichter.

»Mal ehrlich jetzt«, sagte der Kerl, »wie wahrscheinlich ist es, in 'nem Nest wie Kaiserslautern 'nem alten Freund so lang nicht übern Weg zu laufen? Wahrscheinlich haste dich in 'nem Loch verkrochen, so sieht's doch mal aus. Dafür haste dich proper gehalten, muss ich schon zugeben.«

Gönnerhaft schlug er Willy die flache Hand auf den Rücken, doch die Fassung kam so schnell nicht zurück. Immer mal wieder hatte er gehört, dass Horst mit dem Stempelschein durch die Stadt schlich oder sich mit Betrügereien über Wasser hielt, so gerüchteweise, viel drauf geben konnte man nicht. Und nun lächelte er ihn an, dieser kleine, untersetzte Typ mit dem zerfurchten Gesicht, der rotgesoffenen Nase, den dünnen Lippen, den drallen Wangen, der ewigen Batschkapp und der verblassten Jeansjacke, mitten auf der Neumühle.

»Komm, von drüben weht so ein schönes Düftchen her, ich muss was zwischen die Kiemen kriegen«, sagte Horst.

Beim Kauen des Fleisches betrachtete Willy seinen Freund aufmerksam, kopfschüttelnd. Wie lang war er Horst nicht begegnet? Er sah ihn an, dessen Mund sich öffnete, so weit, bis hinter den gelben Zähnen der dunkle Rachen sichtbar wurde, gieriger Schlund.

Gut und gerne zehn Jahre mochte es her sein, da hatte Willy den Horst zum Abendessen mitgebracht, wie so oft in jener Zeit. Nach Feierabend hatten sie sich ein paar Bierchen genehmigt in dieser Bar draußen am Bahnheim, und ordentlich angeschickert waren sie in froher Erwartung bei Rosi aufgetaucht, die sich nichts anmerken ließ, rauchend saß sie am Küchentisch neben den Freunden, die durch dick und dünn gegangen waren, seit Jahren schon, und als die beiden Teller Linsensuppe so leer geleckt waren, dass man sie wieder hätte in den Schrank stellen können, da gab Rosi keinen Nachschlag, sondern fing an mit ihren Fragen. Wo denn die Dankbarkeit bleibe. Warum sie sich ständig besaufen müssten. Wieso sie nicht mal sparen würden. Und wann Horst endlich seine Schulden bei Willy begleichen würde. Weil niemand antwortete, stand Rosi auf, nahm den Topf vom Herd, schüttete den Rest der Suppe in den Müllkübel und schlug mit dem Kochlöffel die Keramiklampe kaputt. Es dauerte danach eine ganze Weile, ehe Horst die Stille durchbrach: »Was hat 'n die hysterische Kuh bloß wieder?«

Als hätte sie darauf gewartet, plärrte Rosi drauflos. Wenn sie ihn noch einmal mit Horst sehe, nur noch ein einziges Mal, dann werde sie beide abstechen, jawohl, alle beide, und wie zum Beweis, dass das keine leere Drohung war, nahm sie das Küchenmesser aus der Schublade, woraufhin Horst die Jacke anzog, schief abwinkte und verschwand – auf Nimmerwiedersehen, da war sich Willy sicher gewesen, fälschlicherweise, wie sich nun herausstellte, und Willy wusste nicht, ob das gut war oder schlecht.

»Was treibt dich hierher, ausgerechnet heute?«, fragte er.

»Ach, du«, sagte Horst mit vollem Mund, »das ist alles rein geschäftlich, nix Besonderes.«

So, so. Das dachte Willy, aussprechen wollte er es nicht, das brauchte er auch nicht, Horsts blitzende Augen gaben ihm zu verstehen, dass die beiden sich schon richtig verstanden.

»Lief aber nicht so, wie ich mir das vorgestellt hab hier oben, ganz und gar nicht. Leider«, sagte Horst. »Die Furzbeutel denken, mit mir könnt man's machen. Aber du kennst mich. So, und jetzt: zusehen und lernen!«

Horst biss in seine Frikadelle und schmatzte vielsagend.

Sein Blick huschte umher, die Blasmusik aus der Konserve war vom Schunkelton zum Marschtakt gewechselt, die meisten Leute hatten schon nach einer halben Stunde einen sitzen. Die Musik verstummte, eine neue Platte wurde eingelegt, und Horst brüllte: »Wer von euch hat diese Frikadellen mitgebracht?«

Alle starrten ihn an.

»Hopp, raus mit der Sprache!«

Dem Grillmeister entglitt der Blick. Er legte die Zange weg, trat vor und verschränkte die Arme vor der Brust.

»Aha, das hätt ich mir ja denken können. Sag mal, stimmt das, was man sich hier erzählt?«

»Was erzählt man sich denn?«, fragte der Grillmeister mit überraschend hoher Stimme.

»Also, ich kann mir das gar nicht vorstellen, aber rumgesprochen hat es sich halt. Dass ihr Frikadellen aus Hundefleisch verteilt habt.«

Der Grillmeister verzog noch immer das Gesicht. »Wer behauptet so einen Dreck?«, rief er.

Hinter und neben ihm krempelten sie schon die Ärmel hoch.

»Ich jedenfalls nicht«, sagte Horst. »Da will jemand euren Ruf ruinieren. Was manche Menschen für Rindviecher sind, man will's nicht glauben.«

Fast unmerklich nickte der Grillmeister, und schon kamen zwei kurz geschorene, kleiderschrankgroße Kerle näher. Binnen Sekunden hatte einer von ihnen Horst am Schlafittchen gepackt und auf Augenhöhe hochgezogen. Horst streckte den rechten Arm aus, zeigte auf einen drüben am Bolzplatz an seinem Bier nippenden Kerl und krächzte: »Hier, der Erhard, der hat mir's gesagt«, und schon ließ der Kerl ihn los.

»Wisst ihr, was er noch gesagt hat vorhin? Der Pilzkopf am Grill, hat er gesagt, der ist so dunkel im Gesicht, weil er von Afrikanern abstammt.«

Mit Gebrüll stürzten sie auf das Bolzplatzwürstchen, sieben oder acht Mann, sie droschen auf ihn ein, der Ärmste winselte wie ein Hund, und als endlich auch der Grillmeister hinübergelaufen war, schnappte Horst sich die Kasse, drückte sie Willy in die Hand und schrie: »Lauf! Lauf um dein Leben! Und um meins!«

Willys Schockstarre währte nur Sekundenbruchteile. Unwesentlich länger dauerte es, bis die Neumühler die Verfolgungsjagd aufnahmen. Willy hetzte Horst hinterher, hinein in den Wald, die Kasse klingelte, das Gebrüll kam näher, die Hunde bellten, und schon hatte Willy die Nachlaufmusik aus dem Film *Eine total, total verrückte Welt* im Ohr, Jäger wie Gejagte rannten sich die Lungen aus dem Leib, und irgendwann zog Horst den lahmer werdenden Willy ins Gebüsch. Er hielt ihm den keuchenden Mund zu. Eine Laubwelle brandete raschelnd heran, als sei eine Stampede unterwegs im Pfälzerwald. Ewig blieben die beiden im Versteck. Es musste schon weit nach acht sein. Das Schweigen war unerträglich. In großen Schritten wurde es dunkel, als ob jemand das Licht heruntergedimmt hätte, wie das halt so war Anfang März, und bald schon wähnte sich Willy in einer Nacht ohne Morgen.

2

Willy sprang auf seinen Hocker an der Theke. Seit Horst ihn vor zehn Tagen hierherbestellt hatte, war die Goldmine auch seine Stammkneipe. Dabei wollte Willy so was eigentlich nicht mehr, er war fertig mit dem Mist, seit er vor drei Jahren drüben im Knerzje länger geblieben war und zu Hause seine Rosi mal wieder auf gepackten Koffern gesessen hatte, was sie als letzte Warnung verstanden wissen wollte, als allerletzte Warnung. Von einem Moment auf den nächsten hatte Willy nach Feierabend keine Spelunke mehr betreten, und Rosi sollte möglichst lange in dem Glauben bleiben, dass es noch immer so war.

»Mensch, Helga«, sagte Horst, »was stinkt das hier wieder. Schütt mir mal was von deinem Kloputzwasser übern Dez, mein Riechkolben muss sich erholen.«

Er konnte froh sein, dass er überhaupt noch was roch, wusste Willy, denn bei der letzten Keilerei hatten sie Horst die Nase zertrümmert. Den Mund durfte er nicht zu weit aufmachen, sonst würde er wieder schreien wie ein Kind, dieser Hasenfuß, und dafür fehlte Willy heute Abend der Nerv. Drei Tage war es her, da hatten sie Horst draußen auf dem Trottoir in die Mangel genommen. Dabei, hatte er behauptet, wollte er den Herren Gastarbeitern nur erklären, was sich in einer deutschen Schankstube gehört und was nicht. Im besten Fall nähmen sie ein paar Manieren mit in ihre Heimatländer, wenn sie irgendwann mal zurückgingen.

Mit dem Hemdsärmel wischte Horst die Asche-Bier-Brühe vor sich auf. Willy sah das Gesicht seines Freundes im Spiegel hinter der Bar. Ein paar Schoppengläser und Fuselflaschen standen ihm im Blickfeld. Düster war es hier drin, Helga liebte das, ihr konnte es gar nicht schummrig genug sein, und trotzdem erkannte Willy die Schwellungen in Horsts Visage, auf die viele hier neidisch waren, vor allem die Jüngeren, deren Gesichter immer gleich rot und blau anliefen, wenn ihnen jemand Saures gab. Horst dagegen umwehte die Aura eines Boxers aus einem Hollywoodfilm. In seiner Miene sahen die gewölbten Lippen, das zerschlagene Jochbein und die aufgetriebenen Augen aus wie geschminkt. Er mochte wehleidig sein, doch einstecken konnte er.

Die Goldmine war eine klassische Lauterer Eckkneipe. Über den Tischen lagen Häkeldeckchen, vor den Fenstern hingen vergilbte Gardinen, der nackte Tresen bestand aus einem langen und einem kurzen Holzbrett, hinter denen der Zapfhahn, Dutzende Gläser und eine Reihe gewisser Spirituosen ausgestellt waren. Die Wände hatte Wirtin Helga mit pfälzischen Landschaftsmalereien verziert, der Platz neben der Dartscheibe war für Fotos reserviert, die Jugendbildnisse ihrer Stammgäste zeigten. In einer der hinteren Ecken stand eine selten benutzte Jukebox, die zwei Amis vor Jahren hier reingeschleppt hatten. Dabei sah es überhaupt nicht amerikanisch aus, das Gerät; es war mit Holz furniert, Gelsenkirchener Barock.

Helga trug ihr Haar helmglatt. Erst seit einem Jahr, wie sie Willy verraten hatte, was der kaum glauben konnte, weil die Matte zu dieser Frau passte wie angegossen. Es war so ziemlich das Erste, was Willy seine neue Stammwirtin gefragt hatte, und sie schien nur darauf gewartet zu haben, ihre Frisurgeschichte erzählen zu können. Anfang zweiundsiebzig, sagte sie, habe Tony Marschall über die »Schöne Maid« gesungen, Helga habe ihn im Schwarz-Weiß-Gerät gesehen, das damals schon über dem Schnapsschrank gehangen hatte, und sie sei schockverliebt gewesen – aber nicht in Tony Marschall, sondern in dessen Frisur. Danach habe es keine drei Tage gedauert, da sei Helga bei ihrem Coiffeur aufgetaucht, vorn am Pfaffplatz. Tony Marschall in der Goldmine, also nicht im Fernsehen, sondern so richtig, direkt und in Farbe, das sei seitdem Helgas Traum.

Gerade aber war Zarah Leander dran: »Ich weiß, es wird einmal ein Wunder geschehn«. Horst betrachtete die im Wasserglas tanzenden Kalkbröselchen und dachte ganz sicher wieder an Dora, die angeblich früher immer die Wände der Goldmine zum Wackeln gebracht hatte mit ihrer Zarah-Leander-Stimme. Hier waren sie einander zufällig begegnet, damals, am Tresen der knurrenden Helga, und hier hatte Dora den ultimativen Streit provoziert. Paar Wochen her. Willy war für diese Geschichte der erste Adressat, Horst spielte jeden Abend das Opfer. Das sei alles nicht mehr zu ertragen, habe Dora geschimpft, vor all den Leuten hier, sie brauche Luft zum Atmen. Man könne doch nicht ewig in so einer Kaschemme versacken, sie kriege schon Depressionen.

»Depressionen«, soll Horst gesagt haben, »sind was für die Reichen. Wir anderen müssen morgens früh raus.«

Da sei Dora verduftet, tagelang habe sie nichts von sich hören lassen, und bald wäre sie wohl wirklich fort, nicht mal für Kalle und Ottes interessiere sie sich noch besonders, wahrscheinlich müsse er bald allein mit den Jungs zurande kommen, und dazu jeden Morgen die Ungewissheit, ob er auf irgendeiner Baustelle gebraucht würde. Mit seinen vierzig Jahren sei er im besten Alter, da werde ihn doch wohl jemand einstellen können!

Willy schwieg, trank und sah sich um. Horst gab keine Ruhe.

»Wen muss ich bestechen, damit ich was zu saufen krieg? Noch ein Wässerchen!«

Helga griff unter die Theke, nahm einen Bierdeckel und schob ihre Lesebrille auf die Nase.

»Da haste ganz schön was angesammelt«, sagte sie, den Deckel zurückwerfend und Horst von dem Wein eingießend, den sie gerade aus der Flasche trank. Er holte aus und schlug Willy seine Hand auf den Rücken, was aussehen musste, als würde eine Ratte einen Kater ankumpeln.

»Weißte was, mein Bester«, sagte Horst, »man muss immer fröhlich bleiben, auch wenn das Leben einem keinen Grund dazu gibt. Fröhlich bleiben ist die halbe Miete. Glaub mir, das tut dir gut, da kannste monatelang von auswärts essen.«

Willy mochte die Maserung auf dem Holz des Tresens. Immer wenn Horst seine dollen fünf Minuten bekam, zog Willy mit seinen Fingern diese Maserung nach. Der Kerl fiel ihm gewaltig auf die Nerven, aber nach Hause wollte Willy auch noch nicht. Dort erwartete ihn nichts als die ewigen Vorhaltungen seiner Frau. Hätte sie besser mal einen erfolgreichen Mann geheiratet, so einen, der was auf Bildung hielt und nicht bloß mit Fleiß und Ausdauer zu beeindrucken versuchte. Die Kinder hätten in stilvollen Möbeln geschlafen und wohl kaum den Kontakt abgebrochen. Wahrscheinlich lag es weder an seinem Hang zu Überstunden noch an Rosis Trinkerei, sondern an der schmutzigen Bude in der Talstraße, in der sie hausten. Zwei Zimmer ohne Wohnungsklo, alle Wagners in einem Raum. Wenn Willy und Rosi mal so richtig für sich sein wollten, blieb ihnen nur eine Nacht im Hotel, für die er zuvor monatelang was vom Lohn beiseitelegen musste. Nicht dass es in letzter Zeit dazu gekommen wäre.

Um Punkt neun Uhr am Abend stellte Helga die Musik ab, schaltete den Fernseher ein und rief: »So, jetzt haltet mal die Backen!«

Auf der kleinen Mattscheibe war ein Mann zu sehen, der trug ein Vogelnest auf dem Kopf und lief auf einer riesigen Bühne hin und her. In einer Tour filmte die Kamera ihn von unten, den diamantbesetzten Anzug, den hochgestellten Riesenkragen, den breiten Gürtel, der alles zusammenhielt. Über der Bühne leuchtete gleich zweimal der Name des Mannes: Elvis.

»Was soll das denn?«, sagte Horst. »Schalt ab, das hält doch keiner aus.«

»Halt den Sabbel, sonst fliegst du raus«, zischte Helga, und das Schweigen der Männer gab ihr recht. Dabei hätte auch Willy gern abgeschaltet, wenn auch aus anderem Grund. Er mochte Elvis, aber das hier war zu viel. Selbstdemontage eines Weltstars. Sich nach einer Massenkarambolage auf die Autobahnbrücke zu stellen und die Unfallopfer zu begaffen, wäre Willy redlicher vorgekommen. Davon schienen die anderen aber nichts zu spüren. Lied für Lied lauschten die Saufbrüder, als sei das hier ein Gottesdienst. Als Elvis anfing, den größten Hit von Chuck Berry in sein Mikrofon zu nuscheln, hielt Willy es nicht mehr aus: »Mit dem stimmt was nicht, guck dir die Augen an, mit dem Kerl nimmt's mal ein schlimmes Ende, da wett ich hundert Mark drauf.«

Helga sah ihn an, als hätte er ihr eine gescheuert.

»Ist doch wahr«, sagte Willy, doch Helga hob Zeige- und Mittelfinger, zwischen denen eine rauchende Ernte 23 hing, die sie zu lang nicht abgeascht hatte. Also blieb Willy ruhig, ließ den von der Stirn tropfenden Schweiß und das Wackeln mit dem Bein und das erschöpfte Stammeln über sich ergehen. Dann war das Konzert rum und die Glotze aus. Sofort ging das Gemurmel los, aus den Boxen kam wieder deutscher Schlager, und Helga rubbelte Gläser trocken.

»Das darf doch nicht wahr sein«, sagte Willy, »dass hier jeder einfach Verzählchers macht, als wäre nichts gewesen. Juckt euch das wirklich nicht, dass sich da einer vor unser aller Augen mit Drogen kaputtmacht?«

»Keine Ahnung, was du meinst«, lallte Horst, der sein auf ex geleertes Schoppenglas vor sich hin knallte.

Helga sorgte für Nachschub und sagte: »Was ist denn dabei, wenn wir ein bisschen schöne Musik hören. Interessiert mich nicht, was der Mann schluckt.«

»Na gut, dir ist das egal, von mir aus«, schimpfte Willy, der ob seines Laberdrangs erschrak und dennoch weitersprach, eben weil es mal gesagt werden musste. »Ich hab kleine Kinder. Wenn die das gerade daheim auf dem Sofa gesehen haben, wie die Leute diesem Haufen Elend zujubeln, dann wollen sie auch Drogen nehmen, Drogen bringen Erfolg, meinen die dann, so sind Kinder.«

Anstatt ihn ernst zu nehmen, fingen alle an zu lachen. Willy wollte schon verduften, da ging die Tür auf. Schlagartig verstummte das Spelunkengelächter, denn da standen drei baumlange Kerls im Windfang, jeder mit einem abgebrochenen Stuhlbein in der Hand. Ohne ein Wort zu verlieren, gingen zwei der Männer auf Horst zu und packten ihn, einer links und einer rechts. Der dritte hielt drohend das Stuhlbein hoch, und dann waren sie mit dem sich kein bisschen wehrenden Horst im Schlepptau auch schon wieder verschwunden. So schnell kann's gehen, dachte Willy, der sein Kleingeld nahm und seine zehn Halbe passend zahlte.

3

Am Nachthimmel segelten die letzten Sterne, ehe sie hinter den Wolken verschwanden. Spät war es geworden. Das hatte er nun davon. Die Schufterei auf der Baustelle am Postgebäude vor dem Hauptbahnhof schlauchte ihn mehr, als er erwartet hatte. Aber Willy war froh, überhaupt noch dabei sein zu dürfen, nach dem Zores auf der Neumühle. Und überhaupt, die Arbeitslosigkeit bei Zimmerleuten stieg seit Jahren, offenbar hatte inzwischen jeder sein kleines Häuschen gebaut, und genug Geschäfte gab es in der Stadt auch, wenn man der *Rheinpfalz* glauben konnte. Bei Schmidbauer hatten sie gerade erst ein Dutzend entlassen, bei Bolzmann waren's letztes Jahr noch mehr, was willste machen. Habbelrath kam noch ganz gut über die Runden, und Willy schätzten sie dort besonders, weil er ständig Überstunden machte, ohne zu murren. Seit sie den Akkordzuschlag abgeschafft hatten, machten sich einige einen schönen Lenz, aber nicht Willy. Morgens stand er früher auf dem Bau als alle anderen, und er zog die Cordweste erst aus, wenn die Männer schon beim Feierabendbier saßen.

Angst um seine Stellung hatte er im Moment keine, einstweilen brauchten sie ihn noch. Vierundvierzig war Willy, außer ein bisschen Rückenschmerzen hatte er nichts, gar nichts, er fühlte sich fit wie ein Dreißigjähriger. Doch die geringste Schwäche oder der kleinste Fehler genügten, ein paar verkantete Dübel, und sie würden sich irgendeinen jungen Dudderer suchen und einen guten Mann aufs Altenteil schieben, das kann schneller gehen, als du denkst, gerade hast du noch dein kühles Vormittagspils aufgeploppt, und plötzlich gehst du stempeln statt schaffen.

Willy hob die Nase, schnupperte gen Norden, Richtung Erzhütten, heimwärts, es roch nach Regen und Donner und Blitz. In den Bäumen raschelte es, der Himmel sah alt aus. Willy schob den Reißverschluss seines gewitterdunklen Mantels nach oben und zog seinen taubengrauen Hut tief ins Gesicht. Er fühlte sich nicht wie ein Prolet, der aus der Kneipe kam, eher wie ein Privatdetektiv bei einer Erkundung.

Raschen Schrittes durchquerte Willy den Kotten, das Arbeiterviertel, das sie bei den Fliegerangriffen im Jahr vierundvierzig komplett zerstört und nach dem Krieg wiederaufgebaut hatten. Hier kannte ihn jeder Zweite, mindestens, und in einer milden Nacht Mitte März lungerten die Arbeitslosen und Tunichtgute gern bis in die Puppen draußen herum, da grüßten sich entfernte Bekannte wie uralte Freunde, Willy stierte auf den Asphalt und ließ sich durch keinen noch so vertrauten Ruf beirren.

Bei der Alten Brücke konnte er sich die Krempe seines Hutes endlich wieder aus dem Sichtfeld schieben, denn der eine Teil der Barackler von der Berliner Straße war im Tiefschlaf, und der andere saß in den Destillen ringsum. Durch ein Wolkenloch brach der Mondschein und malte die Birkenblätter an. Da lag noch immer dieses Rasenstück, auf dem sie als Buben gesessen hatten, bis in die Nacht hatten sie Weidenpfeifen geschnitzt und Streiche ausgeheckt, den ganzen Sommer über war niemand in der Nachbarschaft vor ihnen sicher gewesen. Den Alten hatten sie als lästig gegolten, als Asoziale, jeder Weg und jeder Pfad, beinahe jeder Quadratmeter Boden hatte ihre Fußspuren getragen.

Willy sah den Jungen, der er mal war, Schlachtenlieder singend, auf dem Boden lümmelnd, Schläge und Wunden einsteckend, ohne nach dem Warum zu fragen. Er war der Junge, der im Frühjahr die von der Kälte der Eisheiligen überraschten Hummeln mit Zucker aufpäppelte, der im Sommer bis zwei oder drei Uhr nachts rücklings im Gestrüpp lag und im Herbst die Äpfel von den Bäumen pflückte und zwischen wirbelnden Blättern den Weg entlanglief, so energisch wie Fritz Walter im Betzenbergstadion hinter dem Ball her. Er war der Junge, der im Winter mit den Nachbarskindern die Fensterscheiben der Juden einwarf.

Die Wolken verschlangen den Mond, der Schimmer auf

den Blättern verblich, Willy kehrte um, schnäuzte sich in eines seiner Stofftaschentücher und ging weiter seines Weges. Die paar Meter durch den Straßenlampendschungel bis zur Neubausiedlung im Pfeifertälchen mochte er besonders.

Regen fiel herab, die Tropfen schienen es nicht eilig zu haben. Willys Fingerspitzen glitten über akkurat gefertigte Gartenzäune. Längst hätte er Eigenheimbesitzer sein können, obwohl er nur ein einfacher Arbeiter war, jawohl, ein einfacher Arbeiter mit eigenem Haus hätte er sein können, wäre er bloß nicht so freigiebig gewesen mit seinem Geld.

Ich bin ein Donnermagnet, dachte er. Manche Leute ziehen Gewitter an. Saugen sie auf wie Katzen den Atem der Neugeborenen. Manche Menschen sind negativ gepolt, andere positiv. Manche glimmen im Dunkeln, andere verlöschen. Willy wusste, zu welcher Art er gehörte.

Ein alter Mann stand an seinem Eingangsgitter. Seine freundlichen Augen schimmerten groß und klar. Er nickte Willy zu, sagte: »Geht bald richtig los, was?« Willy lüpfte seinen Hut und machte sich schleunigst vom Acker.

Den Fischerrück und den Alberichsberg ließ er hinter sich, ohne irgendwem begegnet zu sein. Weit war es nun nicht mehr, ein paar hundert Meter bergauf zur Talstraße, an deren Anfang zwei breite, mehrstöckige Häuser mit Mietwohnungen standen, eine Enklave der Armen inmitten des großbürgerlichen Viertels auf den Erzhütten, der ältesten Stadtrandsiedlung von Kaiserslautern, wo sich seit Jahren nur noch Neureiche ihre Häuser bauen ließen, von Männern wie Willy, der an beinahe jedem Dach in dieser Ecke eigenhändig mitgewerkelt hatte. Früher, also ganz früher, im achtzehnten Jahrhundert, da erhielten die Anwohner ihren bis heute allen in der Stadt geläufigen Spitznamen: die Hütterer. Damals kamen die ersten Handwerksfamilien hier hoch, die Waldwirtschaft und das Erzbergwerk florierten. Anfang des neunzehnten Jahrhunderts war sogar Napoleon zu Besuch, drüben in der Rütschhofstraße. Später mussten die Hütterer sich Arbeit in den Fabriken der Stadt suchen, sie zogen weg und machten Platz für die, denen es an nichts fehlte. Da fühlten die Mieter der Talstraße sich wie die Unbeugsamen, die den Eindringlingen noch immer Widerstand leisteten.

Fast trocken war Willy an seinem Wohnblock angekommen, da begann es, richtig zu kübeln. Er liebte den Regen im Übergang vom Winter zum Frühling, der roch erdig und süßlich und nach dem Versprechen warmer Tage, und niemals hatte Willy einen Schirm besessen, das war was für Trottel. Von der Haustür aus sah er im ersten Stock das Fernsehgeflimmer. Da konnte er sich noch eine Kippe anzünden. Über die Hutkrempe kullerten die Regentropfen. Drüben im Frisiersalon standen die Trockenhauben im Dunkeln, auf das Morgengrauen wartend, auch Rosi würde sich am nächsten Tag auf den Weg machen, damit ihr Minipli durch die stürmische Zeit kam. Dann würde Willy sich auf Arbeit hinsetzen und im Rundfunk die Vorberichte auf das Spiel des 1. FC Kaiserslautern hören. Zehn Mark hatte er gewettet, auf eine Auswärtsniederlage am kommenden Wochenende in Hannover. Zwei zu zwei hatten sie letztens noch gespielt, daheim gegen Hamburg, mit Ach und Krach. Willy hatte auf eine Pleite gesetzt, das tat er seit Jahren, immer so, wie es die Kassenlage hergab. Wenn die Lauterer verloren, dann ärgerte er sich kaum, weil er was versaufen konnte. Spielten sie unentschieden, dann blieb das Geld schön im Topf. Gewannen sie, dann war Willy die zehn Mark los, genoss aber den Siegestaumel in der Goldmine. Auf alles musste er gefasst sein, das war der Normalzustand, gerade mit seiner Rosi.

In gespannter Stille lag die Küche, nur der Kühlschrank surrte. Willy fand außer rohen Eiern und Streichwurst nichts Essbares, da war Großeinkauf angesagt Samstagfrüh, und wie Willy seine Rosi kannte, würde sie ihn losschicken mit den Mädchen, und dann würden sie ihn zum Schokoladenregal zerren und Rehaugen machen.

Hoffentlich hatte sie ihm was vom Abendbrot übrig gelassen, er hatte ordentlich Qualm. Erst fand er den Lichtschalter nicht, das passierte ihm dauernd, obwohl sie schon fast ein Jahr hier wohnten, aber er wollte keinen Radau machen, also tastete er sich aus der Küche heraus und steuerte das abgedunkelte Wohnzimmer an. Willy näherte sich dem Raum wie einer tickenden Zeitbombe.

Auf dem Sofa saß Rosi, mit dem Rücken zu ihm und eingemummelt in ihre Kuscheldecke, der rechte Arm ruhte auf dem Körper der schlafenden Mira, deren schwarzes Haar über der Couchlehne hing. Im Fernsehen lief eine Wiederholung von *Wir Wunderkinder* aus den Fünfzigerjahren. Wolfgang Müller und Wolfgang Neuss sangen »Jetzt kommt das Wirtschaftswunder«.

»Guten Abend«, sagte Willy.

»Jetzt gibt's im Laden Karbonaden schon und Räucherflunder. Jetzt kommt das Wirtschaftswunder, jetzt kommt das Wirtschaftswunder.«

Willy räusperte sich, da zischte Rosi wie eine Schlange, ohne sich umzudrehen. Müller und Neuss trällerten so leutselig, dass Willy im Rhythmus die Finger gegen die Zarge trommeln ließ.

»Steht noch was zu futtern drüben?«, fragte er.

Rosi trug ihre weiße, suppenbefleckte Schürze. Ihr langer Rock fiel in Falten auf die Strümpfe herab. Sie griff nach der Kornflasche auf dem Marmortisch, schraubte den Deckel ab und ließ mehrere Schlucke die Kehle hinuntergluckern. Was war sie doch für ein kleines Persönchen. Und was verlieh ihr das Trinken doch für eine Kraft.

»So blind kannst nicht mal du sein«, sagte sie, »hast wohl wieder ordentlich gebechert.«

Sie wedelte mit der Hand und trippelte an ihm vorbei. »Komm«, sagte sie, »komm, ich zeig's dir, du Spatzenhirn.«

Ihr trostloser Ausdruck traf auf das dämmrige Licht der Küche. Willy stieß gegen den Lampenschirm, Rosi musste wegen des herabrieselnden Staubs niesen. Beinahe wäre sie gestürzt, Willy wollte sie festhalten, was ihm sogar gelang. Rosi schlug ihm mit der Hand mehrmals auf den Arm.

»Lass deine Finger fort von mir«, motzte sie, »hier, mach die Augen auf.«

Sie deutete auf die beiden Töpfe, die auf dem Gasherd standen. Willy lupfte die Deckel. In dem einen Topf klebten Tomatensaucenreste, im anderen pappte verschwindend wenig Nudelmatsch.

»Kannst fressen, was übrig ist«, sagte Rosi, nachdem sie noch einen kräftigen Schluck aus der Pulle genommen hatte. »Als ob ich nicht wüsste, wo du dich rumtreibst. Ich mach das nicht mehr mit, ich bin nicht dein Haussklave!«

»Lass gut sein«, sagte Willy. Er fasste nach ihrer Flasche, doch sie zog die Buddel rechtzeitig weg, Willy konnte nicht mehr, ihm knurrte der Magen, und er musste ins Bett, also fingerte er nach der Flasche, Rosi schrie wie am Spieß um Hilfe, aber Willy ließ nicht locker, und dann holte sie aus und donnerte ihm die Kornflasche gegen die Stirn.

Das Blut rann ihm in die Augen, über die Nase, in den Mund, übers Kinn, es sickerte ins Hemd, und sie stritten immer noch um die Flasche, »Hilfe, Hilfe«, sie schlug um sich, das Blut spritzte auf ihre Schürze, aber irgendwann hatte

Willy Ernst gemacht, jetzt lag die Kornflasche zerdeppert auf dem Boden, und Rosi war gefangen in den Armen ihres Mannes, sie strampelte und schrie weiter, bis sie irgendwann schwächer wurde.

Im Wohnzimmer standen Mira und Juli, zitternd aneinandergeklammert. Willy ließ Rosi langsam auf den Boden sinken, wo sie sich zusammenkauerte und winselte. Er ging auf die Mädchen zu, sie zuckten zusammen, erst jetzt sah er seine blutverschmierten Hände, die Kinder liefen zurück in die Schlafstube. Willy sank zu Boden, er drückte die Hand gegen die Wunde am Kopf und wusste nicht weiter.

Rosi schluchzte immer leiser und immer weniger, und nach ein paar Minuten zog sie sich an der Spüle hoch. Willy stand auf und wollte ihr helfen, aber Rosi schrie wieder: »Fass mich noch ein einziges Mal an!«

Sie wankte aus der Küche, hinein in den engen Korridor, und nahm den Telefonhörer von der Gabel. Drei Ziffern wählte sie, das bekam Willy mit. Was macht die da?

»Hallo? Ich werde hier verprügelt. Kommen Sie bitte, aber schnell, es ist Alkohol im Spiel, und wenn der Mann sich gleich wieder aufrafft, dann bringt er mich vielleicht um. Kommen Sie, bitte!«

Willy nahm ein weißes Handtuch, zog den Mantel an und verließ die Wohnung.

Es hatte aufgehört zu regnen. Im Vorgärtchen vor dem Mietshaus roch es nach nassem Gras. Willy blickte auf das geöffnete Fenster im Erdgeschoss, wo eine junge Frau saß, die Beine angewinkelt, das Licht des Zimmers hinter ihr. Sie hatte semmelblondes Haar, die Haut war hell und besprenkelt mit Sommersprossen. Ihre Stirn hatte sie gerunzelt. Willy legte eine Hand auf die Metallstreben, er blickte ihr ins Gesicht und sah die kleine Nase. Stupsnase, was für ein schönes Wort, Rosi hatte auch so eine Stupsnase, und als sie sich kennengelernt hatten, bei ihrem ersten Tanz, einem Tango, »Schön ist die Nacht« hieß der, da war Rosi von einem Lachkrampf überfallen worden, und sie hatte gesagt, was sie so witzig gefunden hatte, ja, sie hatte sich vorgestellt, wie witzig es wohl sein mochte, den großen Mann mit dem riesigen Zinken zu küssen, noch nie habe sie so eine fleischige Nase gesehen, aber sie liebte sie, das hatte sie ihm in all den Jahren immer wieder gesagt, sie liebte diese Fleischnase, weil sie diesen Mann mit der Fleischnase liebte, also war es für sie keine Fleischnase, sondern der schönste Rüssel im Gesicht des liebsten Mannes auf der ganzen Welt.

Er stand kaum mehr als eine Minute lang dort unten, dann hörte er die Sirenen, sie wurden lauter, und da traf ihn der Blick der Frau auf dem Fensterbrett. Er musste sich aus dem Staub machen, wenn er nicht zum Gespött der Hütterer werden wollte.

4

Die Welt lag im Schlummer, die Fensterkreuzschatten durchbrachen die Starre und vollführten ein Spiel mit Geflimmer und Dämmer an der Decke und den Wänden. Draußen die Straße, auf der vorbeifahrende Autos die Stadt in die Zelle brachten und Willy an seine Zeit in der Fremdenlegion erinnerten. Fünfundfünfzig war das gewesen, er hatte dafür sogar die Beziehung zu Rosi zwischenzeitlich beendet. Da waren Ella und Trude schon auf der Welt, und während alle vom Wirtschaftswunder sprachen, brach der sechsundzwanzigjährige Hilfsarbeiter Willy Wagner mit seiner Kompanie nach Algerien auf. Als er seiner Mutter davon erzählte, hatte er im Flur gestanden, er hatte es nicht fertiggebracht, der Pazifistin im Wohnstubensessel unter die Augen zu treten. Würde er im Gefecht fallen, hatte er geflüstert, bekäme sie mehrere tausend Mark. Mehrere tausend! Er hatte im Flur gestanden, hatte die Nachricht überbracht, die Stille danach ertragen und seine Tasche genommen. In Algier rauchte er im Mondschein Haschisch mit einem Mädchen, das er mochte und das ihn zum Essen einlud. Sie bat ihn um zweihundert Mark, damit ihr Vater fruchtbares Land kaufen konnte. Dann bot sie sich ihm an, und damals, um Mitternacht im Haus der Eltern, waren die Fensterkreuzschatten ebenso durch den Raum getanzt wie nun in der Lauterer Zelle. Weil er die zweihundert Mark aus der Kompaniekasse gestohlen hatte, war er getürmt und ungeschoren davongekommen, auch wenn er noch Jahre nach der Flucht beinahe täglich Angst hatte, irgendwann doch geschnappt zu werden.

Die Zelle lag im Halbdunkel, da flog die Tür ins Schloss. Willy fuhr hoch, seine Handschellen klimperten. Wenn er seine Hände aneinanderrieb, fühlten sie sich an wie Schmirgelpapier. Seine Fußnägel hatte er auch vernachlässigt, er kam nicht hinterher damit, den Dreck darunter fortzukratzen. Scham kroch in ihn hinein, als er sah, wer ihn abholte. Kein Kerl mit dickem Bauch und dünnem Haar, sondern eine Frau, eine Polizeibeamtin. Was es heutzutage nicht alles gibt, dachte er. Auf so was muss man einen Gefangenen doch vorbereiten. Noch dazu sah sie aus wie gemalt. Beinahe so groß wie Willy, bestimmt eins achtzig. Unter dem Diensthut ihr Haar, glatt und schwarz. Sie grinste Willy an, als habe sie seine Scham bemerkt. Er bekam kein Wort heraus, und auch die Frau in Uniform sagte nichts.

Er schlurfte durch den Korridor. Der eiserne Bohnerbesen

glitt langsam auf und ab. Die meisten Leute hatten Zeit, viel Zeit. Die Frau führte Willy in einen rauchgeschwängerten Raum und zu einem Tisch, an dem keiner saß. Schreibmaschinen klapperten. Sie nahm ihm die Handschellen ab, ein Mann setzte sich Willy gegenüber, kratzte sich die Glatze und bot Willy eine Zigarette an. War das ein Trick? Willy lehnte ab, er traute dem Kerl, das Gesicht blass und rund wie ein heller Mond, nicht über den Weg. Er hatte selten gute Erfahrungen gemacht mit der Polizei. Der Bulle holte ein Papier aus einer Schublade, spannte es in die Schreibmaschine und hämmerte drauflos.

»Schönes Ding«, entfuhr es Willy.

Der Beamte brummte, ohne aufzublicken, Willy grimassierte, was der Mann nicht sehen konnte, war aber auch egal, er sollte jetzt lieber die Klappe halten.

Die Frau kam zurück und sagte: »Waschen Sie sich bitte die Hände.«

»Ist das nicht ein bisschen übertrieben?«, sagte Willy.

Sie deutete auf das Waschbecken in einer Ecke des Großraums. Sonst würden wegen des Fingerschweißes die Abdrücke undeutlich.

Abdrücke? Jetzt behandelten sie ihn, als hätte er die Volksbank überfallen. Als Willy wieder auf seinem Platz vor dem noch immer tippenden Beamten saß, nahm die Frau seine rechte Hand und drückte die Fingerspitzen sanft auf eine Platte, die vorher mit Druckerschwärze bewalzt worden war. Als sie sich zu ihm herunterbeugte, nahm er ihren Duft wahr. Das gibt's doch nicht, dachte er. Ambre. Genau das hatte er Rosi geschenkt, zu Weihnachten, letztes Jahr erst.

Die Beamtin nahm jede Fingerspitze einzeln und drückte sie an die vorgesehene Stelle auf dem Personalienbogen. So tat sie es auch mit Willys Linker. Dagegen hätte er protestieren können, unter Garantie, er war kein Schwerverbrecher, doch ihre Hände waren samtweich. So etwas hatte Willy seit Jahren nicht gespürt, und dann war es schon vollbracht und Willy für alle Zeit aktenkundig. Die Beamtin verabschiedete sich und zwinkerte ihm zu.

Der Mondgesichtige räusperte sich. Er tippte auf einer echten Olivetti, da wunderten Willy die horrenden Steuern nicht mehr. Ein bisschen kannte er sich mit Schreibmaschinen aus, und so fing er doch wieder an zu reden. Tolles Gerät, sagte er, so eine Olivetti sei wirklich gut. Seine Mutter habe mal einem Haustürverkäufer eine abgenommen, eine Studio fünfundvierzig mit mintgrünem Gehäuse, für so was hätten sie eigentlich gar keine Verwendung gehabt, aber seine Mutter habe jahrelang vergeblich gehofft, dass Willy doch noch seinen Weg zum Kommunismus finden würde, er musste doch die marxistischen Klassiker kennen, und ein Anfang sollte sein, dass er zu schreiben begänne, einfach Tagebuch, und über das Schreiben sollte er zum Lesen finden, aber Willy wollte nicht. Seine Mutter sei zu naiv, sagte er. Um den Finger wickeln ließ sie sich von diesen Halsabschneidern, von denen sie hier auf der Wache sicher viele zu sehen bekämen. Absurd hohe Raten haben die seiner Mutter für diese Olivetti aufgeschwätzt, und dann sei es an Willy gewesen, die Herren aufzusuchen, die sich zu fein waren für eine nützliche Arbeit.

»So«, sagte der Beamte, da war er mit seiner Tipperei noch gar nicht fertig, aufgeblickt hatte er auch noch nicht, aber so war das offenbar hier im Revier, Papier ist alles, Menschen sind nichts. Von der brennenden Zigarette im Aschenbecher war kaum etwas übrig, da griff er zu, genoss einen letzten Zug und nahm das Blatt heraus.

»Ich stelle Ihnen noch ein paar Fragen, dann können Sie

gehen«, sagte er, während er ein neues Blatt in die Schreibmaschine klemmte, da hatte er Willy noch immer keines Blickes gewürdigt. »Sie wissen sicher, Sie brauchen keine Aussage zu machen, aber vielleicht können Sie die Angelegenheit aufklären, bevor die Mühlen zu mahlen beginnen.«

Willy verzog den Mund. Der Bulle furzte behaglich und sprach weiter: »Fangen wir an. Gestern haben Sie behauptet, Ihre Frau habe Sie attackiert.«

»Sie hatte wieder getrunken. Ich wollte nur noch was essen und dann ins Bett, war ja Montagabend, da ist man doch schlecht drauf als Arbeiter, und dann –«

»Ja, ja«, sagte der Mann, »das haben wir schon aufgenommen. Was Sie uns noch nicht erklärt haben: Wie ist das Blut auf die Schürze Ihrer Frau gelangt?«

»Haben Sie das Blut nicht untersucht?«, fragte Willy.

»Wie bitte?«

»Na, ob Sie nicht schon so einen Test gemacht haben. Damit Sie wissen, von wem das Blut stammt.«

Endlich fand der Mann den Blickkontakt mit Willy, der jetzt aber seinerseits den Kopf fortdrehte und auf seine Lederschuhe sah.

»Also wirklich«, sagte der Beamte, »wir waren hier geduldig mit Ihnen, das hätten wir nicht sein müssen, außerdem glauben wir Ihnen, sonst hätten wir Sie dem Haftrichter vorgeführt. Aber Sie müssen schon uns überlassen, wie wir unsere Arbeit machen. Ich erkläre Ihnen auch nicht, wie Sie den Stahl zu härten haben.«

»Holz«, sagte Willy.

»Bitte?«

»Ich bin Zimmermann.«

»Ich weiß. Steht ja in Ihrer Akte.«

»Ich sag's ja nur.«

»Was?«

»Na, dass ich selten mit Stahl arbeite.«

»Beantworten Sie endlich meine Frage.«

»Welche Frage?«

»Wie das Blut auf die Schürze Ihrer Frau gelangt ist, Himmel, Arsch und Zwirn!«

Willy sah einen Blutmond vor sich. Es machte ihm jetzt Spaß, die Scheu hatte er verloren, aber er wollte hier auch raus, also rang Willy nun um Worte, die den wütenden Mann beschwichtigen könnten. Doch was hätte er schon sagen können?

Der Polizist musterte ihn, spitzte die Lippen, und dann flogen seine Finger in Windeseile über die Schreibmaschine, vielleicht war er ein Dichter, ja, womöglich dichtete er noch was hinzu, aber nichts, was sich für Willy nachteilig hätte auswirken können, da hatte er ein gutes Gefühl.

Der Kerl stellte noch mehr Fragen, und nach einer Ewigkeit sagte er: »In Ordnung, das hätten wir. Was glauben Sie, was wir hier an Arbeit haben, seit die Emanzen nicht mehr wissen, wie eine Ehe zu führen ist? Unterschreiben Sie hier und hier.«

Heute war Dienstag, und da würde er so spät auf der Baustelle aufkreuzen wie nie zuvor. Er überlegte, welche Ausrede er wohl würde vorbringen können. War gar nicht so leicht. Vor der Tür wollte Willy sich eine anzünden. Die Marlboro hing ihm schon zwischen den Lippen, aber er fand sein Feuerzeug nicht. Also tastete er seine Taschen ab und wollte die Kippe gerade genervt wieder einstecken, da blickte er auf ein entzündetes Streichholz. In einem Western wäre das der Moment, da der Bösewicht ins Bild rückt. Aber da war kein Bösewicht, sondern die Polizeibeamtin von eben, mit einer dampfenden Zigarette im Mundwinkel und einem bezaubernden Schimmer in den Augen. Willy nickte und nahm einen Zug.

»Sie arbeiten mit den Händen«, sagte die Polizistin und blies den Rauch himmelwärts.

Möglichst unauffällig sah er auf ihre Hände. Dürre, wohlgeformte Finger hatte sie, bleich und wächsern, die Nägel makellos, keine Spuren von Maloche, keine Flecken, keine Risse – und kein Ehering. Oder legten sie bei der Polizei ihre Ringe ab, wenn sie im Dienst waren?

»Aber einer Frau würden Sie nix zuleide tun«, sagte sie, ohne den Blick vom Morgenhimmel abzuwenden.

Jetzt trafen sich ihre Blicke. Unter ihren blauen Augen zeichneten sich Krähenfüße ab. Krähenfüßchen. Hatte also schon was erlebt, die Frau. Zuckersüß. Ihr Lächeln verbreiterte sich zu einem Grinsen, dann wandte sie den Blick wieder ab und zog an ihrer Zigarette.

»Keine Sorge, ich weiß nicht, warum Sie die Nacht hier verbracht haben. Und ich frag Sie auch nicht danach. Soll aber was wegen einer Frau gewesen sein, sagen die Kollegen. Kann ich mir gar nicht vorstellen.«

Willys Lachen war künstlich, ehe es doch noch echt und freundlich klang.

»Sie sind verheiratet«, sagte sie.

Willy steckte seine Hand in die Jackentasche. »Wer erzählt denn so was?«

»Niemand.«

»Wenn es so wäre, würd ich es zugeben.«

»Keine Sorge, Sie brauchen nicht zu lügen. Ich hab doch nichts vor mit Ihnen.« Wurde Willy etwa rot?

»Auf der Polizeischule hatte ich einen Spitznamen.« Sie sah ihn wieder an, grinsend, dabei zog sie eine Augenbraue hoch: »Wollen Sie ihn wissen?«

Willy stand der Mund offen. Er tat sich schwer, ihr Alter zu schätzen. Da streckte sie ihm ihre Hand entgegen. Er schluckte.

»Sie nannten mich Dr. Psycho. Mein Familienname ist Nothnagel. Das lädt zum Scherzen ein. Für Sie bin ich aber Susanne«, sagte sie.

»Willy«, erzwang er mühsam als Antwort. »Willy Wagner.«

»Na dann, leben Sie wohl, Willy Wagner«, sagte Susanne beim Zerdrücken der halb aufgerauchten Kippe im Stehaschenbecher. Sie zwinkerte ihm zu und verschwand in der Wache.

5

Wie immer machte Willy erst lange nach Schichtbeginn seine erste Fuffzehn. Heute verschob er sie noch mal um eine halbe Stunde, da er doch tatsächlich zum ersten Mal verspätet aufgekreuzt war und um eine Entschuldigung nur herumkam, weil der Polier selber nicht pünktlich gewesen war. Er ging ein Stück den Hügel hinauf zum Hauptbahnhof, ums Eck, damit sie ihn vom Dach des Postgebäudes nicht sehen konnten, und brannte eine Zigarette an, zwischen sich und den Gleisen nur dieses Mäuerchen. Ein Zug kroch aus dem Bahnhof. Schritte hallten vorüber, Taxifahrer flehten, müde Büromädchen lachten, und die Morgenzeitungsverkäufer boten monoton ihre Waren an. Eine Gruppe junger Leute traf auf eine andere Gruppe junger Leute, langhaarige Bombenleger, von denen Willy annahm, dass sie nicht schon, sondern noch wach waren, wiehernd fielen sie sich um die Hälse und knutschten einander ab. Wenn das mal keine

Grippewelle gibt, dachte Willy, was müssen sich neuerdings auch immer alle in der Öffentlichkeit abschlecken, ihn umarmte und küsste doch auch keiner.

Rosi würde ihn heute Abend nicht reinlassen, also müsste Willy bei seiner Mutter Hulda einziehen, für ein paar Tage zumindest. Die hatte sich längst mit dem Hin und Her abgefunden, stellte keine Fragen mehr und verkniff sich die meiste Zeit ihre Sprüche. Unten am Postgebäude setzte er sich noch mal hin, hörte die Nachrichten im Rundfunk. Breschnew war auf Staatsbesuch in Bonn. Willys Namensvetter im Kanzleramt schäkerte mit dem Machthaber aus Moskau, als hätte er es mit einem Saufkumpan zu tun, das gefiel Hulda, so wie ihr dieser Brandt überhaupt gefiel. Seit der die deutsche Regierung anführte, zügelte Hulda sogar ihren Hass auf die SPD, die sie sonst immer nur die »Partei der Arbeiterverräter« nannte. Was Willy egal war, dem gingen alle Parteien meilenweit am Arsch vorbei. Ein Pfiff riss Willy aus den Gedanken. Er drehte das Radio leise, denn vor ihm stand der Polier.

»Meine Herren«, rief er, und jedem war klar, wer damit gemeint war. Alle starrten Willy an, manche hielten sich die Hand vor den Mund. Er ging hinüber. Hatte dem etwa jemand gesteckt, dass Willy heute zu spät dran gewesen war?

Der Polier war ein hagerer Typ, gut eins neunzig, mit Schnorres und Stoppelbart, und er war immer noch damit beschäftigt, seinen peinlichen Auftritt auf der Neumühle mit klaren Ansagen zu übertünchen.

»Machste denn da?«, fragte Willy.

»Die Stechuhr aufhängen.«

»Wieso denn das?«, fragte Willy.

»Will der Chef so.«

»Haste was Neues von der Neumühle gehört?«

Der Polier grinste: »Das fragst du mich? Du warst doch dabei, wie sie deinen Freund aus der Kneipe geholt und verdroschen haben.«

»Kann der Habbelrath nicht helfen?«, fragte Willy, »Also, weiß nicht, ein bisschen was lockermachen, damit der arme Tropf seine Schulden los ist.«

»Hat dir wer ins Hirn geschissen? Dieser Horst zieht dich und die Firma in seine Sachen hinein, und du verlangst vom Chef, dass er dafür auch noch blecht? Sei froh, dass er dich nicht rausgeschmissen hat. Und du kannst dem lieben Gott dankbar sein dafür, dass die dich nicht gleich mit vermöbelt haben. Verdient hättest du es gehabt.«

»Der Horst ist ein Guter. Hat denen gesagt, dass ich nichts zu tun hab mit der Sache.«

»Glauben hätten die das aber nicht müssen. Jeder von denen auf der Neumühle ist dumm wie ein Zehner-Weck. Und Skrupel kennen die auch nicht.«

»Kannst du nicht irgendwas machen?«

»Seh ich aus wie der Don Vito Corleone? Was bitte schön soll ich denn deiner Meinung nach tun, um dem Trottel zu helfen?«

»Ihr könntet ihn einstellen und ihm einen Teil vom Lohn abziehen. Als Ausgleichszahlung oder wie man das nennt.«

Jetzt stand Klaus hinter Willy. Ein gedrungener, massiger Bursche mit schulterlangem Haar. Stark wie zwei Ochsen war der Kerl und vorlaut wie drei Schulgören, aber der konnte sich was rausnehmen. Bei dem, was er jeden Tag wegschaffte. »Was treibst denn schon wieder?«, fragte Klaus den Polier.

»Wonach sieht's denn aus?«, gab der zurück.

»Die Stechuhr gehört hinten in den Container, nicht hierher, das stört doch nur«, sagte Klaus.

»Befehl von oben«, sagte der Polier.

»Scheiß doch auf den Kärcher«, sagte Klaus.

»Warum nennt ihr ihn eigentlich so?«

»Wen denn?«

»Na, den Chef.«

»Ach so, den Kärcher.«

»Ja, unseren Chef.«

»Na, weil er vorgibt, jeden Dreck unter Hochdruck fortzumachen. Dabei spritzt er ihn nur zu uns rüber.«

Klaus fing an zu lachen und ließ den Polier stehen. Willy wandte sich zum Gehen, da fiel ihm noch was ein: »Haste den Chef mal gefragt wegen Personal?«

»Willy, ich hab es dir schon mehrmals gesagt: Das gibt das Budget nicht her.«

»Willst du zugucken, wie uns hier Leute hopsgehen, weil die Firma zu geizig ist, noch zwei oder drei Arbeiter einzustellen?«, sagte Willy. »Das fällt dann auf dich zurück, du bist der Vorarbeiter. Wir brauchen mehr Leute, sonst kratzt uns noch einer ab. Die Gastarbeiter haben von Tuten und Blasen keine Ahnung, das siehste doch.«

»Wir haben von der Post noch keinen Pfennig gesehen«, sagte der Polier. »Aber die Mäuler hier muss der Betrieb trotzdem stopfen. Ihr seid mit euren Löhnen schweineteuer, da ist in der Buchhaltung grade alles auf Kante genäht. Oder willste, dass hier bald nur noch Ausländer arbeiten? Glaub ja nicht, nur du müsstest Opfer bringen. Und jetzt ans Werk, sonst schmeiß ich euch alle raus!«

»Denk drüber nach«, sagte Willy, »diese Neumühler sind zu allem fähig.«

»Wir machen hier keine Spielchen. Wenn der Kerl anpacken kann und du mir dein Wort gibst, dass er sich benimmt, dann können wir drüber nachdenken, sobald es wieder Spielraum gibt«, sagte der Polier und verzog sich in den Container, den er für sich allein hatte.

Willy übernahm das Kommando: »Helme auf, Männer, und herkommen. Besprechung«, rief er. Zu Klaus sagte er: »Sorg dafür, dass die Türken das verstehen, sonst haben wir bald die Blutfortschrubber hier.«

Als sich die Männer versammelt hatten, griff Willy zu seinem Hammer im Halfter, das tat er immer, bevor er Reden schwingen musste, und dann fing er an: »Männer, ich sag's euch jetzt, wo ihr noch halbwegs wach seid im Kopf. Wenn wir uns gleich an den Dachstuhl machen, dann müsst ihr euch alle, und wirklich alle, an die Sicherheitsvorschriften halten. Ömer, Gianni und Feras, ihr prüft die Streben an der vorderen Seite vom Gerüst. Ich will, dass dort alles niet- und nagelfest ist, sonst betritt mir keiner das Ding.«

Nicken, überall Nicken, ohne Anflug von Ironie oder Witzchen, das lief nach Willys Geschmack.

»Und dann geh ich mit Klaus nach oben, wir müssen die Auflagen von den Sparren neu verschrauben, Tellerkopf mit Teilgewinde, dann sitzt das auch richtig, die Schrauben brauchen wir gleich. Klaus und Hannes sorgen dafür, dass das alles bereitliegt, genauso wie die Auffanggurte, bei der Höhe brauchen wir das, sonst steigt uns der TÜV aufs Dach. Die Schrauben müssen gut sein, nix vom Billigheimer.«

Bis kurz vor Feierabend machte keiner mehr 'ne Fuffzehn. Je näher sie dem Fünfuhrbier kamen, desto nachlässiger arbeiteten insbesondere die Jungen, da musste Willy was sagen. Am Ende hatten sie sich ihr Bierchen verdient, da war der Polier längst abgedampft in seinem grünen Mercedes.

»Jetzt könnt ich noch ein paar Pommes vertragen«, sagte Willy.

Wieder Nicken überall, und Klaus tat, was er am besten konnte: Er nahm Willy in die Pflicht. »Geh du doch gleich mal selbst rüber zum Beck und gib 'ne Runde Pommes aus.«

»So war das nicht gemeint«, brummte Willy.

»Bitte, Chef«, flehten die Türken, und auch die Italiener und Griechen machten mit.

»Wenn ich dir noch 'nen Anreiz geben darf«, sagte Klaus, »weißte schon von der neuen Aktion beim Beck?«

»Welche neue Aktion?«, fragte Willy.

»Na, wenn man 'ne Großbestellung aufgibt, dann kriegt man fünf Parkbräu dazu. Für umsonst!«

»Für umsonst?«

»Für umsonst!«

So forsch war Willy nach einem solchen Tag sonst nie auf den Beinen. Er eilte rüber zum Imbissbüdchen, wo ihn Beck mit einem Grinsen im vor Frittenfett glänzenden Gesicht begrüßte.

»Sieben Mal Pommes, Beck«, stieß Willy hervor.

»Was ist denn mit dir los, Willy, haste grad 'nen Marathon hinter dir?«, fragte Beck.

»Ach, geh fort. Im Gegensatz zu dir schaff ich noch wirklich was für mein Geld.«

Beck packte die Pommes in eine Tüte, und Willy hatte schon das Portemonnaie gezückt, da fiel ihm der Grund seiner Aufregung ein: »Ja, und das Freibier?«

»Freibier?«

»Mein Kollege hat gesagt, dass er gestern für seine Großbestellung gratis fünf Fläschchen Parkbräu gekriegt hat. Klaus. Den kennste doch.«

»Hier gibt's kein Freibier. Und Parkbräu hab ich eh keins. Seit bald zehn Jahren verkauf ich hier nur ein Bier, und das ist BBK. Jetzt gib mal Geld, da sind noch andere Kunden.«

Willy schlug die Faust auf den Verkaufstresen: »Hör auf, mich übern Tisch zu ziehen, und gib mir mein Bier, von mir aus BBK, elender Mist!«

Eine fein gekleidete Seniorin, die hinter Willy stand, stupste ihm ihren Regenschirm in die Leiste und blaffte: »Junger Mann, nun machen Sie schon.«

Als Willy sich zu ihr umdrehte, sah er durch das Fenster seine lachenden Kollegen. Willy stürzte zur Tür hinaus, lief ihnen hinterher. Klaus kriegte er nicht richtig zu fassen, aber für einen Arschtritt reichte es noch so gerade.

Seine Wut war gerade dabei, sich richtig zu entladen, da sah er den Kinderblick. Donnerkeil, das hätte er beinahe vergessen. Mit aufgerissenen Augen und übergroßem Schulranzen auf dem gekrümmten Rücken stand Mira vor der gegenüberliegenden Drogerie.

»Guten Tach«, sagte Willy, als er bei ihr ankam, um einen Ton bemüht, der ihn nicht verriet. »Die Verspätung tut mir leid. War wieder was los auf der Baustelle, das sag ich dir.«

Die Kleine gab keinen Ton von sich. Sie hatten die Bushaltestelle drüben am Fackelbrunnen beinahe erreicht, da brüllte von der anderen Straßenseite eine allzu vertraute Stimme: »Wiiilly!« Horst, der Unvermeidliche. Mit Ottes zog er umher. Auf der Suche nach Stoff, da würde Willy alles drauf verwetten. Wahrscheinlich trank sogar der kleine Ottes schon Bier. Wie alt mochte der sein, zwölf, dreizehn? Er war dürr und nicht besonders groß, was er offenbar mit dieser speckigen schwarzen Lederjacke zu kaschieren versuchte, deren Kragen er nach oben geschlagen hatte. Würde Willy nicht wundern, wenn die weißen Turnschuhe dem Jungen um mindestens eine Nummer zu groß wären. Seinen Rotschopf hatte Ottes zu einer Elvis-Tolle geformt, was bei diesen dünnen Haaren unfreiwillig komisch aussah, den

Jungen aber dann doch um das eine oder andere Jährchen älter wirken ließ.

Willy nickte rüber und zog sein Mädchen an der Hand weiter.

»Hallo, Ottes«, rief Mira. Es waren die ersten und die letzten Worte, die Willy an diesem Tag von seiner Zehnjährigen zu hören bekam.

ZWEITES KAPITEL

Und immer lockt das Weib

1

Weil das Haus so alt war, gingen die Dielen im Schlafzimmer schräg abwärts. Die Betten hatten Gefälle, und wenn man müde war, sackte man im Traum zum Fußende hinunter, der ohnehin dünne Schlaf wurde noch zerrissener. Manchmal träumte Horst von einer schiefen Fläche, auf der er mit ungeheurer Angst ins Abgleiten kam. Wenn die Glocke ihn am Morgen hochfahren ließ, wusste er oft nicht, ob er sich noch im Träumen befand oder schon wach war.

Er lag ganz still, spürte den Frauenkörper neben sich. Durch den Hinterhof krochen Sonnenstrahlen ins Zimmer, die der letzten Frühlingskühle den Garaus machten. Wurde auch Zeit, dachte Horst, es war schließlich schon mitten im Juli. Da stand Dora auf und schlich durch das Zimmer, die am schlimmsten knarzenden Dielen mit weiten Schritten übersteigend, um ihn und die Buben nebenan nicht zu wecken. Leise zog sie den Schrank auf, Horst öffnete ein Auge, sie nahm eine Tasche und stahl sich davon.

Genau dreihundert Sekunden zählte er im Kopf runter, dann kroch er aus dem Bett, zog sich leise an, horchte an der Stubentür der Jungs, an der Wohnungstür zum Flur, an der Haustür zum Hof und lief los. Von der Marienburger runter in die Stadt, im Laufschritt am Rathaus vorbei, hinein in die

Spittelstraße, und tatsächlich stand er schon da, direkt bei der Volksbank, mit verschränkten Armen vor dem postgelben VW Bulli. Auf den Mann war Verlass.

»Willy, alter Freund und Kupferstecher!«

»Halt die Gosch«, maulte Willy.

Am Horizont flackerte die Morgensonne. Horst musste die Augen zukneifen beim Blick aus der Frontscheibe. Die Blende wollte er nicht runterklappen, weil daran ein kleiner Spiegel befestigt war. Das Letzte, was er jetzt sehen wollte, war seine eigene Fresse. Dann schon lieber Willys. Eine Sonnenbrille verdeckte dessen Augen, aber drum herum waren Willys Muskeln auf Leiden eingestellt.

»Wie spät ham wa's denn?«, fragte Horst, da waren sie gerade auf die Landstraße gefahren.

»Muss mich aufs Fahren konzentrieren«, knurrte Willy.

»Musst auf die Tube treten.«

Willy drehte das Radio auf. Nachrichten. In Afghanistan war die Republik ausgerufen worden. Eine arabische Stimme jaulte, der Übersetzer deklamierte: »Für das zukünftige Glück unserer Heimat habe ich keinen anderen Weg als die feste Einrichtung einer wahren und sinnvollen Demokratie …«

Horst wollte schon was sagen, da schaltete Willy ab. Besser so, dachte Horst, bloß keine Politik. Bringt eh nur Zores, und davon würde er am Ende der kleinen Reise noch genug bekommen, so viel war doch mal klar.

»Wie ist denn das eigentlich mit der Rosi?«

Willy antwortete nicht.

»Bei dir blickt ja kein Mensch mehr durch. Wohnst du wieder in der Talstraße oder nicht?«

Jetzt nickte Willy und sagte: »Ganze Weile schon. Heut geht's aber mal nur um dich. Ausnahmsweise.«

Als er *ausnahmsweise* sagte, deutete sich um Willys Mund

ein Lächeln an, das sich für Horst anfühlte, als werde er gestreichelt. Wäre er ehrlich, würde Willy zugeben, wie aufregend er die Jagd nach dem Beweis für die Untreue einer Frau fand. Nach ein paar Minuten drehte Willy das Radio wieder auf. Schweigend fuhren die beiden weiter, mit nichts als Populärmusik in den Ohren, und kurz vor dem Ziel musste Horst seinem Chauffeur auf die Schulter tippen.

»Sag ma, hörste das auch?«

»Was denn?«

»Na, das Quietschen.«

»Welches Quietschen?«

Horst kurbelte die Fensterscheibe runter.

»Na, das Quietschen.«

»Ach, das. Ganz normal. Vor allem bei der Hitze. Der Habbelrath ist zu geizig, um die Karre in die Werkstatt zu bringen. Immer wenn wir mit den Kollegen eine Stunde am Stück fahren, fängt das an. Krieg ich schon gar nicht mehr mit.«

Horst lehnte sich zurück. Nach zwei Minuten tippte er wieder Willy an.

»Jetzt hat das Quietschen aufgehört.«

»Ist mir auch aufgefallen.«

»Gutes Zeichen?«

»Gutes Zeichen.«

Horst nickte anerkennend. Diesmal dauerte es fast zehn Minuten, bis er Willy wieder antippte.

»Ich weiß, Horst, jetzt rappelt es.«

»Kein gutes Zeichen«, sagte Horst. »Wahrscheinlich irgendwas mit dem Flachmotor.«

»Keine Sorge«, sagte Willy. »Die Kiste hat Selbstheilungskräfte. Wenn man an ihr rumschraubt, reagiert sie wie 'ne zickige Braut.«

Klackernd kamen die beiden voran, bis das Schild »Landeshauptstadt Mainz« in Sicht kam und der Wagen auf offener Straße immer langsamer wurde, ehe er stehen blieb.

»Ist doch was mit dem Flachmotor?«

An ihnen raste eine Blechlawine vorbei. Willy nahm seine Sonnenbrille ab.

»Nä«, sagte er und deutete aufs Armaturenbrett. »Uns ist einfach der Sprit ausgegangen.«

»Ist nicht dein Ernst!«

Willy zuckte mit den Schultern, was Horst auf die Palme brachte: »Prima, ganz prima. Das kommt davon, wenn man einen Kerl ohne Führerschein ans Steuer lässt. Dümmer, als die Polizei erlaubt.«

»Fang jetzt bloß nicht so an!«

»Ist doch wahr.«

»Sei froh, dass du bloß der Beifahrer bist. Wenn du gefahren wärst und wir einen Unfall hätten, würdest du nie wieder irgendwo unterkommen. Also mach keine Szene und geh zur Tankstelle, die ist nicht so weit. Hinten ist ein Kanister drin.«

»Ich muss zum Lerchenberg, verdammt. Wir sind eh schon spät dran. Die geht mir durch die Lappen.«

»Entweder du holst uns Sprit, oder du musst laufen.«

Horst stieg aus, trat gegen die Leitplanke, schrie kurz, riss die Bullitür auf und sagte: »Ich hol dir deinen Scheißsprit, dann fährst du mich zum Bahnhof und regelst deine Geschäfte.«

»Zum Bahnhof? Du willst doch zum ZDF.«

»Das schaffen wir jetzt nicht mehr. Die wird ihr Vorsprechen schon gehabt haben, so lahm, wie du über die Landstraße getuckert bist.«

Später tigerte Horst vor dem Bahnhof hin und her. Ihm

ging dieses Bild nicht aus dem Kopf, seine Dora, eng umschlungen mit so ’nem Fernsehfuzzi, bloß um an Rollen ranzukommen, um »ein Glanz« zu werden, wie sie immer sagte, und wenn sie gleich hier vorbeikäme, dann würde sie das Offensichtliche leugnen, natürlich würde sie das, aber er würde sie zum Reden kriegen.

An der Ecke stand ein Penner mit Säufernase, der ließ Horst nicht aus den Augen und kicherte vor sich hin. »Hast ’n Problem?«, rief Horst, erst leise, dann lauter, er kam immer näher, und als er vor ihm stand, hörte das Kichern auf, Horst hatte schon zum Schlag ausgeholt, da baute sich der Stadtstreicher auf, ganz plötzlich war aus dem Gackerhans ein Kraftprotz geworden, und Horst wich zurück. Der Saufbold stand da, steif wie eine Statue, das verlebte Gesicht zum Zerreißen gespannt und der starke Arm zum Schlag bereit, und Horst verzog sich wie das Wasser bei Ebbe.

Als Dora mit ihrer Tasche um die Schulter zum Bahnhof eilte, sah sie ihn nicht. Wie auch, sie hatte ja keine Ahnung. Horst nahm sie wie in Zeitlupe wahr, die glatten blonden Haare, ellenlang wehend im Wind, den zierlichen Körper, die blauen Augen im ovalen Gesicht, die schmalen, geraden Brauen darüber, da war kein Anflug von Selbstzweifel, die kleine Himmelfahrtsnase bestätigte den Eindruck.

Er rief ihren Namen, mehrmals, sie blieb stehen, blickte sich um, erkannte Horst, und sofort senkten sich ihre Brauen. Horst lief hinüber, bemüht um eine leidvolle Miene, was keine gute Idee war, denn Dora kniff die Augen zusammen, als stünde sie dem Leibhaftigen gegenüber, eine Mischung aus Angst und Zorn. Sie trat einen Schritt zurück und verschränkte die Arme vor der Brust: »Was hast du hier zu suchen?«

Er packte sie an beiden Oberarmen: »Hast du mit ’nem

Fernsehheini gebumst oder nicht? Hast du? Sag die Wahrheit, einfach nur die Wahrheit!«

Dora versuchte, sich zu lösen, da griff Horst fester zu, begann, sie zu schütteln und fragte sich, wann die Ärmchen wohl brechen würden.

»Ja, hab ich, verdammt noch mal«, schrie sie, »was soll ich auch noch bei dir, du Psychopath!«

In schneller Folge klatschte Horst ihr zwei Mal die flache Hand auf die rechte Wange, bevor er über sich selbst erschrak und auf die Knie fiel, nach Doras Ärmel langte, ihn mehrmals verfehlte und zu jammern anfing: »Bitte, Dora, bitte, ich brauch dich, und die Buben erst. Du kannst uns doch nicht sitzen lassen. Wir packen das mit dem Geld, versprochen, aber bitte verlass uns nicht, bitte nicht.«

Sie stieß ein boshaftes Lachen aus und sagte: »Du hast wirklich nichts kapiert. Gar nichts. Wenn du mich noch einmal anfasst, nur noch ein einziges Mal, dann wird dir einer meiner neuen Freunde den Schwanz abschneiden, das schwör ich dir.«

Durch das mittlere der drei Tore rannte Dora in den Bahnhof. Horst klopfte sich ab und sah sich um. Manche taten desinteressiert, die Frauen vom Gemüsestand blickten fort, ein paar Ömchen schüttelten die Köpfe, und da drüben stand Willy, an die Mauer gelehnt und mit Zigarette im Mundwinkel, als gehöre er zum Bahnhofsvorplatzinventar.

2

Die Hitze quoll aus dem Trottoir und prallte Horst direkt ins Gesicht. Die Italiener und Araber verzogen keine Mienen, die waren das gewohnt von zu Hause, wo all die schönen

Moneten landen würden, die sie sich hier zu ihrer Sozialhilfe hinzuverdienten, da machte Horst keiner was vor. Sei denen ja gegönnt, bei Gott gönnte er den armen Schluckern ihre schwarz verdienten paar Mark, mit denen saß er schließlich im selben Boot. In Ordnung war das aber trotzdem nicht, es gab Grenzen, Anstandsgrenzen, die können doch nicht in Scharen herkommen, um mal eben abzugreifen, was geht, und dann auch noch den ehrlichen Deutschen die Plätze wegnehmen. Keiner von uns, dachte Horst, würde sich wie diese Unverfrorenen anderntags beim Amt noch 'ne Nummer ziehen.

Der Transporter bog ein. Das Gefährt stand noch nicht still, da lief sie schon zusammen, die Traube der Ausrangierten, von der Horst sich fernhielt. Die paar anderen Deutschen blieben ebenfalls zurück, nickten einander zu, nachsichtig wartend wie die Eltern auf die Kinder bei der Pommesbude im Freibad. Natürlich quasselten die Burschen wieder alle so elend durcheinander, dass einem das Messer im Sack aufging, der Handlanger in seinem Transporter konnte einem glatt leidtun.

»Alle auf Abstand«, rief der Kerl, als er aus dem Wagen gesprungen war, »alle auf Abstand, sonst kriegt heut keiner was.«

Die Kerls taten einen Teufel, immer ärger bedrängten sie den Fahrer, der unter sein Hemd griff, einen Gegenstand rausholte, ihn anhob, das war doch nicht etwa? Doch, Horst sah es genau, es war eine Schreckschusspistole. Der Mann drückte den Abzug, und die Detonation der Platzpatronen trieb die Menge fort. Wollte der Quastersack etwa die Bullen anlocken?

Einen nach dem anderen ging er ab und setzte Häkchen auf seinen Klemmbrettzettel, manche der Männer stiegen in den Laderaum des Wagens, andere verschwanden meckernd. Als sie beinahe alle abgefrühstückt waren, schloss der Typ die Tür, krempelte die Hemdsärmel hoch und klopfte sich eine Roth-Händle aus der Schachtel. Das dumpfe Gebrabbel aus dem Wagen. Das kurze Schnalzen des Feuerzeugs. Die schlurfenden Schritte im Kies. Das entschlossene Furzen am Ziel. Er strich sich mit rußigen Händen durchs fettige Haar. Mit wippender Kippe in der Kauleiste sagte er: »Soo, bleim wie immer die Teuren übrich. Wolln ma sehn … ah ja. Heut hab ich nich mehr viel, müsster mir verzeihn, da kann ich nix für. Was für Anpacker, bei der Hitze im Juli. Zweima Bauschutt aufm Sess und einma Sperriges in Mölschbach.«

Er schob sein Klemmbrett unter seine Achsel und deutete mit dem Zeigefinger auf drei der Deutschen, die dastanden wie bestellt und nicht abgeholt. Horst war nicht Teil des Trios.

»Hallo, was los, hast mich vergessen«, rief Horst, aber der Kerl gab ihm mit einem Lachen zu verstehen, dass er ihn nicht vergessen hatte.

»Komm, lass die Scherze«, sagte Horst, »ich muss ein paar Stunden machen, sonst kriegt meine Familie nichts zu essen. Von mir aus gibste mir heut mal denselben Satz wie den Ausländern.«

»Nix da«, sagte der Kerl, »warst gestern nich da, heut nehm ich dich nich mit.«

»Ich hatte 'nen dringenden Termin. Mit meiner Freundin. Also der Mutter meiner Kinder. In Mainz. Jeder ist mal einen Tag nicht da. Wenn du keine Garantie gibst, dass du jeden von uns mitnimmst, dann kannst du nicht verlangen, dass wir jeden Tag vollzählig sind.«

»Was ich kann, das überlässte mir, Kleiner.«

Kleiner. Horst spürte den Zorn, er war kurz vorm Explodieren, ein falsches Wort oder ein schiefes Lachen hätten gereicht, doch der andere lenkte ein.

»Macht mir doch auch kein' Spaß. Du bist der Strammste hier. Gestern hätt der Bolzmann dich gebraucht. Da war 'ne Menge zu tun im Lautertal, un auf dich hatter gebaut. Aber wo warste? Nich da. Heute lässte den stehn, du lässt den stehn, das hatter gesagt. Und weißte, was er noch gesagt hat? Den lässte nicht nur heut stehn, sondern ab jetzt jeden Tag. Tut mir leid.«

Dann stand Horst da und fuhr sich im Lärm des startenden Motors mit der Hand über die Stirn. Einen Augenblick lang erwog er eine Wohlfühlvisite in der Goldmine. Dann aber nahm er Kurs auf den Stiftsplatz, holte vom Markt frische Eier, Kartoffeln und Spinat und nahm sie mit nach Hause in die Marienburger. Der Fischerrück lag ein paar Kilometer außerhalb des Innenstadtkessels in Richtung westlicher Autobahnauffahrt, so wie die meisten Wohnviertel. Mitten in der Stadt lebten fast nur Studenten und Alteingesessene.

Hatte ihn keiner gefragt, ob er hier am Fischerrück landen wollte. Die Mauern der weißen Neubaublöcke waren schon rissig, die Türpfosten und Fensterrahmen zerbrochen und lose, die Briefkästen verschmiert und zerbeult. In den Hausfluren lagen ungeschützte Kabel herum, weshalb Horst vor Jahren dem noch kleinen Kalle beibringen musste, wie er Ottes vor einem Stromschlag schützt.

Im Hof bolzten Kinder zwischen den Autos mit einem platten Volleyball. Manchmal kamen die Wohlstandskinder von den Erzhütten runtergestiefelt, um die Fischerrück-Barackler auszulachen. Das provozierte Streit, und wenn die Fäustchen flogen, stand schnell die Bullerei auf der Straße, denen nichts weiter einfiel, als den Fischerrücklern irgendwelche Sozialstunden anzudrohen, nie fragten die, wer angefangen hatte, immer standen die Schuldigen fest. Die Bullen warteten doch nur darauf, hier eingreifen und ihren Frust an den armen Kindern auslassen zu können. Gerade schlich schon wieder so ein Wagen über die Straße. Horst kam sich vor wie im Freiluftknast, dabei lebten hier am Fischerrück ganz normale Menschen.

Er kochte den Jungs was zu Mittag. Vatersein war auch Arbeit. Und wo Horst gebraucht wurde, da stand er parat, das war schon immer so, er riss sich den Arsch auf, um der Familie ein sicheres Nest zu bieten, mit oder ohne Dora, das war doch der ganze Sinn seines Lebens.

Die Langfinger waren ihm geschrumpft, er war außer Form, das war ihm klar geworden nach dem Ding auf der Neumühle. Vor zig Jahren aber, Dora hatte gerade den Ottes geboren, da war Horst als Robin Hood im Einsatz gewesen. Alle faselten sie was vom Wirtschaftswunder und Wohlstand für alle. Lügenpack. Niemand gab Horst eine Anstellung, es war genau wie heute. Also wusste er sich zu helfen, zuerst beim verhutzelten Weibchen im Süßwarenladen in der Eisenbahnstraße. Hinten im Eck, wo die Spinnen längst die Bonbongläser eingenetzt hatten, hatte er damals seinen Entschluss gefasst. An einem blauen Wintermorgen einundsechzig stieß Horst wie zufällig gegen das Regal, worauf sich ein Wahnsinnskrach im Geschäft erhob, am Krückstock kam die Alte herübergehumpelt, jeder Stockschlag auf dem Boden wirbelte den Kehricht von den Brettern, zeternd scheuchte sie Horst weg, und der bedankte sich, indem er vorn an der Eingangstür heimlich die Zuckerstangen in Stanniolpapier mitnahm, damit der damals vierjährige Kalle zu Hause zu Kräften kam.

Horst hatte verstanden. Wenn ihn schon keiner durch

normale Arbeit seine Familie ernähren ließ, dann war es nur recht und billig, aus der Not eine Tugend zu machen. Moralisch integer musste seine Mission sein, darauf achtete Horst fortan. Erster Anlaufpunkt war monatelang die Albert-Schweitzer-Straße, dieser Tante-Emma-Laden der Schröders, das war die reinste Nazibrut, wer denen nicht passte, den wünschten sie ins Gas. Nie hatte Horst dort auch nur einen Pfennig gelassen, stattdessen wartete er geduldig ab, bis sich wieder wer im Laden einfand für gemeinsame Tiraden gegen Juden in Frankfurt und Kommunisten in Bonn oder umgekehrt, und fast immer war es ein Leichtes, zwei Flaschen Milch mitgehen zu lassen, sogar das Klirren tat da nichts zur Sache, so sehr waren die Schröders mit Hassen beschäftigt, für Horst war es wie im Schlaraffenland.

Dem SS-Walter nebenan stattete Horst meist gleich auch noch einen Besuch ab, der fegte jeden Tag zur gleichen Zeit den Hof, und Horst stieg im rechten Moment hinunter in Walters Gemüsekeller, um die angestoßenen Äpfel und Birnen vor der Müllhalde zu bewahren oder ein paar Kartoffeln und Möhren einzustecken. Ehe die braune Sau was merkte, war Horst auf dem Weg zu seiner Familie. Mit solchen Wohltaten war es seit geraumer Zeit aus.

»Was machst du da?«, rief Kalle, und Horst hätte dem Bengel beinahe den Kochlöffel übergezogen. Kalle war ein schlaksiger Sechzehnjähriger mit beachtlichem Bizeps, der zwar aussah wie ein Preisboxer im Fliegengewicht, mit dem Horst bislang aber noch stets fertig geworden war. Ottes stand in der Küchentür und zog ein seltsam freudvolles Gesicht, so als hätte er gerade einen Fahrschein zum Mond gewonnen.

»Wonach sieht's 'n aus«, brüllte Horst, »deckt den Tisch, setzt euch hin und seid still.«

In den Schmatzgeräuschen der Knaben lag Ungesagtes. »Na komm«, sagte Horst, »spuck's schon aus, was für ein Problem haste nun schon wieder?«

Kalle hüstelte in den Ärmel seiner Jacke hinein und pisperte: »Na ja, also …«

Horst drosch seinem Ältesten die flache Hand gegen die Schläfe. Aufrecht halten solle er sich und vor allem klar und deutlich sprechen.

»Verdammt«, jaulte Kalle, »ich will bloß wissen, warum du schon von der Arbeit zurück bist.«

»Das sind mir die Richtigen«, sagte Horst, »anstatt danke zu sagen für das Mittagessen, erst mal nach Sachen fragen, die sie einen Scheißdreck angehen. Könnt ihr euch nicht einmal wie normale Kinder benehmen? Gerade du, zweimal sitzen geblieben und mir immer noch auf der Tasche liegen, aber so unverschämtes Zeug fragen.«

Schnaubend warf Kalle sein Besteck auf die Wachstischdecke, verschwand im Jungszimmer und drehte seine Rockmusik auf. Ottes würde so was nie hören, dafür musste Horst sorgen. Was war denn bloß verkehrt an Peter Alexander? Da verstand man wenigstens, wovon der sang. Elende Pubertät. Ottes wandte den Blick nicht vom Teller. Horst steckte sich eine Kippe an und blies seinem Jüngsten den Rauch entgegen.

»Wie läuft's in der Schule?«, fragte er.

»Geht so«, sagte Ottes, erst flüsternd und nach Horsts energischem »Was?« noch einmal lauter.

»Haste 'ne Freundin?«

Ottes schüttelte den Kopf.

»Sieh mich an, wenn ich mit dir rede.«

Sein Blick schob sich nach oben, der Kopf blieb gesenkt. Horst gestikulierte mit der zwischen Daumen und Zeigefinger steckenden Zigarette und sagte: »Hör mir jetzt gut zu, Ottes, das ist wichtig, und ich sag's genau ein einziges Mal.«

Asche rieselte auf die Hand des Jungen, der sich nicht rührte.

»Eure Mutter wird wahrscheinlich nicht wiederkommen. Sie will nix mehr von euch wissen. Hat sie mir gesagt. Das heißt, dass wir allein sind. Ganz allein. Schicksalsgemeinschaft. Weißte, was das ist?«

Ottes zuckte zaghaft mit den Schultern.

»Das bedeutet, dass wir niemanden haben als uns. Jeder muss für den anderen da sein. Auch du musst Verantwortung übernehmen. Mitdenken. Den Abwasch machen, den Müll rausbringen oder den Flur fegen, ohne dass ich es befehle. Weniger Süßkram am Ständchen kaufen. So was. Kriegste hin, oder?«

Ottes nickte. Horst kniff ihm in die Wange.

»Und such dir 'ne Arbeit für nach Schulschluss. Wir brauchen jetzt jede Mark. Sei nicht so dumm wie dein großer Bruder.«

3

So spät noch unterwegs. Das konnte Horst auch keinem erzählen. Er zog seine Batschkapp ins Gesicht und schlich durch die Gassen der Altstadt. Vor ihm ging eine Frau, diese eine Frau und sonst niemand, auch hinter und neben und über ihm war kein Mensch zu sehen. Einsame, schöne Nacht. Langsam näherte er sich ihr, trat von der Seite an sie heran, gut situiert sah die aus, das würde sich lohnen, er flüsterte: »Na, Frollein, wie wär's mit uns?« Voller Verachtung sah sie ihn an, sagte, »Lassen Sie mich in Ruh, sonst

Horst rollte die Augen und zündete sich die Marlboro an. »Dann reden wir mal Klartext, Willy«, sagte er, »worauf kommt's dir an im Leben? Sei ehrlich. Vor allem zu dir selber.«

»Das ist ganz einfach«, sagte Willy, »ich will eine sichere Anstellung mit Funktion im Betrieb und mit Frau und Kindern einen guten Lebensstandard haben.«

»Ach komm, Willy, wie lang willste dich noch belügen?«

»Ist mein voller Ernst. Das mag für einen Hallodri wie dich schwer begreiflich sein, aber ich will einfach meiner Arbeit nachgehen, mit meiner Rosi glücklich sein und meine Ruhe haben.«

»Glück in der Liebe, das hätt ich auch gern. Aber dass man mit ehrlicher Arbeit was erreichen kann, hat noch nie gestimmt. Du musst die Ellbogen ausfahren, sonst bleibste ewig der kleine Mann. Hab ich mir nicht ausgesucht, ich bin da nicht für. Aber mit den Menschen ist kein Frieden zu machen.«

»Dann wissen wir, dass wir uns nicht einig sind«, sagte Willy.

»Ich sag's nur, mich darf keiner ausbremsen, sonst ramm ich den ungespitzt in den Boden.«

»Drohst du mir etwa?«, fragte Willy.

»Dir doch nicht.«

»Ich muss jetzt heim«, sagte Willy.

Horst tat, als hätte er das überhört, und sprach weiter: »Weißte was? Anstatt schlauer Sprüche könntest du zeigen, ob dir wirklich was an mir liegt.«

Willy ging zwei Schritte zurück, so als hätte Horst eine Waffe gezückt.

»Was willst du?«

»Was du angefangen hast, musst du zu Ende bringen,

Willy, sonst verreck ich dir noch. Also? Du weißt von meinen Schulden. Ein bisschen hängste mit drin, denn die Neumühler haben sich dein Gesicht gemerkt und deinen Namen noch dazu. Wenn die aus mir nichts rauspressen können, wenden sie sich vertrauensvoll an dich. Ist doch glasklar.«

Willy wollte was sagen, aber Horst behielt das Wort: »Das biste mir schuldig, Willy. Du hast doch eine sichere Anstellung, keine Schulden, bei dir ist alles paletti.«

Ein paar Zigarettenzüge später hatte Horst ihn mal wieder so weit. Willy würde zur Bank gehen und einen Kredit aufnehmen, über achthundert Mark. Dafür würde Horst sich um Arbeit bemühen, gleich nächste Woche.

4

Ein Leben haben wir nur, sagte sich Horst, da heißt es haushalten mit der Kraft. Also gar nicht erst ärgern. Dieser Furzbeutel war es nicht wert, ein echter Blattwichser war das, und für einen wie den würde er sowieso nicht arbeiten wollen. Was bildete der sich bloß ein? Meinte der allen Ernstes, er könnte ihn mit seinem Hochdeutsch und seiner Pomade einlullen?

Er wollte arbeiten, nix lieber als das, endlich wieder mit den Packern auf Tour, sich nie mehr mit Klemmbrettdeppen auf Parkplätzen rumärgern, aber die Kasse musste stimmen. Und hier stimmte sie nicht, das hatte sogar er als Rechenniete schnell raus. Für 'n paar Mark die Stunde Schränke vier Stockwerke hochbuckeln, wo es fürs Schwarzschuften viel mehr gab? Verarschen konnte er sich auch selbst. Woher nahmen diese Rotznasen die Frechheit, ehrliche Arbeiter so über den Tisch zu ziehen? Er wollte gar nicht wissen, bei wie vielen Leuten diese Masche zog: kleines Geld am Anfang, aber es winken Aufstiegschancen!

An einem Baumstumpf beim Bahnheim legte Horst eine Zigarettenpause ein. Eine alte Frau im Wickelkleid stapfte vorbei, an der Leine hechelte ein Hund, richtiger Bordsteinscheißer, dachte Horst, so einer mit Knautschgesicht, ein Mops war das aber nicht, nein, die kannte er ja, irgend so eine neumodische Töle, die knurrte Horst schon von Weitem an, und die Alte schüttelte den Kopf, dabei saß Horst doch nur hier und genoss seine HB. Musste sich ganz schön Mühe geben, die Tattrige, damit dieser Fiffi ihr nicht durchging. Ein Tritt würde reichen, und der flöge bis rüber nach Siegelbach in den Zoo.

Jetzt musste Horst lachen, und die Frau schalt ihren Köter, Bruno hieß der. Beim Vorübergehen bellten Bruno und seine Alte einander an, da empfand Horst nur noch Mitleid mit dem armen Vieh und verzog das Gesicht wegen seiner bösen Gedanken, so ein Tritt wäre unfair gewesen, das und mehr verdiente nur der Schleimscheißer von der Umzugsfirma, den hätte Horst gern durch die Botanik gepflügt. Wie die Heuschrecken kamen diese Kerle über die Arbeitswelt, mit fünfundzwanzig im Maßanzug von der Uni und die einfachen Arbeiter ausnehmen wie die Weihnachtsgänse, ohne dass sie auch nur eine Minute richtig gearbeitet hatten oder es jemals tun würden.

Der nächste Termin stand an, und da durfte Horst nicht zu spät kommen, auf keinen Fall. Er fragte die Frau mit dem Kläffer nach der Uhrzeit und verbarg seine zitternden Hände in den Taschen. Also los. Im Hinterhof stank es nach totem Fisch, feuchtem Sägemehl und alten Kartoffeln. Durch die Fenster des Gebäudes drangen Männergebrüll und Fernsehpalaver herunter. Die Autos parkten vogelwild, da gab es kaum ein Durchkommen. Ratten rannten die Hausmauer entlang, sausten zwischen Scherben und ausgetrockneter Hundekacke über den Hof.

»Steck lieber die Hosenbeine in die Strümpfe«, sagte Horst zu sich selbst und zog sich die Batschkapp aus dem Gesicht.

Beim Treppensteigen dachte er an den Kleiderschrank mit Schlägervisage, der ihn gleich durch den Spion anknurren, ein Codewort verlangen und erst dann die Tür öffnen würde. Stattdessen stand oben der Hausherr persönlich vor ihm, er schien allein zu sein, keine Handlanger, nur dieser kleine Fettarsch. Er trug ein offenes Hawaiihemd, darunter zeichnete sich ein kugelrunder Ranzen ab. Die Haare waren notdürftig über die Geheimratsecken gekämmt, der Vollbart war grau meliert, die durch eine klobige Brille vergrößerten Augen sahen aus wie bei einer Wasserleiche. Drinnen waren die Fenster mit Bettdecken abgehängt, die Möbel sahen aus wie vom Sperrmüll, der Fernseher flimmerte. Vor der Wand lag eine nackte Matratze, mitten im Raum stand ein Tisch, voll mit Kippenschachteln und Haschischtütchen. Der Mann ließ sich auf das Sofa sinken, Horst blieb stehen. Aus dem Nebenraum kam eine kleine, untersetzte Frau mittleren Alters mit Schürze und Kippe, stellte einen Teller mit Teigtaschen auf den Tisch und verdünnisierte sich. Mit beiden Händen nahm der Kerl mehrere der Teigtaschen auf einmal und stopfte sie sich ins Maul, und ohne den Blick abzuwenden, sagte er: »Bevor wir zum Geschäft kommen, setz dich und ess mit mir. Das sind die besten Wareniki, die ein Mann finden kann. Niemand macht die so gut wie meine Olga.«

»Nein danke«, sagte Horst.

»Nein danke? Was soll das heißen?«

»Ich möchte nicht.«

»Du denkst, du bist schlau, was? Dabei weiß ich, was du für einer bist. Nein danke. Hättest du dich zu mir gesetzt und gegessen, dann hätte ich gedacht: Was ist das für ein Kaliber! Hat keine Angst. Geht zu 'nem Fremden und frisst seine Wareniki, der Mann hat Mumm. Setzt sich hierher und zieht sich mit mir diesen Film rein. Ist doch so. Oder nicht? Seit du hier stehst, läuft der Film, der Frau hängen die Titten raus. Aber du, hast du hingesehen?«

»Ich hab keinen Hunger. Darum esse ich nichts. Und den Film, den hab ich schon zig Mal gesehen. *Josefine Mutzenbacher*. Bürsten, Bürsten! Und er steckt ihn rein.«

In seiner Hosentasche umschloss Horst mit der Hand seinen Schlüssel, mit den Spitzen nach vorn. Der Kerl fing an zu lachen.

»Horst«, sagte er. Immer noch lachend, breitete er die Arme aus, als wollte er ihn an sich drücken. »Kommen wir zur Sache. Ich beiße nicht. Aber Geschäft ist Geschäft. Gute Männer bescheißen nicht.«

Horst nahm ein Briefkuvert aus der Jackentasche, warf es auf den Tisch und sagte: »Denk nicht, dass du mir Angst machen kannst. Da drin sind hundert Mark, den Rest bekommst du in zwei Wochen. Bis dahin lässt du mich in Ruhe, und die Familie von meinem Freund auch.«

Sekunden verstrichen, dann rief der Mann: »Olga! Olga, schau. Weißt du, wen wir hier haben? *Clint Eastwood. Dirty Harry*. Haha.«

Er formte Daumen und Zeigefinger zu einer Pistole, hielt sie sich an die Schläfe und gab ein »Peng« von sich. Olga war nirgends zu sehen. Mühsam stand der Bursche auf. Im Nebenraum schob er einen Schrank auf, kam mit einer

Whiskyflasche zurück, schraubte sie auf und trank einen Schluck.

»Ich frage dich ganz einfach«, sagte er, während er zum Sofa zurückschlurfte, »wo ist mein Geld?«

»Du kannst dich auf mein Wort verlassen«, sagte Horst. Er wusste nicht, worüber er sich mehr aufregte: dass dieser Kleinkriminelle sich für einen Mafiaboss hielt oder dass Horst immer noch mehr Muffe spürte als Hass.

»Ach ja?«, brüllte der Kerl. Er nahm den Umschlag und warf ihn auf den Boden. »Das ist eine Beleidigung. Wer hat hier wen verarscht? Na?«

»Mein Ottes ist noch ein Kind! Du hast einen Halbwüchsigen zum Kurier gemacht.«

»Er ist freiwillig zu mir gekommen. Und er hat mir auch verraten, warum. Sein Vater soll ihm befohlen haben, eine Nebenbeschäftigung zu suchen. Stimmt doch? Oder hat dein kleiner Scheißer mich nicht nur beklaut, sondern auch belogen?«

»Junge Menschen machen Fehler. Und die dürfen Fehler machen, eben weil sie noch so jung sind.«

Die Augen des Mannes verengten sich. Er kam näher, trank einen weiteren Schluck, von dem die Hälfte über seinen Bauch lief. »Sehr schlau, wirklich, sehr schlau«, sagte er. »Aber mein Geld unterschlagen ist nicht nur ein Fehler. Das ist eine Sünde. Ich frage also noch mal, ein letztes Mal: Wo ist mein Geld?«

»Es ist, wie ich gesagt hab. Zwei Wochen brauch ich noch, nur zwei Wochen.«

Der Typ nickte, sah an die Zimmerdecke und sagte: »Dein Rotschopf. Der Ottes. Wie alt ist der genau?«

In Horsts Kopf startete ein Film. Wie der Kerl seinen Ottes entführt, ihn an die Strichermafia verhökert und er dann in der Frankfurter Kaiserstraße reichen Bankern einen blasen muss. Wie er Horst zuvor die Beine brechen lässt, um ein Exempel zu statuieren.

»Wenn du bis nächste Woche wartest, besorg ich dir dein Geld. Plus Schmalz.«

Schon wieder lachte der Kerl, diesmal aber nicht boshaft, ganz und gar nicht. Er schlappte zu dem dunkelbraunen Schränkchen neben dem Fernseher, holte ein Gläschen aus der Vitrine und goss Whisky hinein.

»Plus Schmalz!«, rief er. »Das klingt besser.« Er gab Horst ein Glas und hob die Flasche. »Darauf trinken wir, mein Freund, darauf trinken wir!«

Horst setzte an, da bremste ihn sein Gegenüber aus: »Halt! Wir müssen das richtig machen. Mit Trinkspruch. Bist du ein Profi oder nicht? Du weißt, was das heißt, wenn du sagst: plus Schmalz?«

Horst verengte die Augen, spitzte die Lippen und nickte.

»Eine Woche. Hast du verstanden? Sieben Tage hast du Zeit für mein Geld. Plus Schmalz. Wenn nicht, kannst du schon mal deine Knochen nummerieren. Also. Auf den Schmalz!«

Das Gesöff floss Horst wie feuriges Öl durch die Kehle. Er brauchte schnell ein Bier. Der Preis des Erfolgs. Jetzt gab's was zu feiern.

Vor der Tür hielt er noch einmal inne, richtete den Kragen und eilte davon. An der Vogelwoogstraße bog er ab. Scheiß drauf, dachte er, das wird jetzt durchgezogen. Ottes war der Einzige, der ihm noch die Rente sichern konnte. Wenn der als Stricher oder so enden würde, wäre auch Horsts Leben vorbei. Aber so würde es nicht kommen. Nein, denn Ottes würde zum Bund gehen und Offizier werden. Und dann, nach soundso vielen Jahren Dienstzeit, wäre er Beamter und würde sich selbst und seinen alten Herrn eierschaukelnd über die Runden bringen.

Die Roulettenburg in der Karl-Marx-Straße war wie leer gefegt um diese Zeit. Übrig von der Spielnacht davor waren nur die Hartgesottenen. Ein paar Unrasierte an der Theke oder an den Maschinen, drei oder vier saßen an einem der Spieltische. Er war nicht wie die, nur ein Gelegenheitsbesucher mit kleinen Einsätzen, ein paar Mark hatte er gegen Jetons eingetauscht, wohlüberlegt und ohne Gier.

Den einen dort am Einarmigen, mit Struwwelkopf und Anzug von C&A, den hatte Horst mal mit einem Bengel gesehen, einem Stups von vielleicht dreizehn, vierzehn Jahren, den er wie einen geprügelten Hund hinter sich herzog, an die Tische und Automaten schob und ihn ins Verlieren einwies. Einmal hatte der Croupier am Tischende die Faxen dicke gehabt, Stammkunde hin oder her, aber wenn die Bullen kämen, wäre der Laden womöglich bald dicht, also musste der Kleine fortan draußen warten. Was hatte der Struwwelpeter geschäumt. Das Gesindel wusste nicht, dass es Gesindel war.

Man durfte sich nie unter diese Bagage mengen ohne die Überzeugung, lediglich Beobachter zu sein und nicht zu ihnen zu gehören. Es ziemte sich auch nicht, allzu großes Interesse zu zeigen. Manchmal kamen Franzosen rein. Denen merkte man schon am federnden Tritt an, wofür sie sich hielten. Sie setzten auf Zahl, Farbe, Pair, Impair, bei jedem Verlust lachten sie wie Schauspieler auf der Bühne, ab und zu ließen sie sogar den Gewinn liegen, so abgewichst waren die. Vor ein paar Wochen war so ein Franzmann direkt neben dem Struwwelpeter am Tisch gesessen und hatte die Kugel im Roulettekessel verfolgt. Alles auf Rot, Rienneváplü, gewonnen! Eine Hand hatte über den Tisch gegriffen, es war zum Streit gekommen, lauthals, und ein jeder hatte gewusst, dass nur der Franzose der Gewinner sein konnte, bei dem hohen Einsatz, aber bitte sehr, wo war der Beweis?

Horst hielt sich von den Tischen fern. Nur die Maschinchen und er, mit dem Geblinke und Gedudel war er per Du, das beruhigte ihn. Hin und wieder half es ihm sogar aus der Patsche. So würde es auch heute sein, musste es. Wenn Horst richtig gerechnet hatte, war er dem Drogendepp noch dreihundert Mark schuldig. Da standen die Geräte hier unter Zugzwang. Beim Spin or Reels warf er eine Münze nach der anderen rein, aber Runde um Runde nur Nieten. Er war noch immer nicht dahintergekommen, wie man die Halteposition der Walzen steuern konnte. Zwei Mal kamen drei Gleiche, dann wieder ewig nichts, es war zum Mäusemelken. Er hielt den Starthebel fest, schnaufend und den Tränen nah.

Er wollte wissen, wie spät es war, aber natürlich waren Uhren hier verboten, und bevor ihn die Aufpasser in den Blick nahmen, warf er wieder Jeton um Jeton in die Schlitze, bis er blitzeblank war. Sobald die Rausschmeißer sich um ihn zu versammeln begannen, latschte Horst hinaus. Nicht mal 'nen Groschen für den Bus hatte er übrig.

5

Seit elf Tagen wusste Horst, wo Dora inzwischen wohnte, und bis heute hatte er nicht den Mumm gehabt, hinzufahren. Am Sonntag war er auf dem Nachhauseweg von Willy bis runter zur Kaisermühle gekommen, dann aber in den Siebener-Bus gestiegen und nach Hause gefahren, damit er Dora nicht beim feierabendlichen Abenteuer mit irgendeinem Zottel überraschen konnte. Früher, bevor die Jungs da gewesen waren, da hatte er sie nach der Arbeit oft abgeholt, sie waren im Volkspark in die Böschung gegangen, und nachdem das Mondlicht hereingebrochen war, hatten sie im nachtfeuchten Gras gelegen und getan, wonach ihnen der Sinn stand.

So saß er in der Goldmine, mit Tammy Wynette im Ohr und der Liebe im Kopf. Seine Neumühler Schulden war er los, dank Willy, aber das Geld, das er Ottes weggenommen hatte, war er jetzt dem Kerl schuldig, dessen Namen er nicht kannte und den er darum Drogenheini getauft hatte. Und der würde ebenso kurzen Prozess mit ihm machen, wie die Neumühler es getan hätten. Er brauchte Geld. Gar nicht viel, aber ein Einkommen zum Auskommen, dann gäbe es ein Abkommen mit dem Drogenheini, und Horst könnte sich daranmachen, Dora zurückzuholen. Nur woher nehmen und nicht stehlen? Alle sprachen sie immer von anständiger Arbeit, doch schon die Idee fand er im Grunde zum Kotzen. Wieso waren alle so erpicht darauf, sich gegen ein bisschen Schmerzensgeld kaputtzuschuften?

Wie aufs Stichwort stapfte Willy herein in die Spelunke. Der strebsamste aller Männer. Was haben all die Jahre harter Arbeit den Kerl abgewrackt, dachte Horst. Und darauf bildete er sich noch was ein. Horst nickte ihm zu, Willy schüttete stumm sein Pils in sich rein.

Luis, der Stinker, den man immer erst roch, ehe man ihn sah, ließ heute von sich hören. Obwohl er seit Jahren arbeitslos war, saß er Tag für Tag im Blaumann in der Goldmine, auf seinem Stammplatz hinter der Holzsäule, die den Laden vor dem Einsturz bewahrte. Das Schnarchen drang herüber, mit einiger Verrenkung sah Horst den auf der Theke liegenden Kopf. Helga war hinten an der Dartscheibe mit ein paar Studenten beschäftigt. Die Langhaarigen waren ihr ins Netz gegangen, eindeutig, Helga schenkte ihnen einen Schnaps nach dem anderen ein, was liebte Horst diese Kerle, niemals ließen die anschreiben, jedes Mal sackte Helga deren Zaster sofort ein, das gab Horst seinen Spielraum.

Die Tür ging auf, und der S-Bahn-Dirk trat herein. Er fuhr jeden Morgen mit der S-Bahn nach Ludwigshafen zu BASF und stolperte abends in die Goldmine, Feierabenddosenbier in der Hand. Heute war er früh dran, und das Dosenbier hatte er durch einen Flachmann ersetzt. Er klopfte Horst auf die Schulter: »Na, da haste dich wieder verausgabt heut? Was meinste, wenn ich nach meinen Zehnstundenschichten so kaputt aussehen würde wie du nach ein paar Stunden als Hilfsarbeiter? Wär gar nicht so übel. Dann könnt ich abends noch als Erschrecker in der Geisterbahn die Alimente für meine Kinder verdienen.«

»Als wenn Arbeit einfach nur gut wär«, sagte Horst.

»Was faselst du da?«, fragte der S-Bahn-Dirk.

»Irgendwer hat uns irgendwann mal verklickert, dass Arbeit was Gutes ist«, sagte Horst. »In Wahrheit denkt das doch keine Sau. Höchstens die, die noch nie richtig geschafft haben. Nicht mal du denkst das. Hast nur keinen Arsch in der Hose, das zuzugeben.«

Der S-Bahn-Dirk sagte: »Du hast doch 'ne Schraube locker. Was ohne Struktur doch aus einem Mann werden kann.«

Wäre er nicht so deprimiert gewesen, Horst hätte lachen müssen. Der S-Bahn-Dirk hieß nicht nur wegen seiner täglichen Bahnfahrt so, sondern auch weil er lispelte wie ein kleines Mädchen mit Zahnspange. Die paar verbliebenen Zähne standen ihm faul und schief im Schlund, und in seiner zerschlissenen FCK-Trainingsjacke schwitzte er wie ein Schwein, wahrscheinlich hatte er vorhin wieder Cappies gezogen, warum sonst hing ihm weißes Pulver im Stoppelbart, schönes Arbeiterkoks, das liebte der S-Bahn-Dirk. Seine Augenlider waren vor Suff und Erschöpfung halb geschlossen, das rote, aufgedunsene Gesicht verschlang beinahe die Augen.

»Red nur schlau daher«, sagte Horst, »es ist und bleibt idiotisch, eine Arbeit selber zu machen, die auch Maschinen erledigen könnten.«

»Aha«, sagte der S-Bahn-Dirk, »und wer baut die Maschinen, Einstein?«

»Die Frage ist doch eher: Wem gehören die Maschinen?«, sagte Horst. »Zum Mond fliegen können sie, aber uns nicht die Schufterei abnehmen bei Umzügen oder auf dem Bau? Da lach ich mir doch den Arsch ab. Wir Arbeiter sind einfach viel billiger. Wir machen uns kaputt, weil wir die Bonzen weniger kosten als die Roboter. Und die Herren in Bonn kassieren mit.«

»Eins hast du nicht bedacht«, lispelte der S-Bahn-Dirk, »wenn wir nicht mehr arbeiten, dann wüssten die Leute doch nichts mit sich anzufangen. Was würden sie denn tun den ganzen Tag? Morgens um elf in die Spelunke gehen und sich bedienen lassen, bis sie zur Mittagszeit voll wären wie die Ackergäule.«

»Nicht von dir auf andere schließen«, sagte Horst.

»Dünnes Eis, Horst, ganz dünnes Eis«, rief der S-Bahn-Dirk.

»Halt doch mal die Augen offen morgens und abends in deiner S-Bahn. Keiner macht gern, was er macht. Heut früh hab ich an der Bushaltestelle so ’ne kleine Blasse gesehen, die muss auf dem Weg zum Wischen gewesen sein oder so.

Schöne Beine hatte die, dann kam ein Putzfrauenkittel, und dann hab ich ihr Gesicht gesehen. Die wär lieber im Bett geblieben.«

»Mit dir hätten sie im Dritten Reich schon umzugehen gewusst«, sagte der S-Bahn-Dirk.

»Du Depp, du blöder. Lass mich in Ruh.«

»Wenn dir deine Alte nicht davongelaufen wär, müsstest du jetzt nicht auch noch die Hausfrau spielen, das ist dein Problem.«

Willy kam und stellte sich mit seinem Bier zwischen Horst und den S-Bahn-Dirk, dem er einen drohenden Blick zuwarf, woraufhin der sich abwandte und zu den Studenten torkelte.

»Lass dich von dem nicht provozieren«, sagte Willy.

»Oha, es kann sprechen!«, rief Horst.

»Mein Tag war nicht gerade gut.«

»Da haben wir ja was gemeinsam.«

»In einem hat der S-Bahn-Dirk recht«, sagte Willy.

»Fang du mir nicht auch noch an«, sagte Horst. »Wenn du mir jetzt mit Anstand kommst, können wir das vor der Tür klären. Ich hab die Schnauze gestrichen voll von Leuten, die mich behandeln, als wär ich der letzte Vollidiot.«

»Hör mir doch erst mal zu.«

»Ich hab genug zugehört für heute.«

»Nä, hast du nicht.«

»Und ob ich das hab. Was glaubt ihr eigentlich alle, wer ich bin? Als ob ich ein glücklicher Mensch wär.«

»Genau das mein ich doch«, sagte Willy. »Wir haben auch keine Lust, uns von unseren Chefs wie Vieh behandeln zu lassen. Aber irgendwoher muss die Kohle kommen. Das nennt man Einsicht in die Notwendigkeit.«

»Ihr belügt euch doch alle bloß selber.«

»Niemand ist vollkommen«, sagte Willy und ließ den Restbierschaum in sich hineinfließen.

Horst sprach jetzt leiser: »Willy, du musst dir mal was einfallen lassen.«

»So. Was denn?«

»Denkst du, mir macht das Spaß, dass ich dir die achthundert Mark plus Zinsen nicht zurückgeben kann, nicht mal in Raten? Den Drogenheini hab ich auch im Nacken sitzen, auch wenn's da bloß um drei Hunderter geht, aber der wird keine Ruhe geben, ehe er die hat, dem geht's ums Prinzip. Und Dora kommt auch nicht nur wegen ein paar schönen Worten zu mir zurück. Nicht mal in ein Hotel könnte ich sie einladen, zu einem Versöhnungswochenende, nicht nur wegen der Kohle, da stünde uns wegen dem Kuppelparagrafen auch noch die Sitte vor der Tür. Hatten sie zwar gerade abgeschafft, aber was kümmerte das die Bullen. Und diese Tagelöhnerei bringt nix ein. Ich brauch Geld, was Verlässliches.«

Willys Blick schien erst fragend, dann tastend. Horst entschied sich, nachsichtig zu sein mit seinem alten Freund und Kupferstecher. Als glücklich verheirateter Mann mit zwei braven Mädchen im Haus und einer guten Anstellung war ihm Horsts schweres Los fremd. Also wartete er ab, bis Willys Ausdruck anzeigte, dass bei ihm der Groschen gefallen war.

»So isses«, sagte Horst. »Lass dir was einfallen. Ist auch in deinem Interesse. Ich weiß nicht mehr weiter.«

»Wenn du das ernst meinst, was du da sagst«, sagte Willy, »dann regel ich das. Hauptsache, du blamierst mich nicht.«

DRITTES KAPITEL

Warte, bis es dunkel ist

1

Mit dem Kopf im Nacken lief Juli durch den herbstlichen Volkspark. Ihre blonden Locken wippten auf und ab, sie behielt alles im Blick: die bunten Kronen der Bäume, an die sich die letzten Blätter klammerten; die trotz der hereingebrochenen Milde aufgeplusterten Vögel; und die dichter sich zusammenziehenden Wolken – das Schöne wartet meist oben. Hatte Willy seiner Siebenjährigen beigebracht. Überunskunst nannte er das, und wenn man die Wolken, also die größte aller Überunskünste, auch nur eine Sekunde aus dem Blickfeld ließ, dann schwand sie schon im Wind. Willy gab acht, sonst hätte er sein Mädchen gleich aus dem Schwanenweiher fischen müssen. Zwei Mal war das bislang passiert, und an sich wäre es nicht schlimm, es war ein überraschend warmer Tag im Oktober, doch Willy war mit Juli auf dem Weg zu seiner Mutter, da wollte er sie nicht klamm bis auf die Knochen vorführen.

Manchmal schien es Willy, als wolle seine Tochter eine Abkürzung nehmen von der Kindheit direkt in die Erwachsenenwelt. Sie lief über die gemähte Grünfläche, schnurstracks einem Baumstamm entgegen, den sie längst hätte bemerken müssen, zumal die Äste ihr doch sicher die Sicht auf die Wolken versperrten, aber sie lief weiter. Dann blieb sie abrupt stehen und sah nach unten. Willy holte sie ein und sah den kleinen Igel am Boden, zusammengerollt unter seinem Stachelkleid. Juli beugte sich hinunter und redete auf ihn ein, was sei denn nur passiert, habe er seine Mama verloren, was könne man denn da nur machen. Willy streckte seine Hand aus, doch Juli schlug sie weg: »Nein, wir dürfen ihn nicht berühren! Sonst riecht er nach uns, und seine Mama nimmt ihn nicht mehr an.«

»Komm, geh fort«, sagte Willy und nahm das Tierchen auf. »Hör auf mit den Ammenmärchen. Wenn du wüsstest, wie viel Gartenvieh ich schon gerettet hab auf meine Art. Hat sich noch keine Igelmama beschwert über meinen strengen Duft. Hopp, auf geht's zu Oma!«

Bei Hulda gab es Roggenbrot mit Edelsalami und echter Butter, dick bestrichen, so was kam zu Hause nicht auf den Teller, da fehlte in der Regel das Klimpergeld für. Ihr schlohweißes Haar hatte die kleine Frau zu einem Zopf gebunden. Mit ihrer roten Schürze saß sie am Tisch, neben ihr trank Mira ihren Kakao, ohne Willy und Juli anzusehen. Auf ihrem Schoß schnurrte Huldas pechschwarzer Kater mit dem weißen Fellstrich am Kinn. Iljitsch hatte sie den getauft, weil ihr Lenin zu hochtrabend vorkam.

»Mein Gott, Junge, was schleppste mir da an?«, sagte sie, »weißte nicht, was diese Viecher für Krankheiten übertragen?«

Hulda setzte ihre klobige Brille auf, stemmte sich hoch und hinkte am Stock in die Schlafkammer. Sie kam mit einem Pappkarton zurück. Der Igel fiepte wie ein Vogelkind, und erst jetzt bemerkte der Kater den Gast. Mit einem lang nicht mehr gesehenen Satz sprang er auf den Esstisch und schnappte nach dem Igel, doch seine Krallen verfingen sich nur in Willys Arm, der das Tier rechtzeitig weggezogen hatte. Hulda trug den Kater ins Nebenzimmer und schloss die Tür. Juli weinte, Hulda schnaufte, Mira rührte sich nicht. Willy träufelte dem Kerlchen Wasser auf den Mund, nahm etwas Katzenfutter, legte es mit dem Igel in den Karton und platzierte ihn auf dem wurmstichigen Küchenschrank, dann zündete er sich eine Zigarette an. Von außen kratzte der Kater an der Tür. Hulda öffnete, das Tier flitzte wieder herein und reckte das Köpfchen.

»Mein Iljitsch sucht sein Opfer«, sagte Hulda.

»Er darf dem armen Igel nichts tun«, sagte Juli. »Versprich es hoch und heilig!«

»Hoch und heilig«, wiederholte Hulda abschätzig. »Schätzchen. Ich verspreche es. Aber nicht so. Du weißt doch, dass Oma kein Kirchengerede mag. Was hab ich dir über Religion beigebracht?«

»Sie ist das Opium des Volkes«, deklamierte Juli widerwillig.

»Ganz richtig«, sagte Hulda.

»Jetzt hör auf, meine Tochter mit Lenin-Zitaten zu quälen«, sagte Willy.

Hulda stemmte die Hände in die Hüften, stieß einen lauten Seufzer aus, warf Willy einen finsteren Blick zu und sagte: »Das Zitat stammt von Karl Marx, mein halbgebildeter Sohnemann. Lenin sagte …«

»Die Religion ist Opium fürs Volk!«, rief Juli.

»So ist es«, sagte Hulda, »ein großer Unterschied!«

Willy brummte und trank seinen Kaffee im Stehen. Seine Halbgerauchte hing ihm zwischen Daumen und Zeigefinger, wie prüfend hielt er sie vor die Augen.

»Mach dir jedenfalls keinen Kopf, Kleines«, sagte Hulda. »Mein Iljitsch tut dem Igel nichts. Ich päppel den kleinen Kerl auf und bring ihn danach in die Auffangstation nach

Siegelbach. Vorher ruf ich dich an, dann kannst du mich begleiten, mein Goldlöckchen.«

»Wie heißt der Igel eigentlich? Er braucht doch einen Namen«, sagte Juli.

»Nennen wir ihn Menschewik«, sagte Hulda.

»Menschewik?«

»Ja.«

»Was ist das für ein Name?«

»Frag doch mal deinen Vater.«

»Hör auf, meine Kinder dusselig zu machen. Sonst muss ich sie für ein paar Wochen nach drüben schicken, um sie zu kurieren.«

»Die Geschichte der Arbeiterklasse hat noch keinem geschadet«, sagte Hulda.

Willy winkte ab, wie fast immer, wenn es um Politik ging. Er zog seinen Mädchen schon ihre Mäntel an, wohl wissend, was jetzt kommen würde.

»Bist du endlich der Gewerkschaft beigetreten?«, fragte Hulda, und Willy antwortete mit einem lang gezogenen Stöhnen.

Hulda beugte sich zu Juli hinunter: »Dein Vater weiß nicht, was gut für ihn ist. Anstatt über die Gastarbeiter zu schimpfen, müsste er sich mit ihnen zusammenschließen. Und warum sollte er das tun? Na?«

»Der Gegner der Arbeiterklasse ist das Kapital.«

»Hör auf, Mutter. Denen geht's viel zu gut. Ich seh das täglich auf der Baustelle. Wenn jeder von uns Deutschen eine Stunde am Tag länger arbeiten würde, bräuchten wir diese Gastarbeiter nicht. Dann könnten sie zurück in ihr Land.«

»Dieses Land gehört sehr wenigen, sehr satten Leuten. Und die lachen sich kaputt über das, was du da von dir gibst. Aber du kannst nichts dafür, mein Willy. Deine Tochter weiß das, nicht wahr, Kleine? Wie sagt der Onkel Marx so schön? Das Sein bestimmt …«

Und Juli rief: »… das Bewusstsein!«

2

Das Licht der Morgendämmerung ergoss sich über die Häuserreihen. Die Schatten verkürzten sich. Ein rascher Blick nach oben. Es würde ein schöner Herbsttag werden, keine einzige Wolke zog am Himmel. Bald wären die Nächte länger, und Willys Weg zur Arbeit würde wieder schöner sein. Die Dunkelheit der Nacht öffnete seinen Blick fürs Tiefe, Ferne, Unendliche. An einem Tag wie diesem stach ihm das Licht der Wirklichkeit in die Augen, das konnte er nicht leiden, so in aller Herrgottsfrühe. Zumal in der neuen Fußgängerzone in der Fackelstraße der Betrieb noch ruhte und die Elenden sich noch nicht in die Unterführungen und Hinterhöfe verzogen hatten. Vor Eduscho und Eram und gegenüber vor der Apotheke lagen Menschenkörper auf dem Asphalt, auf Hunderte Meter verteilt bis hoch zum Topeka-Kaufhaus. So was hatte es früher nicht gegeben, daran konnte Willy sich gut erinnern, die Asozialen auf der Straße waren sofort anderswohin verfrachtet worden, damit sie die Arbeiter nicht jeden Morgen dem Gemisch aus Fusel und frischen Exkrementen aussetzen konnten. Stadtluft macht frei, aber wohlhabend macht sie nicht, dachte er.

Im Eingang des Omega war ein Penner eingemummelt in einen versifften Schlafsack, sein graubraunes Haar fettig, die Gesichtshaut fahl und rosig. Schnarchend lag er auf dem Erdboden, umringt von noch nicht abgeholten Müllsäcken und einer Schubkarre, in der er sein Hab und Gut spazieren fuhr: Tüten und Taschen, Dosen und Decken. Neben ihm fläzte ein Hund, struppig und klapperdürr, der Willy sofort leidtat. Mit einer Kordel war er an der Schubkarre angebunden, und während Willy darüber nachdachte, das Tier ins Heim zu bringen, wachte der Penner auf und fing an zu kreischen. Der Kerl konnte keinen geraden Satz herausbringen, er fühlte sich bloß bedroht. Als ob Willy dem was wegnehmen würde! Er griff ein Markstück aus dem Portemonnaie und warf es dem Penner hin, der augenblicklich Ruhe gab. Traurig ist das, nur traurig, dachte Willy, früher hätte man dem Mann zu helfen gewusst.

Oben an der Post warteten die Türken. Dass sie ihr Tagwerk noch nicht begonnen hatten, war dem Respekt geschuldet, den Klaus ihnen mal eingebläut hatte. »Der Willy«, hatte er gesagt, »der ist unser bester Mann, den dürft ihr nie beleidigen, und er ist nicht nur der Letzte, der abends Feierabend macht, sondern auch der Erste, der morgens anfängt, also versucht gar nicht erst, den Polier zu beeindrucken, indem ihr unsren Willy übertrumpft, da könnt ihr nur verlieren.«

Ja, er hatte seinen Ruf weg, obwohl er nur seine Pflicht tat, die verdammte, und nicht, um irgendwem was zu beweisen, sondern, um die Mäuler seiner Frau und seiner Kinder zu stopfen. Etwas mehr als tausend Mark blieben nach Abzug der Steuern und Abgaben im Monat, und jede davon war hart erarbeitet. Kopf, Nacken, Schulter, Kreuz, Lende – ihm taten sogar Körperteile weh, deren Namen er nicht kannte. Die Schmerzen ignorierte er seit Jahren.

Bis kurz nach zwölf versprach es ein ganz normaler Tag zu werden. Jeder wusste, was er zu tun hatte, niemand saß herum, und außer dem Hämmern und Sägen und Schleifen war nur das Radio zu hören. Sogar Horst, den Willy vor bald acht Wochen als Hilfsarbeiter hier untergebracht hatte, verhielt sich manierlich und tat, was der Polier ihm aufgetragen hatte. Willy wollte gerade sein Mittagspils aufmachen und sich neben die Schienen am Bahnhof setzen, da bat Klaus, ihn begleiten zu dürfen. Und er kam gleich zur Sache. Die Türken, sagte er, Willy müsse mit den Türken reden. Dem Polier könne man das nicht auftischen, der würde einem gleich 'nen Einlauf verpassen, nä, das müssten die Kollegen untereinander klären, und keinen bewunderten die Türken so wie Willy.

»Was hast denn ausgerechnet du plötzlich gegen die Türken?«, fragte Willy.

»Nichts«, sagte Klaus, »was soll ich schon gegen die haben. Aber die Kollegen beschweren sich. Die arbeiten zu schnell.«

Vor Schreck verschluckte Willy den Rauch und fing an zu kollern: »Was schwätzt du da?«

»Du weißt doch, warum die so fleißig und genügsam sind. Weil sie wegen den vielen Aufenthaltsregeln immer Angst haben müssen, entlassen und dann ausgewiesen zu werden. Für uns wird das immer mehr zum Problem.«

»Daher weht also der Wind. Weil ein paar Männer 'ne ruhige Kugel schieben wollen, sollen die Türken dran glauben. Wer hat euch denn den Floh ins Ohr gesetzt? Horst? Kann eigentlich niemand anders gewesen sein. Wusste ich's doch. Den Quertreiber hätte ich nie herbringen dürfen.«

»Jetzt hör mir doch mal zu, Willy. Bei dem, was die fortschaffen, geht den Ungelernten die Muffe. Die haben Schiss, dass der Habbelrath sie rauswirft, weil er sie nicht mehr braucht, wenn jeder von den Türken für zwei schafft. Wo wir doch Krise haben.«

Krise. Dieses Wort kannte Willy nur von Ehen oder Fußballklubs. Klaus war nicht zu bremsen: »Weißt du, was die Drecksau von Polier gestern gemacht hat? Da warst du auf dem Dach. Wird der sich genau ausgeguckt haben, den Moment. Mit 'ner Stoppuhr stand der uns vor der Linse, zu jedem von uns kam er hin und hat uns gezeigt, wie viel Zeit der eine und wie viel der andere von uns brauchte fürs Befüllen der Schubkarren und fürs Herbeischaffen von Sperrholzplatten.«

»Du kennst den doch. Mit solchen Spielereien setzt er uns ein bisschen unter Druck, ist nicht das erste Mal.«

»Diesmal steckt mehr dahinter. Hör dir mal seine Sprüche an. Wie er sich über unsere Löhne beklagt. Uns als Faulenzer hinstellt, wenn wir mal fünf Minuten länger Mittag machen. Das kommt alles von oben, vom alten Habbelrath, dem Geldsack, der hat die Auftragsbücher voll und will an uns sparen.«

Noch immer nur halb interessiert, seufzte Willy: »Na gut, dann haben die da oben halt wieder ihre Phase. Und was bitte schön soll ich jetzt den Türken erzählen?«

»Mach ihnen klar, dass sie sich keine Freunde machen, wenn sie die Streber raushängen lassen. Dass sie das Lohnniveau für uns alle drücken. Dass bald viele von uns arbeitslos sind, wenn die so weitermachen. Und du mit gutem Beispiel vorangehen wirst.«

Willy sah Klaus an, als hätte der ihm gerade seine Liebe gestanden. Aber was Klaus sagte, leuchtete ihm ein. Also ließ er Horst nach Feierabend allein in die Goldmine gehen. Als nur noch ein paar Türken da waren, sprach er Ömer an. Der lehnte erwartungsgemäß das angebotene Bier ab, griff dafür aber zur Marlboro. Mit seiner schwarzen Scheitelfrisur, den buschigen Brauen über den braunen Augen und der Kippe unter dem dicken Schnäuzer sah er aus wie ein

Sittenstrolch. Wäre da nicht dieses Lächeln gewesen. Ömer freute sich so sehr darüber, von Willy beachtet zu werden, dass er ihn sofort auf einen Feierabendtee zu sich nach Hause einlud. Willy wollte nicht. Wo waren wir denn, dass Baustellenbekanntschaften einander in die eigenen vier Wände mitnahmen? Wahrscheinlich träfe er dort auf die Familie, der hatte bestimmt zig Bälger, und Willy müsste am Ende zum Abendessen bleiben und sich dabei schlecht fühlen.

Doch Ömer ließ nicht locker, und schon waren die beiden auf dem Weg zu ihm. Sie gingen am E-Werk vorbei, bogen in die Karcherstraße ein und passierten den Stadtpark. Na toll, dachte Willy, der Kollege wohnt im Rundbau, direktemang ging er darauf zu, die haben's komfortabel, während die meisten deutschen Arbeiter in der Berliner Straße hausten, der Straße der Verdammten. Seinetwegen konnten die Ausländer ruhig in Arbeiterpalästen residieren und in ihren Anzügen rumlaufen, aber dass die Regierung nicht auch was für die Deutschen tat, das war doch eine Sauerei. Da konnte seine Mutter ihn noch so oft einen Spalter schimpfen, im Fleiß sollten alle gleich sein.

Doch dann standen sie nicht vor dem Rundbau, sondern vor einem leer stehenden Gebäude in der Nähe des Pfaff-Werks, zumindest dachte Willy, es sei leer stehend. Ungläubig deutete er auf die zerschlagene Tür, Ömer grinste und winkte ihn herein. Anfang der Fünfziger hatte Pfaff hier Arbeiter untergebracht, vorübergehend, bis die Siedlung unterhalb der Galgenschanze fertig war. Dass hier drin Menschen lebten, war Willy neu. Im Hausflur stank es nach Pisse und Geröll. Im ersten Stock schloss Ömer eine Tür auf, hinter der sich eine Küchenzeile und ein Raum mit grüner Tapete befanden. Willys Blick ging umher, das Zimmer war vollgestellt mit vier Etagenbetten, dazu standen da Nachttische und ein paar Stühle. An dem kleinen freien Stück Wand Fotos von Erwachsenen und Kindern. Acht Mann auf vielleicht zwanzig Quadratmetern.

»Wofür is ’n der Eimer?«, fragte Willy.

Ömer sagte: »Klo kaputt. Lange schon.«

Er drückte Willy ein dampfendes Teeglas und einen Sesamring in die Hand.

»Simit«, sagte er, was Willy als Aufforderung zum Hinsetzen verstand.

Was er auf dem Herzen habe, fragte Ömer, und Willy verlor keine Zeit, er wollte einen Ton treffen, der exakt zwischen Befehl und Bedürfnis lag.

Als er fertig war, starrte Ömer in sein Tässchen und sagte: »Du weißt, wo ich gearbeitet vor Habbelrath?«

»Woher denn.«

»Nach Deutschland gekommen bin ich neunundsechzig. Frau und drei Kinder in Türkei. Istanbul-Sirkeci bis München-Hauptbahnhof mit Zug. Gleis elf. Dann runter in das, wie hieß das? Weiterleitungsstelle. Freunde alle woandershin. Hamburg. Duisburg. Frankfurt. Nur ich: Kaiserslautern. Ich kannte von Fußball. FCK! Gleich in Fabrik von Autositzen gekommen. Drei Mark und sechzehn Pfennig in Stunde. Guter Lohn. Aber wir mussten Überstunden, immer nur wir Türken, dreizehn Stunden, vierzehn Stunden. Und Miete hier ist viel zu hoch. Am Ende von Monat bleiben nur paar Mark. Ich hab angefangen, an Wochenende arbeiten, damit ich Geld schicken konnte, zu Familie nach Hause. Aber bis heute kein deutsche Freund, nur Türken in Wohnheim.«

Aus der Schublade eines Nachttischs kramte er eine *Bild*-Zeitung, hielt sie Willy hin und sagte: »Hier, lies: *Gastarbeiter, dieses Wort kommt von Gast. Ein Gast, der sich nicht so beträgt, gehört vor die Tür gesetzt.«*

Stirnrunzelnd nahm Willy die Zeitung. Tatsächlich. Die Ausgabe stammte aus dem August, der Artikel bezog sich auf den Streik bei Ford in Köln. Wie oft hatte Hulda ihm den seitdem als leuchtendes Beispiel für den revolutionären Kampf der Arbeiterklasse vorgehalten! Er selbst hatte auf der Seite des Betriebs gestanden. Nicht, weil er den Arbeitern Böses wollte, aber was, wenn Ford entschieden hätte, die Produktion in Deutschland komplett aufzugeben? Da hätten sie dumm aus der Wäsche geguckt, die streikenden Türken.

»In den Zeitungen schimpfen alle über uns Türken«, sagte Ömer, »keiner schreibt über Italiener oder Griechen oder Deutsche, die haben auch mitgemacht. Das war kein Türkenstreik. Wir ehrliche Leute, aber behandeln sie müssen uns wie Menschen. Wir nicht undankbar, aber wir sind auch nicht wilde Tiere.«

»Willst du irgendwann zurück in die Türkei?«, fragte Willy.

»Wenn du eine Nacht hier verbringst, hörst du Männer weinen. Die Leute gucken uns an, als ob wir Affen wären. Reden über uns, aber reden nicht mit uns. Wir vermissen Familie. Alle. Ein paar sind nach eine Monat zurück in Türkei. Sie sind arm, aber haben Familie. Was würdest du machen weit weg in fremdes Land, ganz allein?«

3

Mira musste schon eine Weile am Eingang zur Stadtbücherei gewartet haben. Sie ging auf und ab wie ein Tiger im Käfig. Unterm Arm hielt sie ihr Lieblingsbuch. So sehr war die Zehnjährige in Gedanken, dass sie ihren Vater erst sah, als er längst vor ihr stand. Mit rotem Gesicht stapfte sie an ihm vorbei, Willy betrat mit gebührendem Abstand die Bücherei.

Hinter dem Empfangstresen saß dieser Student. So wie Willy bei der Ankunft in der Goldmine bloß zu nicken brauchte, um sein Bier zu bekommen, zückte der blond gelockte Lümmel mit den Ketten und Ringen routiniert den Stempel, wenn Mira ihr *Pony Peter* zur Verlängerung hinschob. Dämliche Gaulsgeschichte, was musste die so was lesen, da bekam Willy Beklemmungen, wenn er nur den Umschlag sah. Jedes Mal, wenn die Kleine ihm aus dem Band vorlesen wollte, lehnte er ab, seit Jahren schon, und er konnte ihr einfach nicht begreiflich machen, warum. Alte Geschichte, sagte er nur. Wegen dem Krieg.

Dafür hielten sie auch heute ihr Ritual ein. Zwei, drei Sätze genügten, und Mira sah ihm die Verspätung nach. Willy kniff die Augen zusammen, Mira kniepte die ihrigen. Damit war alles gesagt. Bei jedem Besuch an diesem Ort lasen sie einander in der Kinderbuchabteilung vor, sofern die Erzählungen pferdefrei blieben. Was denn heute auf dem Plan stehe, fragte Willy. Die Zehnjährige gab ein lang gezogenes »Hmmm« von sich und trieb ihr Stimmchen in die Höhe. »Ich weiß zumindest, was wir nicht lesen sollten: Goethe und Schiller.«

Am Regal angekommen, zog Willy das Präsenzexemplar von Erich Kästners *Emil und die Detektive* aus dem Regal. Sie waren am Ende des zweiten Kapitels angelangt. Mira hatte schnell erkannt, dass Frau Tischbein die Zeit zum Korntrinken und zum Schmauchen fehlt, weil sie mit ihrem Frisiersalon alle Hände voll zu tun hat. Vor einer Weile hatte Mira ihren Vater gefragt, ob sie ihrer Mutter, die ja wirklich eine

Vorliebe für Frisuren hatte, das Erlernen des Friseurberufs ans Herz legen sollte.

Willy las Mira das dritte Kapitel vor, in dem Emil seine erste lange Fahrt antritt. Mira fragte Willy, wann er mal mit ihr eine Reise mit der Eisenbahn unternehmen würde. Anstatt zu antworten, stellte Willy das Buch zurück ins Regal. »Immer aufhören, wenn's am schönsten ist«, sagte er, nahm Mira an der Hand und trabte hinaus.

Weil Willy die Tür schwungvoll aufdrückte, hätte er sie beinahe wem gegen die Stirn geschlagen.

»So sieht man sich wieder!«

Das durfte doch nicht wahr sein. Ausgerechnet hier. Und sie hatte ihn sofort erkannt. Willy gab Susanne die Hand. Bis er mal ein Wort herausbekam.

»Wie ist es Ihnen ergangen?«, fragte sie.

»Äh, ja«, stotterte er. Er suchte die Worte, fand sie erst nicht, bis ihm was Schlagfertiges einfiel: »Müssen Sie mich jetzt verhaften?«

»Wäre ich im Dienst, hätte ich Ihnen das nicht durchgehen lassen dürfen.«

Eine peinliche Pause entstand, in der Susanne das sie anstarrende Kind aufmerksam betrachtete.

»Ach so, ja, das hier ist übrigens Mira. Meine äh, meine … also …«

»Tochter«, sagte Mira und hielt Susanne die Hand hin. »Sehr erfreut. Woher kennen Sie meinen Vater?«

»Ach, weißt du«, begann sie. Sie sah ihn an wie einen Fünfjährigen, »dein Papa und ich, wir sind uns mal beruflich begegnet.«

»Sind Sie auch Zimmermann?«, fragte Mira.

»Nein, eher so was wie eine … Zellenfrau.«

»Was ist das?«

»Ach, das hat was mit Recht und Ordnung zu tun. Mit Gesetzen und so.«

»Sie sind Wachtmeister?«

»So was in der Art.«

»So wie der Wachtmeister Jeschke in *Emil und die Detektive*. Sie bringen böse Leute ins Gefängnis.«

»So ist es.«

»War mein Vater böse?«

»Jetzt reicht es aber«, sagte Willy, während er sich eine Kippe anzündete, »das ziemt sich doch nicht für eine Dame, so naseweis zu sein.«

Susanne nahm sich ungefragt eine Zigarette aus Willys Schachtel. »Nein, nein, Neugier ist was Tolles«, sagte sie. »Bewahr dir das bloß, dann wird's dir nie langweilig. Und deinem Papa auch nicht.«

»War er schon mal bei Ihnen im Gefängnis?«

»Nicht direkt, würde ich sagen. Aber wenn er nicht aufpasst und armen Frauen weiterhin Türen ins Gesicht knallt, dann ist es nur eine Frage der Zeit, bis er bei Wasser und Brot sitzt.«

Sie reichte Willy die Hand. Er solle mal vorbeikommen, sagte sie, und dann steckte sie ihm was in die Tasche und ging in die Bücherhalle. Zu Hause angekommen, verschanzte Willy sich auf halber Treppe in der Toilette. Das war eine Visitenkarte. Davon hatte er schon mal gehört. Hatten eigentlich nur die wirklich Wichtigen. Susanne Nothnagel, Polizeiobermeisterin! Darunter stand eine Telefonnummer. Er fixierte sie. Zwei, vielleicht drei Minuten lang, er musste sie sich merken, Rosi oder die Kinder fanden doch alles. Willy zerriss das Kärtchen, warf es in den Abort und rauchte noch eine Kippe am Fensterchen, ehe Juli nach ihm rief und er am Spülseil zog.

4

Halb drei. Sechzig Minuten bis zum Anpfiff, doch im Stadion war schon kaum ein Stehplatz mehr zu kriegen. Ringsum saßen Leute auf den Bäumen, einige der Äste konnten das Gewicht kaum tragen. Dabei waren vereinzelt noch Sitze frei, aber eben die teuren, auf der Nordtribüne, die eh noch nicht ganz fertig war. Fünfunddreißigtausend zahlende Leute und ein paar schnorrende Kiebitze auf einem Fleck, mittendrin Willy und Ömer, die in der Westkurve standen, wo auch sonst. Seit September hatte Willy die Karten, eigentlich wollte er Mira mitnehmen, aber das hatte Rosi im letzten Moment vereitelt. Ömer war gekleidet wie für eine Beerdigung, sauber gescheitelt und im blitzeblanken Anzug samt Krawatte. Die Leute guckten komisch, also blieben Willy und Ömer ganz hinten, was kein Problem war, bei ihrer Körpergröße überragten sie die anderen.

Fröhlich wie ein Kind am Kirmestag kam Horst geschlendert, der Betze-Schal hing ihm um den Hals. Mit beiden Händen trug er ein Weinkistchen, obendrauf zwei Bierbecher und zwei Wurstweck. Horsts Blick fror ein, als er Ömer sah. Einen Kommentar sparte er sich, zumindest vorerst. Willy quetschte sich durch die Menge und holte eine Cola für Ömer. Als er zurück war, hatten die beiden einander offenbar noch immer keines Blickes gewürdigt. Willy stand jetzt zwischen ihnen. Sein Weinkistchen hatte Horst hochkant abgestellt, von dort oben hatte er nun sogar einen höheren Stand als Willy. Er prostete seinem Kumpel zu und brüllte drauflos: »Hi, ha, ho, Bayern ist k. o.!«

»Du hast doch 'ne kalte Lötstelle«, sagte Willy, »was fängst du an zu jubeln, bevor die auch nur einmal gegen den Ball getreten haben.«

»Warte es ab, nach dem Spiel bin ich um zehn Mark reicher«, sagte Horst.

Keine fünf Minuten waren gespielt, da stand dieser neue Bayern-Sturmläufer frei im Strafraum, die zwei Verteidiger des FCK begleiteten ihn zum ersten Tor, als wären sie seine Zivildienstleistenden. Ömer jaulte, Horst brüllte, und nach zwölf Minuten raste links außen schon wieder dieser Neue nach vorn. Hoher Ball, Flanke oder Torschuss, egal, Torsteher Eltinger kam nicht ran. Luftpumpe. Was ließ der Ribbeck den spielen, der Stabel Sepp war tausendmal besser!

»Wer is 'n der Depp mit dem Schnorres?«, fragte Horst.

Willy war unsicher, ob er Ömer meinte oder den Sturmläufer der Bayern.

»Was weiß ich«, sagte er, »Gesdopp oder so heißt der. Die beiden Tore hätte auch meine Mutter gemacht.«

»Wie geht's 'n der Alten eigentlich?«, fragte Horst, nachdem sie zwanzig Minuten stumm dem Spiel auf ein Tor zugesehen hatten.

Horst mit einer Frage, die nicht nur um ihn kreiste? Dass Willy das noch erleben durfte. Nur wusste er wieder nicht, wen Horst meinte: Hulda oder Rosi?

»Der Polier hat mich vorgestern in die Mangel genommen«, sagte Willy.

»Verdammte Scheiße«, rief Horst, und erneut war Willy unsicher, wem der Ausruf galt, denn nach einer Flanke des abseitsverdächtigen Uli Hoeneß köpfte Gerd Müller zum 0:3 ein. Bis zur Halbzeit waren es noch zehn Minuten. Das gibt 'ne Packung heute, dachte Willy. Und Ömer nahm die Hände nicht mehr aus dem Gesicht.

»Der hat gedroht, mich rauszuwerfen. Vor allen Kollegen.

Da warst du schon weg«, brummte Willy. »Mal sehen, ob er Ernst macht. Dabei steh ich nur zu den anderen. Wie der die Ungelernten unter Druck setzt, ist nicht in Ordnung.«

»Noch ist nicht aller Tage Abend. Kämpfen, nie aufgeben, so machen Lauterer das«, rief Horst in Richtung Rasen, aber Willy bezog es auf sich.

»Klaus hat ständig gesagt, ich soll mal mit dem Polier reden, mich würde der Habbelrath eh nicht entlassen, ich soll auf den Tisch hauen und durchsetzen, dass die keinen nach Hause schicken, bloß weil sie ein paar Mark sparen wollen. Betrifft übrigens auch dich, Horst.«

Gerade als er »Horst« sagte, vertändelte Bulle Roth vor dem eigenen Strafraum den Ball, und Seppl Pirrung schob ihn an Maier vorbei zum 1:3. Das Publikum nahm es stoisch zur Kenntnis. In der Pause ging Horst für kleine Jungs, und Willy holte das vierte Bier für die beiden und die zweite Cola für Ömer. Am Getränkestand zogen sie vom Leder, Flaschen seien das, keinen Fußball könnten die spielen, so eine Frechheit, verwöhnte Schnäger, alle in einen Sack und blind draufgehauen, man treffe immer den Richtigen. Und Ribbeck wollten sie auch gleich vom Berg jagen. Zwischen West- und Südtribüne pissten drei junge Kerls im Strahl an den Flutlichtmast, fünfzehn Meter über ihnen wehten die rot-weißen Fahnen.

Zurück am Platz, Horst auf dem Kistchen und Willy mit Ömer daneben. Offenbar hatte der Trainer den Buben in den Hintern getreten. Steckte vielleicht doch ein harter Hund in Ribbeck. Viel wacher war die Mannschaft jetzt, und plötzlich lief sogar der Ball.

»Ein Gutes hat es ja, dass ich mich wegen dem ganzen Scheiß öfter mal früher als sonst von der Baustelle verdrücke«, sagte Willy. »Ich hab viel mehr von meinen Kindern.

Das zählt am Ende. Rosi und ich verstehen uns auch wieder richtig gut.«

»Dranbleiben, dann wird das noch was«, schrie Horst.

Zehn Minuten nach dem Wiederanpfiff trug Beckenbauer den Ball gemächlich durchs Mittelfeld, ohne dass ein Lauterer angriff, Laumen war für ihn nicht mehr als eine Slalomstange, was für ein Schönwetterspieler, dachte Willy, so einer passt nicht zu uns, mit dem rechten Fuß spielte der Kaiser steil in den Sechzehner auf Gerd Müller, den zwei Lauterer in die Zange nehmen wollten. Dietmar Schwager fiel um wie ein gefällter Baum, Ernst Diehl stocherte überall herum, nur nicht in der Nähe des Balls, und schon stand es 1:4. Willy winkte ab, Ömer fluchte.

Entsetzen, Trauer und Wut, wohin das Auge blickte. Beim direkten Gegenangriff sah Willy die Verzweiflung auch auf dem Feld. Huber stieß einen Bayern um, der Schiedsrichter entschied nicht auf Foulspiel, aus Mitleid womöglich, blind drosch Huber den Ball in Richtung Tor, wo der Toppmöller sich hochschraubte, das Ding fiel ihm irgendwie auf die Rübe, und der Ball zappelte oben rechts im Eck. Die Fans johlten, als hätte ihr Betze die Meisterschaft gewonnen. Auch Horst kriegte sich nicht ein vor Freude, die ganze Kurve kreischte der Kerl zusammen.

»Gestern, als du beim Arzt warst«, sprach Willy in den Lärm hinein, »da haben die Türken für 'ne halbe Stunde die Arbeit unterbrochen. Als der Polier runterkam, sagten die, sie wollen mit ihm über den Lohn sprechen. Und er sollte garantieren, dass keine Leute entlassen werden. Der wusste nicht, was er tun sollte. Das hätteste mal sehen müssen. Die Türken, ausgerechnet!«

Er deutete auf Ömer, aber Horst ließ das Spielfeld nicht aus den Augen. »Das hätte ich nicht gedacht«, schrie Horst,

»im Leben hätt ich das nicht gedacht, und ich bin ja wirklich der Glaube an das Gute in Person, aber das doch nicht!«

Nach sechzig Minuten schlug Maier den Ball grottenschlecht ab, im Durcheinander sah Seppl Pirrung als Einziger durch und versenkte den Ball unten rechts. 3:4. Was war denn hier los?

Horst sprang von seinem Weinkistchen und Willy in die Arme, der den Kerl mit Mühe und Not daran hindern konnte, sie im Doppel nach vorn in die Menge stürzen zu lassen. Bierduschen im ohrenbetäubenden Krach, Ömers versauter Anzug, ungläubige Blicke. Zwölf Minuten lang rollte ein Angriff nach dem anderen auf das Bayern-Tor, und nach dreiundsiebzig Minuten hatte Pirrung es mit seinem dritten Tor tatsächlich vollbracht: 4:4! Maier hatte einen Freistoß von Schwager pariert und der Seppl den Nachschuss in die Maschen gezimmert. Der Boden bebte, die Leute rasteten aus, am Spielfeldrand liefen Zuschauer auf den Platz. Willy raufte sich das Restkopfhaar, war aber nur zum Murmeln fähig. »Rosi«, pisperte er, immer wieder nur »Rosi, Rosi, Rosi«.

»Tja«, sagte Horst, »da scheint aus Feindschaft wieder die große Liebe geworden zu sein. So was gibt's nur in Kaiserslautern.«

Drei Minuten später flog der neue Bayern-Stürmer nach einem groben Foulspiel vom Platz. Seinen Namen verstand Willy jetzt ganz deutlich, als Stadionsprecher Udo Scholz ihn zum vierten Mal an diesem Nachmittag in sein Mikrofon sprach: Bernd Gersdorff.

»Es kann in die Buchse gehen, aber morgen frag ich den Polier, ob er mal mit mir ein Bierchen trinken gehen will, nur er und ich. Entweder der schmeißt mich dann raus, oder er beugt sich unseren Forderungen. Dazwischen gibt es nichts. Der Mut könnte sich auszahlen. Oder was denkst du?«

Und dann passierte es: Toppmöller traf zur Führung, Horst sprang auf und ab, das Kistchen krachte zusammen, Horst lag am Boden und bekam den Abseitspfiff des Schiedsrichters gar nicht mit. Oder war es Foulspiel? Auf dem Feld umringten die Leute mit roten Mützen und olivgrünen Jacken den Toppmöller, der Jubel erstarb. Glasklare Fehlentscheidung, das wussten alle, bestimmt sogar der Schiedsrichter.

»Oh hängt sie auf, die schwarze Sau«, sangen sie in der West, und auch Ömer stimmte mit ein.

Und weiter, immer weiter, der Diehl, Kapitän Diehl mit der weißen Armbinde, trieb das Spiel in der eigenen Hälfte an, gab den Ball auf rechts, und als Toppmöller ihn nach vorn seppeln sah, den Diehl, da spielte er ihm die Pille in den Lauf, Diehl zündete den Turbo und schoss das 5:4. Ein paar Minuten später, Herbert Laumen umspielte den Bullen Roth, zog ab – 6:4! Zwei Buben fielen von einem Baum, Laumen schlug einen Purzelbaum, und weil es so schön war, kam Laumen in der Schlussminute an der Strafraumkante an den Ball und traf zum 7:4. Das Spiel war aus, Willy sah Erich Ribbeck weinen, die armen Schlucker aus der Pfalz hatten es den Schnöseln gezeigt. Endlich stimmte Willy ein in das Tosen der West: »Hi, ha, ho, Bayern ist k. o.!«

Sie stolzierten den Berg hinunter, Horst hatte sich heiser gegrölt, und immer noch ignorierte er Ömer.

»Dann lass mal den kleinen Blauen rüberwachsen.«

»Hopp, hör mir uff«, sagte Willy. »Kommste mit zu Helga? Müssen doch feiern.«

Horst sah Willy fragend an, und der nickte, den Arm um Ömer legend.

»Na, dann wünsch ich viel Spaß«, sagte Horst, der abwinkte und umkehrte.

5

Eine geschlagene Viertelstunde ließen Dampfhammer und Kinnschwinger auf sich warten. Überhaupt gab es hier viel weniger Prügel als in allen anderen Filmen mit Bud Spencer und Terence Hill. Eine der Keilereien wurde kommentiert von einem vorlauten Papagei, wenn das mal nicht für Tiefgang sprach. Nur so hatte er Rosi überreden können, Mira und Juli mitnehmen zu dürfen zur Nachmittagsvorstellung. *Zwei Himmelhunde auf dem Weg zur Hölle.* Seit einem halben Jahr lief der, Willy hatte ihn schon mindestens sieben Mal gesehen, und jetzt mussten seine Töchter ihn auch sehen, hier im Universum-Kino, neunhundertdreiunddreißig Plätze im Saal, die Leinwand vierzehn Meter fünfundsechzig breit und der Inhaber niemand anderes als Fritz Walter, dessen Frau Italia noch immer ab und zu an der Kasse saß. Mit Popcorn und Cola und großen Augen kletterten die Mädchen auf ihre Plätze, bei den Werbeeinblendungen hielt Juli sich die Ohren zu, und erst als dieses rosafarbene Flugzeug erschien, in dem Pilot Bud Spencer einen Popeye-Comic las, da gab sie nach und ließ sich überwältigen. Zumindest hoffte Willy darauf.

Die Mädchen waren anderes gewohnt. Zu Hause liefen um achtzehn Uhr zwanzig die Kindersachen, *Dick und Doof, Paulchen Panther, Schweinchen Dick.* Wenn Willy mal zu Hause war um diese Zeit, dann fläzte er in seinem Sessel aus abgewetztem braunem Leder, den er seit seiner späten Jugend besaß und der ihn jeden Abend daran erinnerte, wie vergänglich alles auf der Welt war. Die Mädchen saßen auf dem Teppichboden vor der Glotze, die Arme um die Beine geschlungen, die Schneidezähne ins Knie gehauen. Für eine gewisse Zeit war die Welt in Ordnung. Und jedes Mal diese Kulleraugen, wenn die Sendung aus war: *Wer hat an der Uhr gedreht? Ist es wirklich schon so spät?* Danach Abendessen. Und ab ins Bett. Das Leben war schön. Wenn Rosi nicht getrunken hatte.

Schon als Kind war Willy heimlich ins Kino geschlichen. Und er hatte diesen Moment oft erlebt, in dem ein Film in sein Leben trat, um es zu verändern. Wäre er je zur Fremdenlegion gegangen, hätte er nicht *Sindbad der Seefahrer* gesehen? Wäre er je solch ein geduldiger Mann geworden ohne *Rio Bravo*? Hätte er Rosi je einen Heiratsantrag gemacht, ohne sich bei *Ein Herz und eine Krone* das Selbstvertrauen dafür abzuholen? Wäre seine Prüderie je verschwunden ohne *Schulmädchen-Report*? Würden seinen Mädchen jetzt zum ersten Mal die Augen übergehen, würden sie begreifen, dass hier etwas vor sich ging, was sich von ihrem Leben unterschied und ihm doch so ähnlich war?

Bud Spencer war Jahrgang neunundzwanzig. Wie Willy. Er war ein Pfundskerl. Ein Beschützer. Wie Willy. So munter, wie Bud die sechs, sieben oder acht Kinder seines Bruders begrüßten, war Willy allerdings sein Lebtag noch nicht begrüßt worden. Und Bud hielt sich mit illegalen Mitteln über Wasser, was Willy zuwider war wie nur was. Doch er tat nichts, was irgendwem ernsthaft Schaden zufügte, und so wollte auch Willy sein. Außerdem war er schlagfertig: Wenn der Scheck faul ist, kannst du die nächsten vier Wochen krankfeiern. Hat dir schon mal einer mit 'nem Vorschlaghammer 'nen Scheitel gezogen? Ohne Heu kann auch das beste Pferd nicht furzen. Als bei den *Himmelhunden* die ganze Küche der Buschfrauen zu tanzen anfing, rief Bud: Ach, ist das schön. Wenn ich doch bloß nicht so fett wär. Morgen hör ich auf zu fressen.

Ganz anders Terence Hill. Der war nicht nur kleiner und jünger als Bud, er lief auch jedem Rock hinterher und war besessen von den Weibern. Wie Horst. Willy mochte den Kerl auf eine Art, aber er fiel ihm auch schnell auf die Nerven. Wie Horst.

Hinter dem Rücken von Terence zog einer sein Messer.

»Was hat 'n der da?«, fragte Terence.

»'ne Ansichtskarte aus Solingen.«

Der Saal brach in Gelächter aus, Willys Mädchen verstanden nur Bahnhof.

Terence bekam ein Messer zu fassen und erhob sich zum Kampf gegen den Bösewicht. Darauf Bud: »Nun mach aber hier nicht den Friseur arbeitslos.«

»Was darf's sein«, fragte die schwarze Kellnerin.

»Ein Drink und danach ein Küsschen«, sagte Terence.

Mitten in der Nacht flog Bud sturzbetrunken einen Jungen ins Krankenhaus: »Von meiner Blutprobe könnten die Bullen Betriebsfest machen!«

Und wie er über Funk den Flughafenkommandanten anblaffte: »Hätteste Maurer werden sollen, hätteste 'nen anständigen Beruf gelernt!«

Das hätte Willy dem Polier sagen sollen.

Wie Bud den kranken Jungen beruhigte: »Du hältst durch, ich halt durch, und nächstes Jahr gehen wir einen saufen.«

Das hätte Willy zu seinen Türken sagen sollen, als der Polier sie letztens wieder vor versammelter Truppe zur Sau gemacht hatte.

Am Ende schlugen Bud und Terence aufeinander ein, vor dem malerisch roten Abendhimmel, und im Hintergrund begann dieses schöne Lied. Da hatten sie wieder dem Einfachen im Leben einen besonderen Glanz verliehen. Bud Spencer und Terence Hill gaben den Halunken was vor die

Sabberrinne, sie drehten ihnen die Riechpriemen weg, sie hauten ihnen den Staub aus dem Pudel, und sie bissen ihnen Beulen in die Bärte, dass ihnen die Hosen wegflogen. Wenn dieser Funke nicht auf die Kinder übersprang, dann wären Hopfen und Malz verloren.

Manche lachten noch vor sich hin, als sie wieder im Lärm der Karl-Marx-Straße standen. Doch Mira und Juli sagten kein Wort, und auf Willys Frage, wie sie es fanden, zeigten sie bloß ein Schulterzucken.

Bis zum späten Abend blieb Rosi fort. Willy war schon eingenickt, und so sah er sie tief in der Nacht im dunklen Schlafraum stehend, die Blitze der Reklame des Friseursalons färbten ihr beim Ausziehen das Gesicht blau. Er drehte ihr den Rücken zu und bewegte unruhig die Beine. Sie legte sich zu ihm wie eine Last.

Da spürte er ihre Hand auf seinem Rücken, worauf er sich herumwarf und in Rosis tastende Augen hineinsah. Er hielt ihnen nicht stand und blickte hinauf zur Decke, da schlang sie ihre Arme um ihn. Er traute sich nicht, sie auf den Mund zu küssen, also begann er am Hals, bis sie seinen Kopf mit beiden Händen nahm und seinen Mund an ihren führte. Lange ließen sie nicht voneinander, gerieten im Gleichtakt außer Atem. Sie mussten möglichst still sein, sonst wären im Nebenbett die Mädchen aufgewacht. Über ihr Kreuz glitt seine Hand hinab bis zu den Schenkeln und dann langsam ein Stück hinauf.

Er hatte ganz vergessen, wie das Beisammenliegen sein konnte. Man setzt sich nicht auseinander, sondern rauft sich zusammen. Im Wohnzimmer, so oft schon ihre erweiterte Gefechtszone, pafften sie in guten Momenten wie diesem nackt und befriedigt ihre Marlboros.

Und dann, weil Rosi nüchtern war, wagte Willy sich aus

der Deckung: »Von allen Seiten nehmen sie mich in die Zange. Und das Bier mit dem Polier hat nichts gebracht, außer einer halb offiziellen Abmahnung.«

»Drohen sie immer noch Entlassungen an?«

»Mehr noch. Die Türken wollen nicht die Schuld in die Schuhe geschoben bekommen und werden aufmüpfig. Mitten am Tag stellen die ihre Arbeit ein und wollen diskutieren.«

»Wissen die nicht, dass das die Deutschen erst recht die Anstellung kosten kann?«

»Wenn die von der Gewerkschaft denen das Blaue vom Himmel versprechen, verlieren sie jeden Verstand. Wie wenn du einem Hund die Wurst an der Angel vor die Augen hältst. Und dass der Habbelrath dadurch auf die Idee kommen könnte, neben den teuren Deutschen auch ein paar Türken freizustellen, ist denen schnurz. Am Ende müssen wir Älteren es ausbaden und die Baustelle auf der Post mit viel zu wenig Mann fertig machen. Aber dann mach ich mein Maul auf.«

»Und bist bald arbeitslos«, sagte Rosi.

»Vielleicht besser so. Letztens war der Habbelrath da und tat so, als hätte ich die auf die Barrikaden gebracht. Und dass ich ihm jetzt was schuldig sei, ich solle die Wirrköpfe gefälligst zur Räson bringen. Ich halt mich einfach nur raus aus dem Schlamassel, so gut es geht, und der hält mich für undankbar. Wie man's macht, macht man's verkehrt.«

»Dann gehst du wieder zum Bergheim. Der nimmt dich mit Kusshand zurück.«

»Ich denk ja gar nicht dran! Der Bergheim hat mir doch genau das vorausgesagt.«

»Was vorausgesagt?«

»Na, das mit dem Habbelrath. Zu dem Schofel wollen Sie?

Da halten Sie es nicht lang aus. Zu Kreuze kriechen werden Sie. Wo sollen Sie auch sonst hin? Das hat er gesagt. Und dann noch: Sie kommen wieder zu mir, und ich nehm Sie auch wieder. Aber ich lass Sie betteln, einen Monat müssen Sie mir mindestens zum Amt laufen und zu mir betteln um Arbeit. Strafe muss sein.«

»Aber wo er recht hat? Du siehst doch selbst, dass er recht hat.«

»Rosi«, sagte Willy flehentlich, »bitte mich nie darum. Ich würde trotzdem nicht hingehen. Der Bergheim und seine Langjährigen und die Lehrbuben und alle würden sie gegen mich sticheln, permanent.«

Rosi war eine Weile still. Dann setzte sie sich aufrecht hin und sagte: »Wir können hier nicht wohnen bleiben. Mira und Juli brauchen endlich mal eigene Zimmer.«

»Aber es ist ja noch nichts passiert. Füße stillhalten hat noch keinem geschadet. Und überhaupt: Warum suchst du dir nicht eine Arbeit, dann könnten wir ganz schnell woanders hinziehen.«

Sie stand auf, warf ihren Morgenmantel über und ging in die Küche. Es dauerte Sekunden, da klimperte Geschirr. Willy zog den Pyjama an und kam hinterher. Im diesig ockerfarbenen Licht der Deckenlampe räumte Rosi den hellbraunen Schrank aus und stapelte das Geschirr auf dem mit einer rot-weiß karierten Wachsdecke bezogenen Esstisch. Willy blieb im Türrahmen stehen. Sein Blick verharrte bei den scheußlichen, fettig schwarzen Flecken an der Wohnzimmerwand, die von den Bratpfannen und nicht leer gegessenen Tellern stammten, vor denen er sich hatte wegducken müssen: »Darf man erfahren, was das wird?«

Rosi drehte sich zu ihm um, wandte den Blick nicht von ihm ab, nahm den obersten Teller, holte aus und schmetterte ihn gegen die Wand mit den fröhlichen Prilblumen. Das wiederholte sie zwei Mal, bis Mira und Juli hinter Willy standen, sich routiniert die Augen reibend. Willy nahm jede von ihnen an einer Hand und führte sie hinter die Wohnstube ins Schlafzimmer zurück, wo er ihnen Küsse auf die Stirn drückte. Durch die Küche, in der Rosi schon fast alle Teller an der Wand hatte zerschellen lassen, sprang er in einem Satz hinein in den Flur, nahm seine Jacke und zog die Tür hinter sich zu.

Bis zur Morgendämmerung durchstreifte er die Straßen der Erzhütten, in denen sich die Eigenheime aneinanderreihten wie Perlen an einer Kette. Die beiden Mietwohnungsblocks in der Talstraße waren keine Perlen, sondern der Dreck, den der Ozean ebenfalls angespült hatte.

Vor der Telefonzelle am Wiesenthalerhof harrte Willy aus. Bevor ihn jemand erwischen konnte, trat er ein. Sein Zeigefinger schwebte über der Wählscheibe, dann gab er sich einen Ruck. Gerade hatte er die letzte Ziffer erwischt, das Freizeichen war zu hören, da hängte er auf, ging hinaus und zündete sich eine Zigarette an.

Sei kein Feigling, dachte er. Mach einen Bud-Spencer-Witz. Schicken Sie einen Streifenwagen in die Talstraße, da treibt ein Zimmermann sein Unwesen, so was. Er zertrat die glimmende Kippe und ging wieder in die Zelle.

VIERTES KAPITEL

Gute Freunde kann niemand trennen

1

Es war Willys freier Tag, den hatten sie ihm aufgezwungen, zu viele Überstunden, aber Horst wusste genau: Der Kerl würde seine Baustelle keinen ganzen Tag lang den Dilettanten überlassen. Dem Polier traute er auch nicht, das fand Horst richtig, außer seinem faulen Mundwerk hatte der Vorarbeiter nichts drauf. Es war beinahe Feierabend, als Willy aufs Dach gestiegen kam und alle runterschickte außer Horst. Über die Traufe sprang Willy auf die Firstpfette, die bei einem Flachdach wie diesem nicht nach oben ragte, und doch balancierte er an dieser Stelle weit oben. Die Spitzen seiner Sicherheitsschuhe ragten über den Balken hinaus.

Elendes Dezemberwetter. Horst ging auf Willy zu, im kalten Wind standen sie einander gegenüber wie Held und Ganove, gut zwanzig Meter über dem Erdboden, ohne Absicherung auf einem nackten Holzbalken. Vier Streichhölzer brauchte Horst, bis der Tabak brannte. Doch die Aussicht war unbezahlbar. Ja, die Umstände dieser Arbeit mochten liederlich sein, und es war ein Skandal, dass der Habbelrath die Männer im Dezember auf den Dachstuhl ließ und dafür nicht vom Amt abgemahnt wurde, doch jedes Mal, wenn Horst in den vergangenen Wochen hier oben gewesen war, wollte er Willy die Füße küssen dafür, dass er ihn hier untergebracht hatte, und auch dem schien es vergleichsweise gutzugehen, denn Willy war Herr dieses Dachs, oder mehr noch, wenn sie die im Frühwinterlicht leuchtenden Anhöhen betrachten konnten, dann war Willy nicht nur Herr dieses Dachs, sondern Herr des Pfälzerwaldes. Und Horst sein treuer Adjutant. Wenn nur das mit den Türken nicht wäre.

Unten im Zwischengeschoss war der Polier im Begriff zu gehen, da trieb der Wind dessen Stimme noch einmal hoch aufs Dach.

»Verdammtes Stinktier«, brüllte er, »du kannst ja nicht mal bis drei zählen. Da solltest du wenigstens geradeaus gucken können! Noch so eine Sauerei, und ich schick dich zurück nach Anatolien, da kannste mit dem Finger im Sand rühren!«

Horst und Willy rauchten. Horst drückte ihm strahlend einen Umschlag in die Hand. Überrascht fragte Willy, was da drin sei, und Horst sagte nur, da sei genau das drin, was sie vereinbart hatten, er habe doch gesagt, auf ihn sei Verlass, Willy nickte ungläubig und drückte seine Kippe aus. Als er sich kurz nach dem Polier aus dem Staub machen wollte, pfiff ihn Horst zurück.

»Die Männer haben Redebedarf«, sagte er. »Heute früh haben sie schon gesagt, dass sie dich sprechen wollen, falls du zur Feierabendzeit aufkreuzen solltest. Ich muss dich aber warnen. Die sind bauernschlau. Lass dich von denen nicht einlullen. Irgendwas haben die vor.«

Lange blickte Willy ihn an, als wollte er seinen Ausdruck entziffern. Dann lüpfte er seine Dunstkiepe und stieg gütig seufzend hinab. Horst kam gleich hinterher. Klaus drückte Willy ein Flugblatt in die Hand. Darin stand, die Arbeiter sollten sich nicht gefallen lassen, wie der Habbelrath sie gegeneinander ausspiele. Unten stand eine Einladung zu einem Informationsabend, an dem der Gewerkschaftssekretär erklären wolle, wie und warum man bei Habbelrath einen Betriebsrat gründen müsse, in dem die Deutschen zusammen mit den Gastarbeitern für ihre Rechte kämpfen sollten.

Horst riss Willy das Papier aus der Hand und schimpfte: »Ihr glaubt doch wunders, wer ihr seid. Wenn ihr morgen früh zum Habbelrath geht und ihm sagt, dass ihr mehr Lohn wollt, dann gibt er euch eure Papiere und holt sich ein paar vom Amt, die freuen sich.«

»Nicht, wenn wir alle zum Habbelrath gehen und das sagen. Sei doch nicht so dumm, Horst. Nicht nur wir, sondern alle Habbelrath-Arbeiter auf allen Baustellen müssen sich zusammentun«, sagte Klaus.

»Horst hat recht«, schnaubte Willy, »habt ihr nicht mehr alle Latten am Zaun? Was, wenn der Kärcher das sieht? Oder der Polier?«

Nun brach Gelächter los. Mit einiger Verzögerung stimmten die Griechen, Türken und Italiener ein. Klaus kriegte kaum Luft vor Lachen. In Horst staute sich die Wut. Hätte der Gackerhans seine Kraft heute mal oben auf dem Dach eingesetzt, dachte er, dann wären sie schon ein gutes Stück weiter. Und weil Klaus sich nicht einkriegte vor Lachen, übernahm Hannes: »Keine Sorge, der Kärcher und sein Depp von Polier sitzen doch längst in Otterberg in der Kärcher-Villa und stoßen an auf unsere Dummheit, weil wir uns von ihnen ausnehmen lassen wie die Weihnachtsgänse. Aber damit ist es vorbei. Wir wehren uns. Der muss endlich mal mehr zahlen, der Kärcher.«

»So ein Unsinn«, sagte Willy. »Ihr seid nicht ganz dicht. Demnächst kriegen wir unser Weihnachtsgeld. Da zwingt den keiner zu. Und überhaupt: Warum sollte der Habbelrath uns nicht Löhne zahlen, wie er es will? Gehört ihm die Firma, oder gehört sie ihm nicht?«

»Na klar gehört sie ihm«, sagte Hannes.

»Dann ist doch alles klar. Die Jacke hier gehört mir. Kann ich damit machen, was ich will?«

»Na klar kannste das.«

»Dann kann ich sie auch verbrennen, wenn ich will?«

»Pff, Willy«, sagte Klaus. »Worauf willste hinaus?«

»Der Habbelrath kann mit seiner Firma machen, was er will. So wie ich mit meiner Jacke.«

»Nein, Willy!«

»Und warum nicht?«

»Weil er für seine Firma Arbeiter braucht.«

»Und wenn er sagt, er braucht uns nicht?«

Hannes gab auf, er schlug sich die Hände vor das Gesicht und übergab damit das Ruder endgültig an Klaus: »Mensch, Willy, denk doch nach. Er kann uns mal brauchen und mal nicht. Wenn er uns braucht, müssen wir da sein, und wenn er uns nicht braucht, dann sind wir eben auch da. Wo sollen wir auch hin? Das weiß er. Er braucht uns nicht immer, aber wir brauchen ihn immer. Sein Betrieb gehört ihm. Und wenn er ihn zumacht, nimmt er uns unser Handwerkszeug weg.«

»Ja, weil ihm unser Handwerkszeug gehört wie mir meine Jacke.«

»Findest du das gut, dass ihm unser Handwerkszeug gehört, dem Habbelrath?«

»Ob ich es richtig finde oder nicht, es gehört ihm halt. Es kann ja auch jemand falsch finden, dass mir die Jacke gehört.«

»Du meinst im Ernst, es ist das Gleiche, ob dir eine Jacke gehört oder ihm eine Firma?«

Willy zuckte mit den Schultern.

»Mit deiner Jacke kannst du keinen Schaden bringen. Gut, vielleicht 'ne Katze erdrosseln. Sonst aber nichts. Der Habbelrath der kann mit seiner Firma was anrichten. Weil er uns ausbeutet. Oder gegeneinander aufhetzt. Dabei gilt für uns genau dasselbe wie für die Griechen und Türken, da sitzen wir in einem Boot.«

»Hör auf, so einen Mist zu reden«, rief Horst. »Habt ihr es immer noch nicht geschnallt? Ich bekomme als Deutscher hier einen Hilfsarbeiterlohn, der kaum höher liegt als die Sozialhilfe, die ich kassieren könnte. Und dann kommen die Ausländer und wollen uns Deutsche auch noch fortjagen. Das ist doch die uralte Taktik. Erst auf gut Freund machen, und am Ende versetzen sie uns den Todesstoß. Das müsst ihr kapieren. Das hier ist unsere Baustelle. Wenn wir rüber in die Türkei fahren und uns dort breitmachen und den Lohn und die Frauen abgreifen würden, dann bekämen wir von den Einheimischen 'nen Arschtritt, und den hätten wir verdient.«

»Ich hab's dir schon heut früh gesagt, Horst, halt dich zurück«, sagte Klaus, »du bist ein Frischling, und Frischlinge reden hier nicht mit.«

»Pass auf, du, sonst pfeffer ich dir eine!«

»Horst«, fauchte Willy, »es reicht.«

»Macht doch, was ihr wollt. Was liegt denn mir an eurem Dreck«, sagte Horst und verzog sich in die Ecke.

»Ja, also«, hörte er Willy den Faden wieder aufnehmen, »dann kann der Habbelrath uns halt ausnehmen. Tut doch nicht so, als wenn ich das nicht gemerkt hätte in all den Jahren. Nur eins hab ich noch nicht gemerkt, nämlich was man dagegen tun kann.«

»Na, so ist es uns doch auch gegangen die ganze Zeit. Bis uns jemand überzeugt hat.«

»So, so, wer denn?«, fragte Willy.

Klaus deutete auf Gianni, einen etwa Fünfzigjährigen mit braun gebrannter Haut, schwarzem Lockenkopf und imposanter Rotzbremse, und sagte: »Unsere Idee mit der Gewerkschaft hat dem Kollegen hier die Zunge gelockert. Er will euch mal erzählen, wie viel Druck man aufbauen kann, wenn man nur will. In Italien haben sie da so ihre Erfahrungen gemacht mit dem Streiken.«

»Boss, bitte 'elfen Sie uns«, rief Gianni, und Willy setzte sich auf eine Kiste und warf Horst einen auffordernden Blick zu. Also machte er sich aus dem Staub und dachte auf dem Nachhauseweg daran, wie Gianni am Morgen vom Arbeitskampf bei Fiat erzählt hatte. Aber Fiat war etwas anderes als Habbelrath. Wie viele tausend Menschen arbeiteten bei Fiat? Und dann im Vergleich die paar Hanseln beim Habbelrath. Außerdem gab es in Italien ganz sicher keine Türken, die den Lohn drückten und die Streber markierten, um die Deutschen auszutauschen. Und überhaupt: Wieso zur Hölle war Gianni in Deutschland, wo er es doch bei Fiat angeblich so gut hatte? Und warum war Willy wieder so unerträglich verständnisvoll, verdammt, warum stand der nicht zu Horst? Wenn Willy was taugen würde, dann hätte er das Leuchten in Giannis Augen mit 'ner saftigen Standpauke zum Erlöschen gebracht. Aber genau dieses Leuchten hatte dem alle Sinne benebelt, da hatten Klaus und Hannes es mit ihrem Klugscheißergeschwafel leicht. Der Willy, der wackelte, das roch Horst, und er würde fürs Erste nicht mehr auf ihn einwirken, bloß kein Risiko eingehen, der musste und würde von selbst darauf kommen, was auf dem Spiel stand, sogar für einen Sattelfesten wie ihn, da konnte er nicht umfallen. Aber wenn er doch umfallen würde, bei Gott, dann war Horst bereit, dann wüsste er sich zur Wehr zu setzen.

2

Am Samstag landete Horst in Erfenbach, obwohl er am Wiesenthalerhof hätte aussteigen sollen und die Strecke mittlerweile in- und auswendig kannte. Kurz zuvor, unten am Grünen Winkel, hatte er sich noch ducken müssen, damit sie ihn nicht entdeckten. Manche von den Kerls saßen den lieben langen Tag an der Straße, bei Wind und Wetter, vorn auf dem Mauervorsprung, aufgereiht wie die Hühner auf der Stange, neben sich die Bierflaschen, hinter ihnen wehten die Bettlaken und Unterhosen auf den Wäschespinnen in den fauligen Böen, die durch die Baracken fegten, zwei erbarmungswürdige Blöcke in einer vergessenen Ecke, die vor Jahrzehnten für die Elenden aufgestellt worden waren und die man offenbar irgendwie vergessen hatte endlich mal abzureißen. Sobald ein Bus um die Ecke bog, reckten die Bewohner ihre Hälse wie Schwanenmütter, wenn Ungebetene sich ihrer Brut nähern. Würde Horst ihnen unter die Augen treten, diesen Sozialschmarotzern, einige kannte er von früher, dann hielten sie ihn wohl noch für einen der Ihren. Lass denen die Illusion, dachte er dann, lass sie nur in dem Glauben, ich weiß es besser.

Wie jedes Mal, wenn er den Grünen Winkel hinter sich gelassen hatte, übermannten ihn die Gedanken. Links lag das Kaisermühler Feld, rechts standen diese Häuser, vor ihm erhob sich der Alberichsberg, den der Bus mit röhrendem Motor hinaufkroch. Irgendwo hier wohnte Dora, in einer dieser giftgelben Schickimickibuden, seit einem halben Jahr schon. Seitdem er es spitzgekriegt hatte, war er jeden Tag mit dem Achter-Bus gefahren, einmal rauf und einmal runter, Ducken am Grünen Winkel und Tagträumen auf der Erzhütter Straße. Er wollte einen Blick erhaschen auf seinen Schatz, den irgendwer hier hütete, und Horst würde herausbekommen, wer. Seit Monaten war Dora ihm nicht mehr begegnet, so als trüge sie eine Tarnkappe.

Vor ein paar Tagen war er drauf und dran gewesen, am Alberichsberg auszusteigen und umherzuwandern, Klingelschilder zu prüfen, Nachbarn zu stören, Hunde gegen sich aufzubringen. Dann war es Willy rausgerutscht, spät am Abend, in der Goldmine, er wisse ja schon länger, was Dora treibe, sagte er, und Horst war sofort auf hundertachtzig, was auch sonst, bei dieser Unverfrorenheit, und das von Willy, seinem Freund, mitten in der Stammspelunke, wo alle es mitbekommen konnten, also hatte er ihn nach draußen zitiert, wohin Willy ihm widerstandsfrei gefolgt war. Anstatt sich gleich eine einzufangen, durfte der Saubub sich erklären, Horst war ja kein Unmensch.

»Also?«, hatte er gesagt, »wo ist meine Dora? Und woher weißt du davon, ich aber nicht? Mach's Maul auf, Mistsack!«

Und Willy hatte das Maul aufgemacht, hatte einen Arbeitskollegen als Quelle angegeben, dem er eigentlich Verschwiegenheit versprochen hatte, aber Horst sei freilich ein Sonderfall.

Den Weg von Erfenbach retour zum Wiesenthalerhof ging Horst zu Fuß, sein Busgeld war sauber abgezählt, und irgendwie musste er nachher wieder in die Stadt kommen. Die Talstraße ließ er links liegen, da standen die Mietshäuser, vollgestopft mit Leuten wie Willy, die sich zu fein waren für die Stadt, denen aber auch die Asche fehlte fürs Eigenheim. Am Stollen blieb Horst stehen und sah den frisch geteerten Abhang hinunter, wo in Reih und Glied die wahr gewordenen Träume der Menschen standen, diese Prämien für ein gehorsames Leben. Sie riefen in ihm die Erinnerung wach an den Entschluss, den er als kleiner Junge gefasst hatte, auf der Brücke vor der zerbombten Villa Jansohn. Eine Zigarette genehmigte er sich noch, dann musste er los.

Es brauchte nicht mal einen Sprung, um über das Mäuerchen des Anwesens zu gelangen, in dem er Dora finden würde. Von außen deutete nichts darauf hin, was sich angeblich im Inneren abspielte. Bloß die Geräusche waren ungewöhnlich für diese Gegend. Gewusel, Geraschel, Gezeter – Horst konnte nicht lokalisieren, wo das herkam. Die Fassade des kastenförmigen Gebäudes war weiß, niemand war zu sehen, auch die Holzloggia im zweiten Stock schien verlassen.

In die Stirnseite des Hauses waren vier Fenster eingelassen, drei von ihnen hatten geschlossene Holzläden, an das vierte tastete Horst sich gebeugt heran, spähte hinein und sah nichts als totes Mobiliar. Er trat zurück, schlich durch das Vorgärtchen und sah oben ein kleines Dachfenster, auf dessen Brett mehrere Blumentöpfe die Sicht versperrten. Sein Blick fiel auf die Regenrinne, die sich die Wand entlangbog und bis zum Dach führte. Er rüttelte am Ablauf. Seine Hände griffen nach dem Kupferblech, mit einem Schwung hing Horst an der ersten Manschette, und wie er den Fuß hochschieben wollte, rief hinter ihm jemand: »Na, na, na, wir wollen doch nicht!«

Horst landete im Vorgarten, sah sich um. Auf dem Mäuerchen saß der Drogenheini in einem Hawaiihemd und knabberte irgendwas, Sonnenblumenkerne vielleicht.

Horst stand da. Sagen konnte er nichts.

»Wie mir jemand gezwitschert hat, suchst du dein Weib. Eigentlich ist der Aufenthalt für Unbefugte verboten. Aber da wir Freunde sind, will ich mal nicht so sein.«

»Was … Wie kann das sein?«

»Horst. Denkst du, ich verdiene meinen Lebensunterhalt, indem ich ein paar Bengel ein bisschen Hasch verticken lasse?«

Horst schluckte. Seiner Hemdtasche entnahm der Kerl eine silberne Dose, griff einen Zigarillo heraus und brannte ihn an, nicht ohne Horst einen hinzuhalten, der sich nicht traute, das Angebot abzulehnen.

»Mach dir keinen Kopp, dein Ottes hat mir die Hunderter ausgehändigt. Wir sind quitt. Ein guter Verkäufer ist er auch, dein Rotschopf. Mit Beschwerden der Kunden geht er diskret um. Kleines Trinkgeld steck ich ihm manchmal zu, das wirst du ihm doch nicht wegnehmen. Oder, Horst?«

Das durfte doch nicht wahr sein. Alles hing hier mit allem zusammen. So war das Leben, das war Horst schon irgendwie klar. Wenn man sich ein Arschhaar zupft, tränt das Auge. Was war diese Stadt doch für ein Kaff. Er schnaufte schwer und nahm einen tiefen Zug, sagte aber kein Wort.

»Hör mal zu«, sagte der Kerl, »ich freu mich wirklich, dich wiederzusehen, Horst. Der Vater von meinem besten Pony im Stall und der Mann von meiner besten Stute im Feld. Nur hätte ich mir gewünscht, dass du mich in meinem Büro besuchst, wenn du Dora sehen willst. So macht man das unter Geschäftspartnern.«

»Ja«, flüsterte Horst.

»Dora ist wichtig für mein Geschäft. Ohne die fällt alles zusammen wie ein Kartenhaus. Das kann ich mir nicht leisten. Und du kannst dir das auch nicht leisten. Verstehste, wie ich das meine? Dora muss bei der Sache sein, sonst kommt da bloß Mist bei raus. Die Branche wächst und wächst, und die Konkurrenz schläft nicht.«

Der Kerl betrachtete etwas zu lang seine Uhr und sprach

weiter: »Ich hab nix dagegen, dass du sie zurückgewinnen willst. Im Gegenteil: Dann wär die Familie zusammengeführt, und uns fielen die Geschäfte leichter. Aber ich fürchte, das könnte schwierig werden. Wir haben da so eine Abmachung. Große Pläne, große Karriere. Soll sie dir aber besser mal selbst sagen. Gleich ist Pause. Da kannst du dich mit ihr unterhalten. Fünf Minuten. Dafür bleiben wir im Geschäft, dein Junge trägt weiter Stoff für mich aus. Und Dora darf sich nicht aufregen. Auf keinen Fall. Hast du verstanden?«

Der Mann schloss die Haustür auf.

»Eine Frage hab ich noch«, sagte Horst.

»Ja?«

»Wie heißt du eigentlich?«

Er grinste und sagte: »Nenn mich, wie du willst.«

Das Treiben im Dachgeschoss nahm Horst zuerst akustisch wahr. Geräusche wie auf dem Markt am Stiftsplatz, eine brüllende Männerstimme, jemand zog ein schweres Möbelstück über den Fußboden. Im Flur standen Scheinwerfer und Stative, Horst stolperte über ein Kabel, das in den Raum mit angelehnter Tür hineinführte, der plötzlich mehrere Männer ausspuckte, manche davon nackt, für die Typen war Horst nichts als Luft, einer der Nackten rieb sich mit einem Taschentuch den Pimmel ab, sie liefen die Treppe hinunter. Horst schob die Tür auf. Durch das Dachfenster fiel Sonnenlicht, das Staubwolken beschien, die über das knarzende Parkett trieben. Und hinten in einer Ecke, auf einem kitschig zurechtgemachten Himmelbett, saß Dora, gekleidet wie eine in reichem Hause angestellte Putzfrau. Zwei Schritte konnte Horst auf sie zugehen, dann hielt ihn ein Männchen mit Hut und Sonnenbrille auf, das von einem Stuhl neben der Kamera aufgesprungen war.

»Ich habe doch darum gebeten, dass jeder den Drehort verlässt, der hier nichts zu suchen hat!«

Eine Frau in Stöckelschuhen trat herein, in der Hand hielt sie Schminkzeug: »Aha, ein unbekanntes Gesicht. Wird das 'ne neue Klappe?«

Bevor Horst etwas entgegnen konnte, zerrte Dora ihn hinaus und hinunter. Sie öffnete die Tür zu einem kleinen Waschraum im Erdgeschoss und wies Horst mit ausgestrecktem Arm an, hineinzugehen. Ein vorbeieilender Geck mit viel zu näselnder Stimme befahl Dora, die er *Schätzchen* nannte, sie solle sich nicht in der Pause verausgaben, es komme noch was Gewaltiges auf sie zu heute Nachmittag, da knallte Dora von innen die Tür zu.

»Was in aller Herrgottsnamen hast du hier zu suchen?«, zischte sie.

Horst spürte ihren Zorn und seine Eifersucht.

»Weißt du überhaupt, in was für eine Lage du mich bringst?«

Er schloss die Augen. Der Moment mochte keiner für die Ewigkeit sein, doch sprach sie mit ihm, das wollte er genießen, die Sekunden speichern für schlechte Zeiten.

»Du sollst mich in Ruhe lassen. Wie oft muss ich es noch sagen?«

»Schauspielerin wolltest du werden, Dora. Schauspielerin! Nur deshalb hab ich dich gehen lassen. Aber das hier? Bei mir hast du es doch viel besser. Willy hat mich beim Habbelrath untergebracht. Ich arbeite jeden Tag, diesmal sogar gegen gutes Geld! Wenn du –«

»Es ist vorbei«, unterbrach sie ihn, »vorbei, für immer, und nichts wird daran irgendwas ändern. Was soll ich noch tun, damit das in deinen Dickschädel reingeht?«

»Was wird aus mir? Und Kalle? Und Ottes?«

Sie sagte: »Es ist, wie es ist. In ein paar Tagen zieh ich weg aus der Stadt, und das war's dann. Ich komm nicht mehr zurück.«

Wäre der Raum nicht so eng, Horst wäre auf der Stelle zusammengesunken.

»Wenn du mir nachstellst, dann hetz ich dir meine Leute auf den Hals, die sind nicht zimperlich, und es ist mir inzwischen scheißegal. Lass mich einfach in Frieden. Und jetzt geh, sonst muss –«

Jemand hämmerte krächzend gegen die Tür und ersparte es Dora, eine weitere Drohung auszusprechen. Sie ließ Horst stehen und verschwand. Vor dem Spiegel betrachtete er sein blasses Gesicht, die blauen Adern an den Schläfen. Er brachte Fasson in seine Visage, ehe er unter dem lächelnden Blick des Hawaiihemdkerls fortging und in den Achter-Bus zum Grünen Winkel stieg.

3

Wenn er es Ottes versprochen hatte, dann musste Horst es auch halten. Also stand er vorm Topeka in der Eisenbahnstraße. Trotteltempel nannte er es, weil einem hier diese Halsabschneider das Geld aus der Tasche zogen. Einmal im Monat tat er seinem Jungen den Gefallen, dafür musste Ottes am Wochenende die Wohnung und den Hausflur schrubben, das war die Vereinbarung, einmal im Monat betrat Horst also das Topeka-Kaufkaus und holte seinen Jüngsten ab. Einen Treffpunkt hatten sie nicht ausgemacht, das brauchten sie nicht, Horst wusste, wo er den Bengel finden würde. Dort, wo Ottes seit Monaten vor Schichtbeginn bei seinem Drogenboss fast alle seine Nachmittage verbrachte.

Immer in der Hoffnung, was mitnehmen zu können. Aber das, was er wollte, ließ sich nicht so leicht klauen, da reichten die längsten Finger nicht. Wenn der mir gleich wieder in den Ohren liegt, dachte Horst, dann gibt's 'ne Backpfeife, mindestens, vor aller Augen, sollten die Leute doch gucken, die haben ja keine Ahnung, wie das ist, so einen Jungen großzuziehen, ganz allein, Mutter und Vater musste er ihm sein, das war nix für mal Hü und mal Hott, wenn er nicht wollte, dass Ottes ihm so entglitt wie Kalle.

Horsts Blick folgte den Stäben eines Baugerüsts und stoppte beim großen Haupteingang, neben dem ein Hampelmann zugange war, den man in ein knallig gelbes Vogelkostüm gesteckt hatte. Ekel stieg in Horst hoch, als er sich ausmalte, was das für ein Kerl sein mochte, der den Leuten irgendwelche Flugblätter zusteckte. Horst kannte solche Burschen, das waren Jungs, die sich zu gut waren für 'ne richtige Arbeit, bei diesen Kostümpennern wusste Horst Bescheid.

Diesen gelben Vogel hatte er sogar schon mal gesehen, irgendwo, nicht im richtigen Leben, natürlich nicht, aber wo? Horst warf den Zigarettenstummel vor sich auf den Boden, und beim Zertreten fiel es ihm ein: Das war eine Figur aus dieser neuen Sendung, die sie im Fernsehen brachten, *Sesamstraße*. Bibo hieß der Vogel. Ottes guckte sich das ständig an, auch wenn Horst ihm beim ersten Mal eine Kopfnuss angedroht hatte. Letztens hatte ein Schwarzer diesem Bibo erklärt, dass man nur bei grüner Ampel oder an einem Zebrastreifen die Straße überqueren sollte. Das war doch Volksverblödung. Aber Ottes war beharrlich. Ein Drogenkurier, der sich eine Kindersendung ansah, das musste man sich mal vorstellen.

Horst durfte den Moment nicht verpassen, in dem er zu

weibisch wurde. Darum waren beim einzig größeren Einkauf im Topeka letztens diese Hanteln mitgegangen, die hatte er Ottes spendieren müssen, und Horst überwachte die Übungseinheiten, jeden Tag in aller Früh eine halbe Stunde, sonst würde er dem Bengel die Teile in die Fresse donnern.

Früher, mit Dora, da hatten sie an langen Regensamstagen das Topeka unsicher gemacht. Zuerst ein paar Runden auf dem Kinderkarussell, dann Treppe rauf, Dora in den zweiten Stock zur Damenabteilung, die Jungs zu den Spielwaren im dritten. Und am Ende, ganz am Ende, da war es nach unten ins Zoogeschäft gegangen. Doras Ritual. Mit den Armen auf den Schultern der Jungs hatten sie das Viehzeug bestaunt, Wellensittiche, Wasserschildkröten, Goldfische und Springmäuse, Horst immer in zwei Metern Abstand hinterher. Bei den Karnickeln waren sie jedes Mal stehen geblieben.

Ein Grund dafür, dass Horst manchmal Ottes hier abholte, war seine Hoffnung, dort unten Dora zu sehen, ganz zufällig und dann doch auch wieder gar nicht zufällig, vom Schicksal gelenkt, wie in einem Schnulzenfilm würden sie einander sehen und küssen, ohne ein Wort zu verlieren.

Um das gelbe Männeken machte Horst einen Bogen und ließ sich vom Menschenstrom ins Topeka hineinziehen. Seine schwarz-braun karierte Batschkapp hing ihm so tief wie möglich im Gesicht, weil er seine Dellen nicht öffentlich ausstellen wollte. Er durchquerte die Parfümerie, wo ein gewienerter Jungspund ein Riechfläschchen hochhielt und den Inhalt durch die Gegend sprühte. Weihnachtslieder dudelten durch die Halle, die Adventsdekoration aktivierte Horsts Brechreiz. Unten in der Tierabteilung traf er Ottes vor den Kaninchenkäfigen. Gerade wollte der Junge einen Zeigefinger durch die Gitterstäbe schieben, da schlug ihm Horst auf die Hand.

»Was soll das, verdammt«, begrüßte er den Kleinen, »wenn dir die Biester was abbeißen, darf ich dich ins Krankenhaus bringen, oder was?«

Er zog Ottes davon, wohl wissend, dass der Junge sich nicht wehren würde. Der Bengel war in der Frühpubertät, und da fürchtete er sich noch mehr als früher vor einer Maulschelle bei Tageslicht.

Draußen blieben die beiden noch einmal stehen. Es hatte zu regnen begonnen, Horst genehmigte sich unter dem Vordach eine Kippe. Während ihm der Rauch aus den Nasenlöchern drang, kam ihm wieder der gelbe Vogel in den Blick, der keine fünfzig Meter entfernt in der Ecke vor dem Brillengeschäft auf einem Klappstuhl saß und unter großer Mühe den Vogelkopf abnahm. Vor Schreck riss Horst den Mund auf, die Fluppe fiel in die Pfütze, er zog Ottes davon. Der Regen prasselte ihnen ins Gesicht, aber sie mussten nach Hause, sofort mussten sie heim, damit Horst genug Zeit blieb, darüber nachzudenken, was jetzt zu tun war.

In seinem Ohrensessel wartete er und dachte nach. Die von der Straße schummrig hereinfallende Straßenbeleuchtung mischte sich im Wohnzimmer mit dem Schein der schwachen Glühbirne und schuf ein Schattenlicht, in dem Horst erschrak, als die Schlafzimmertür knarzend aufging und Ottes in die Wohnstube trat. Er rieb sich die Augen und blieb vor ihm stehen. Sie sagten nichts, starrten einander bloß an. Ottes holte tief Luft, ging zum Fernseher und schaltete das Gerät ein. Horst tat das Kreuz weh, als er aufstand und in die Küche schlurfte. Aus dem Kühlschrank nahm er eine Flasche Bier, die er beinahe durch einen kräftigen Schlag gegen die Kante der Anrichte geöffnet hätte, dann kappte er den Deckel doch mit einem Flaschenöffner. Das Bierchen gluckerte in einem Zug durch seine Kehle. Die Pulle landete im Müll, die Wohnungstür ging auf. Kalle zog seine Jacke aus, grüßte nicht und wollte an Horst vorbei zum Kühlschrank. Der ließ das Bein stehen, Kalle stolperte. Sein Kinn donnerte gegen die Esstischplatte, er versuchte sich im Fallen festzuhalten, stürzte aber zu Boden.

»Wo warst du?«, brüllte Horst.

Kalle stand auf, griff sich ans Kinn, sah das Blut und wollte wortlos verschwinden.

»Wo du warst«, schrie Horst, schlug seinem Sohn auf die Nase und schubste ihn auf einen Stuhl. »Was ist bloß aus dir geworden? Warum machst du keine anständige Arbeit wie jeder normale Mensch? Stehst wie 'ne Fünfmarknutte vorm Topeka in so 'nem Schwuchtelkostüm. Und dann ziehste das auch noch aus, mitten auf der Straße. Was sollen die Leute denken, wenn sie dich sehen? Biste so ein Hundertfünfundsiebziger? Gib Antwort, wenn dein Vater dich was fragt, verdammt!«

Kalles rechte Augenbraue war geschwollen, die Nase hing ihm schief im Gesicht. Große, dicke Blutstropfen rannen heraus und blieben in seinem dünnen Oberlippenbart hängen. Sein Blick verfinsterte sich. Langsam wandte er den Blick Horst zu und stand auf. Ohne Vorwarnung schlug er seinem Vater die Faust ins Gesicht. Vor lauter Überraschung spürte Horst den Schmerz nicht, schockgefroren stand er da und sah zu, wie Kalle die Wohnungstür aufriss, vor der die nächste Überraschung wartete: Dort stand Willy, der offenbar gerade klingeln wollte und dem beim Anblick des blutigen Gesichts ein Schrei entwich.

»Kalle, mein Gott …«, begann Willy, aber der Junge stieß ihn zur Seite und haute ab. Horst brüllte, nie wieder solle er einen Fuß in diese Wohnung setzen, sonst werde er ihn abstechen, ab jetzt sei er nicht mehr sein Sohn!

Willy trat herein. Drüben im Wohnzimmer saß Ottes noch immer auf dem Boden vor dem Fernseher. Die Nachrichten liefen, es ging um Helmut Kohl, die Pfälzer Dampfwalze, den neuen großen Boss der CDU. In der Küche saß Horst auf einem Stuhl.

»Hast du den Jungen so zugerichtet?«, fragte Willy.

Horst hievte seinen Oberkörper nach vorn und winkte schief ab. Er zündete sich eine Zigarette an, legte den Kopf schräg und betrachtete Willy.

Ob er den Jungen so zugerichtet habe, wiederholte der seine Frage, und da fing Horst an zu lachen.

»Weißte, was ich dir schon lange sagen will, mein lieber Freund«, begann er. »Du bist ein Weichling, ein erbärmliches Stück Scheiße bist du, weißt du das? Wo du auch gehst und stehst, markierst du den König mit deiner gutbezahlten Anstellung und deinen wohlgeratenen Gören und deiner Alten, die dir hinterherputzt.«

»Pass auf, was du …«, sagte Willy, aber Horst hörte gar nicht hin, er setzte den Monolog fort.

»Du hast gut reden, mit deinem perfekten Leben, mit deiner perfekten Ehe, deinem perfekten Beruf.«

»Was willst du von mir?«, sagte Willy. »Du weißt, dass es mit Rosi endgültig aus ist. Ich bin ausgezogen, vor Wochen schon, und nun penn ich bei meiner alten Mutter in der Küche. Tu nicht so, als wär das ein perfektes Leben, denn das ist es nicht, weiß Gott.«

»Und was läuft mit der Polizistin?«

Willy wandte den Blick ab, und Horst konnte sich ein Kichern nicht verkneifen.

»Ich verstehe«, sagte er, »und wenn schon: Bei dir renkt sich doch alles früher oder später eh wieder ein. Du bist ein Glückspilz. Wir machen auf der Baustelle genau die gleiche

Arbeit, aber du bist der von allen geachtete Großarbeiter, ich bin der Aussätzige. Und da kommste hier rein und willst mir die Moralkeule überziehen, in meinen eigenen vier Wänden? Ich dachte immer, du wärst anders. Aber in letzter Zeit, da biste mir ein paarmal zu oft so dahergekommen, ohne Anstand und Mitgefühl. Was soll das?«

Die Biertrinkpause nutzte Willy, um doch noch eine Frage einzuwerfen. »Warum hast du mir bloß zwanzig Mark gegeben?«

»Hä?«

»Du weißt, was ich meine«, sagte Willy. »In dem Umschlag, den du mir auf dem Postdach gegeben hast. Da war nur ein Zwanziger drin. Wir hatten ausgemacht, dass du mir fünfzig Mark im Monat zahlst. Sonst kommst du doch nie auf die achthundert plus Zinsen.«

»Vierhundert!«, brüllte Horst.

»Was?«

»Du kriegst genau vierhundert von mir, keinen Pfennig mehr. Du hast das auf der Neumühle genauso verbockt wie ich. Wir teilen die Schuld brüderlich.«

»Darüber reden wir noch«, sagte Willy, und dann fügte er noch hinzu: »Was ist nur aus dir geworden …«

Willy rührte sich nicht vom Fleck, und auch Ottes blieb, wo er war. Horst taumelte ins Zimmer seiner Jungs. Er nahm eine seiner Papiertüten, stopfte Kalles Klamotten hinein, öffnete die Wohnungstür und warf sie hinaus. Wortlos ging Willy hinterher, und nachdem Horst die Tür geschlossen hatte, stand Ottes ihm mit verschränkten Armen gegenüber und betrachtete ihn wie ein abstraktes Kunstwerk. Langsam drehte Horst von innen den Schlüssel im Schloss herum. Zwei Mal. Dann zog er den Gürtel aus.

4

Horst an einem Donnerstag *nicht* in der Goldmine! Die werden sich Sorgen machen, dachte er, ihn anrufen werden sie, vielleicht schickte Helga ihm sogar den S-Bahn-Dirk auf den Fischerrück, der würde schellen, erst bei Horst und dann bei den Nachbarn, und einer der Nachbarn, wahrscheinlich der Stramme Max, der im Erdgeschoss permanent am Fenster hing, wäre so genervt vom lispelnden S-Bahn-Dirk, dass er ihm eine reinziehen würde. So sicher, wie sie ihn in der Goldmine erwarteten, so überraschend käme Horsts Auftritt beim Beck in der Marktstraße. Er malte sich die Szene aus. Wie er die Tür auftreten würde. Wie Musik, Gespräche und sogar die Fritteuse verstummen würden. Wie sich alle Blicke auf ihn richten würden. Wie er ein Glas Milch verlangen würde. Natürlich würde es in Wirklichkeit anders kommen. Horst war nicht Harald Juhnke, er taugte nicht zur Hauptfigur.

Das hatte nicht nur Nachteile. Zum Beispiel gelangte Horst unbemerkt zum Beck in den Imbiss und ließ sich hinter der Säule am Eck nieder, dort saß am frühen Abend nach der Schicht, wenn die Habbelrather sich noch ein Bier und eine Wurst gönnten, immer nur dieser stumme Fettwanst vor seiner Currywurst. Der war jetzt nicht da. Das perfekte Verbrechen. Wenn Beck keinen Aufstand machen würde, konnte Horst sein Überraschungsbierchen trinken, ohne dass einer der Türken ihm auf den Zeiger ging. Denn vom Platz hinter der Säule aus sah er die Türken, aber die sahen nicht, wer hinter der Säule saß. Zwar hatte Ömer mal behauptet, er könne jeden Mann am Geruch erkennen, doch wenn es drauf ankam, dann war sein Versagen kolossal.

Beck schob Horst ein Bier hin – augenscheinlich ohne jede Verwunderung. Was war los? Alle im Tiefschlaf, oder was? Horst war so spätabends nie hier, das mussten die doch wissen, Ömer war es jedenfalls klar, und den anderen Türken auf dem Bau ebenso, einer von ihnen hatte sich letztens sogar gleich zweimal an einem Tag bei Horst vergewissert, ob er denn auch wirklich abends nie beim Beck sei, und da war er misstrauisch geworden, was denn sonst. Irgendwas heckten sie hier aus, hier beim Beck, wo sie sich sicher fühlten, vielleicht einen Aufstand oder eine Sabotage an der Baustelle oder einen Putsch gegen den Polier, was auch immer, Horst würde es herausfinden, und dass der Beck zuließ, wie sein schöner Imbiss zum geheimen Verschwörungshort der Türken verkam, darüber war Horst enttäuscht, irgendwann würde er dem Beck das auch sagen, nur jetzt noch nicht, das wäre unklug. Bevor er ungefragt sein zweites Bier bekam, winkte Horst den Beck zu sich, bat ihn flüsternd, Ömer nicht zu sagen, dass er hier sei, aber er verstand ihn nicht, wie auch, aus den notdürftig aufgestellten Boxen sang Udo Jürgens, »Zeig mir den Platz an der Sonne, wo alle Menschen sich versteh'n«, also beugte Horst sich nach vorn und wiederholte seine Bitte, endlich hatte der Beck kapiert, alles klar, sagte er, mach dir keinen Kopp, der trinkt eh bloß seine Cola und haut früh wieder ab.

Der Beck behielt recht, Ömer ertappte Horst nicht, und der genoss es, den fremdländischen Spätimbissinsassen in aller Ruhe dabei zuzusehen, wie sie sich volllaufen ließen.

Gegen Mitternacht saß außer Horst nur noch eine Gruppe hinten am Tisch, die er wegen des dicht im Raum stehenden Qualms kaum sehen konnte, die Musik verhinderte auch, dass Horst sie verstand, dafür war ihm nicht entgangen, wie ausdauernd aufgeregt die Stimmen klangen. Als die Rausschmeißzeit begann, ging Ömer hinaus, und der Beck ließ Schnulzen laufen. Erst jetzt erkannte Horst diese Stimme, doch das konnte unmöglich wahr sein. Oder? Er riskierte einen Blick um die Säule, und tatsächlich saß dort hinten eine ihm wohlbekannte alte Frau mit schlohweißem Zopf. Was zur Hölle hatte Hulda hier verloren? Er nahm sein Bier und schlich sich hinter ihrem Rücken an den Nebentisch. Er kannte Hulda schon lange. Seit Horst und Willy wieder zueinandergefunden hatten, kam Horst immer wieder mal auf ein Schnäpschen bei der alten Hulda vorbei. Sie wusste von seinem Vater, der als Asozialer im Lager gelandet war, Naziopfer hatten bei ihr ein Stein im Brett, da konnte er sich so manches erlauben. Jetzt saß er mit dem Rücken zu ihr und lauschte.

»Jedenfalls kann ich es nicht leiden, wenn man mich wie einen Depp behandelt«, sagte einer. »Ich bin zwar noch Lehrling, aber ein Mensch bin ich trotzdem.«

»So ist es richtig«, sagte Hulda. »Gut, dass ihr euch mit den Gastarbeitern trefft. Lasst euch nicht spalten. Ihr müsst streiken, damit die sehen, was sie mit euch machen können und was nicht.«

Horst lugte über seine Schulter und sah sich die Runde genauer an. Da saßen zwei Lehrlinge und mehrere Türken von der Postbaustelle. Wortführer war der Quastersack, dem Horst allein gestern gleich mehrmals am liebsten den Zollstock übergezogen hätte, so frech war der gewesen.

Er mochte Hulda. Jahre hatte es gedauert, bis er bemerkt hatte, dass sie ihm gar nicht krummnahm, wie wenig er mit ihrem Kommunismus anfangen konnte. Einzig mit seiner Abneigung gegen jede Arbeit hatte sie ein Problem. Ohne Arbeit könne der Mensch nicht Mensch sein, hatte sie ihm gesagt, im selben Oberlehrerton, den sie den Lehrbuben und Türken gerade angedeihen ließ. Es mochte die Schrulle einer alten Frau sein, aber hier ging es um was anderes: Horsts Existenz. Und beim Geld hörte der Spaß auf.

5

In schwarzer Schrift auf giftgelbem Grund stand diese Frage geschrieben: »Wie viel Arbeitslose?« Im Hintergrund blickten nah beieinander platzierte Werktätige in die Kamera, deren Gesichter geisterhaft unkenntlich gemacht worden waren. Horst blätterte im *Spiegel* vom siebzehnten Dezember, bis er auf Seite zwanzig das Titelthema fand: »Arbeitslose: So knüppeldick war's noch nie. Ölkrise und Konjunkturabschwung treiben die Arbeitslosenzahlen hoch. Für 1974 rechnen Experten im ungünstigsten Fall mit einer Million Arbeitslosen.«

»Ganz schön viel Angstmache, was?«, sagte der Kioskbesitzer. Sein Grinsen offenbarte die Verheerungen in seinem Gebiss. Horst schlug das Heft zu, warf es dem alten Mann hin und nahm sich ein Bier mit zur Baustelle. Immer diese Politik, dachte er, kann man denn nicht einfach sein Leben leben, ohne ständig mit dem behelligt zu werden, was die Herren in Bonn aushecken? Zum Beispiel diese autofreien Sonntage. Von wegen Ölkrise, da steckten andere Kräfte dahinter, die konnten Horst nix vormachen, ihm nicht! Das einzig Gute, was die Herren in der Regierung zuletzt verzapft hatten, war der Anwerbestopp, der war überfällig gewesen, auch wenn er die Türken beim Habbelrath jetzt erst recht auf die Barrikaden trieb. Andererseits zwang die Maßnahme jeden, Farbe zu bekennen. Auch Horst.

Als er oben bei der Post ankam, waren die Türken, die

Italiener und die Griechen mit Willy schon wieder am Schuften. Bevor er sich im Arbeitercontainer umzog, lehnte Horst sich an die Laterne und rauchte gemächlich seine HB zu Ende. Von Minute zu Minute trafen ihn mehr böse Baustellenblicke. Vorn am Eck bog der Mercedes des Poliers ein, und Horst sprang davon. Der Polier hatte seinen eigenen Container und seine eigene Toilette, beides mit abschließbaren Türen, ohne Zutritt für die normalen Arbeiter, tagtäglich sauber gehalten von den Putzfrauen, die schon vor Sonnenaufgang fertig waren. Auf dem Bauklo stand Hannes am Pissoir. Horst stellte sich direkt neben ihn.

»Was stinkt schlimmer als unsre Pisse?«, sagte Horst.

»Der Polier«, sagte Hannes.

»Haha, nä«, sagte Horst, im dicken Strahl genau in die kleine Pfütze pinkelnd.

»Die Arbeit«, sagte Hannes, der abschüttelte und hinausgehen wollte.

»Ach, nein«, rief ihm Horst mit dröhnendem Lachen hinterher, er schloss den Reißverschluss seiner Hose, ging Hannes nach und legte beide Arme von hinten um ihn. »Die Türken«, rief er, und jetzt schloss auch Hannes die Augen vor Lachen. Wie sie da zwei, drei Sekunden lang kichernd beisammenstanden im Arbeiterklo und Horst das Portemonnaie seines Kollegen in dessen Gesäßtasche spürte, ereilte ihn ein Geistesblitz, glasklar und auffordernd, die Gelegenheit durfte er nicht vertun, also kam sein geübter Griff zum Einsatz.

Draußen rief der Polier die Truppe zusammen. Zögerlich kam einer nach dem anderen heran, was den Chef in die Hände klatschen ließ: »Hopp, Männer, wir haben nicht den ganzen Tag Zeit.«

Die Kollegen fingen an zu murmeln.

»Haltet die Backen und hört zu, ich sag's nur einmal. Das gilt auch für euch da hinten, Amigos, ihr kriegt keine Extraeinladung. Ich hab eine gute und eine schlechte Nachricht. Die schlechte zuerst: Ein paar von euch hatten gefragt, warum das Weihnachtsgeld immer noch nicht ausgezahlt worden ist. Tja, leider muss es die Firma dieses Jahr streichen.«

Das Gemurmel schwoll an, bis es klang wie ein Bienenschwarm. Der Polier hob die Arme und sprach gegen den Krach an: »Nun lasst mich doch mal ausreden.«

»Ganz miese Nummer«, rief Klaus, Hannes hielt sich die Hände vors Gesicht, und die Griechen hatten kein Wort verstanden. Willy stand neben Horst und nuschelte irgendwas wie *war mal wieder klar.*

»Ich kann euch verstehen. Aber wisst ihr, was die Alternative wäre? Euch das Weihnachtsgeld auszuzahlen und sofort alle vor die Tür zu setzen. Also hört euch die gute Nachricht an: Wenn wir planmäßig noch vor Neujahr hier fertig werden, dann garantiert der Herr Habbelrath uns allen eine Bonuszahlung im nächsten Sommer. Das ist doch ein Wort. So, und jetzt alle an die Arbeit, vermasselt mir mein Urlaubsgeld nicht, Männer!«

Zeternd machte sich die Schar daran, nur Horst empfand überhaupt nichts. Oder besser gesagt: überhaupt nichts *mehr.* Ladung um Ladung fuhr er mit der Schubkarre fort, die ihm die strebsamen Türken mit Betonmatsch beluden. Gegen Nachmittag schickte ihn der Polier persönlich in den Fünften, wo er den Türken helfen sollte, den Bauschutt fortzuschaffen, sonst könne Willy mit den Lehrbuben den Boden aus solidem Kiefernholz nicht ausbreiten, womit sie heute dringend noch anfangen mussten. Den Japaner solle er gleich mitnehmen. Welchen Japaner, fragte Horst, er habe hier keinen mit Schlitzaugen gesehen, und der Polier verlor die Fassung. Er sei so dumm wie die Türken, brüllte er, *den* Japaner meine er, und dabei zeigte er auf die halbrunde, überdimensionierte Schubkarre, die Horst jetzt ganz allein die Treppen hinaufschaffen durfte.

Vier der Türken waren dort oben zugange, und Horst ging schon nach wenigen Minuten diese Arbeitsmoral auf die Nerven. Langsam machen sollten sie und die Scheißkarre nicht so voll machen, das Ding war sauschwer, langsamer und weniger schippen, sonst landet der Dreck wieder auf dem Boden anstatt im Schrottloch. Das Meckern schien die Türken erst recht anzustacheln, sie füllten die Karre bis zum Rand, entweder hatten die das nicht verstanden, oder sie wollten Horst zur Weißglut treiben, und weil er seine Pappenheimer kannte, wusste Horst, dass dahinter ein Plan steckte, sie ließen ihn aussehen wie den letzten Depp, damit er seine Stellung verlor. Dass der Polier ihn auf dem Kieker hatte, musste sogar den Türken aufgefallen sein. Beim Anrucken fiel ein Teil des Schutts heraus, Horst verlor die Balance, und schon lag die Ladung wieder auf dem Steinboden. Er trat gegen die Schubkarre und schrie die Türken an, das lange jetzt, so was lasse er sich nicht bieten, noch ein einziges Mal so eine Scheiße, und er würde jeden Einzelnen von ihnen am Schnäuzer packen und durch die Luke schmeißen.

»Wir nix verstehn«, brabbelte einer der Türken, und der hinter ihm grinste. Horst packte den Ali am Schlafittchen, worauf seine drei Freunde mit Zerren und Maulen anfingen, irgendwas in ihrer Sprache. Was das denn bloß wieder für ein Radau sei, rief der Polier von unten, wenn er nicht augenblicklich Schippen statt Schimpfen höre, könnten sie alle runterkommen und ihre Papiere holen.

»Ich mach jetzt erst mal 'ne Fuffzehn«, sagte Horst.

Dem Polier lief er unten nicht über den Weg, dafür hielt Willy ihn auf und riet zur Mäßigung, dieser ewige Dampfplauderer, mit dem Horst noch ein Hühnchen zu rupfen hatte. Wo denn seine Frau Mutter gestern Abend gewesen sei, fragte Horst. Hä, fragte Willy, er verstehe nicht ganz. Ha, er wisse ganz genau, was er meine, sagte Horst, und Willy machte eine Scheibenwischergeste. Nach Feierabend wolle er mit ihm unter vier Augen reden, sagte Horst, worauf Willy sagte, dann müsse er aber deutlich länger bleiben als sonst.

Als Horst am offenen Arbeitercontainer vorbeiging, hörte er Hannes und Klaus palavern. Irgendwo hier müsse es doch sein, sagte Hannes, heute früh habe er noch 'ne Mark herausgeholt und in die Kaffeekasse geworfen. Dann bleibe ja bloß noch die Langfingeroption, sagte Klaus. Hannes hämmerte vor Wut die Hand gegen den Spind, und schon schlug in Horsts Hirnkasten der nächste Geistesblitz ein. Er versteckte sich hinten, darauf wartend, dass gerade keiner im Container stand und drum herum niemand zu sehen war. Dann ging er hinein.

Keine halbe Stunde später versammelte der Polier die Truppe, nahm Hannes neben sich, erklärte die Lage und forderte den Dieb auf, sich zu melden, als letzte Chance, den Kopf aus der Schlinge zu ziehen. »Männer, wir zahlen euch hier guten Lohn«, dozierte er. »Da könnt ihr euch doch nicht gegenseitig beklauen«, und Horst behielt Hannes im Blick, dessen Kopf sich plötzlich hob. Er suchte in der Menge, suchte und suchte, bis er Horst gefunden hatte. Er streckte den Finger aus und rief: »Der da war es!«

Der Polier war gerade dabei gewesen, eine Kollektivstrafe anzudrohen, wenn sich der Täter nicht freiwillig melden würde. »Was? Wer?«, fragte er.

»Na hier, der Horst«, sagte Hannes, und schon richteten sich alle Blicke auf ihn, dem das Herz in die Hose rutschte. Jetzt musste er sein Meisterstück aufführen. Alla hopp, dachte er und trat mit verschränkten Armen vor.

»Wie kommst du denn darauf?«, fragte Horst.

»Heut früh bei Schichtbeginn hatte ich mein Portemonnaie noch«, sagte Hannes, »und seitdem ist mir nur ein Mann hier körperlich nah gewesen.«

Wer sei denn der Hübsche, rief einer hämisch. Ein anderer stöhnte, und als Hannes bierernst »Heute Vormittag aufm Klo« rief, fing die Meute an zu grölen.

»Ruhe«, schrie der Polier, »wir müssen hier fertig werden.«

»Sag doch, wie es war«, rief Hannes, »erst haste mir den Witz erzählt, und danach haste mich umarmt, als wären wir Kumpel. Und dabei hast du mir meinen Geldbeutel geklaut.«

»Hast du dafür irgendeinen Zeugen? Oder einen Beweis? Dann müsste ich dein Scheißding doch bei mir tragen.«

Horst stülpte das Innenfutter seiner Hosen- und Jackentaschen heraus.

»Ich weiß, dass nur du es gewesen sein kannst. Sieht dir sowieso ähnlich, du Würstchen.«

»Pass auf, wie du mit mir sprichst, du hast keine Ahnung, mit wem du es zu tun hast«, brüllte Horst. Selbstbewusst und siegesgewiss schlug er vor: »Ihr könnt gern in meinem Spind nachsehen.«

Das war ein klarer Vorschlag, das gefiel dem Polier, der umgehend anordnete, Horsts Spind im Arbeitercontainer auszuräumen. Er ging voran, Hannes und Horst hingen sich dran, die Meute kam hinterher.

»Aufmachen«, befahl der Polier, und Horst tat wie geheißen. Das Radio im Container lief leise mit, Gilbert O'Sullivan sang »Why, Oh Why, Oh Why«. Horsts Pornoheftchen, das Bier und die Klamotten kamen zutage, nicht aber das Portemonnaie. Helfe alles nix, sagte der Polier, Hannes müsse eine Anzeige machen. Aber erst heute Abend. Jetzt alle wieder an die Arbeit!

Zeit für den finalen Schlag, dachte Horst und rief: »Warum denn nicht einfach jeden Spind öffnen? Das seid ihr mir schuldig, nachdem ihr mich zu Unrecht verdächtigt habt.«

Der Polier nickte anerkennend und ließ einen nach dem anderen den Spind öffnen. Das Klappern und Zuschlagen der Türen war Musik in Horsts Ohren, und als Ömers Spind offen stand, da genoss Horst die plötzlich einsetzende Stille wie die Zigarette nach einem richtig guten Beischlaf. Schachmatt, Türke, dachte er.

Hannes erhielt sein Eigentum zurück, nichts darin fehlte, und in seinem Kopf arbeitete es offenbar noch vor sich hin, als der Polier den seinen schüttelte und Ömer in seinen Container zitierte, derweil er für die anderen die Rückkehr zur Arbeit anordnete. Horst unterdrückte ein Lachen, wandte sich um, da schrie eine vertraute Stimme: »Wartet, Männer! Das ist ein Missverständnis!«

Horst fiel die Kinnlade runter.

»Willy«, sagte der Polier, »wir haben wirklich keine Zeit für den Mist. Du weißt doch, dass wir vorankommen müssen.«

»Ich hab ihn gesehen«, sagte Willy.

»Wen? Wen haste gesehen?«, fragte der Polier.

»Ach, nichts …«, sagte Willy und wollte fortgehen.

Hannes stürzte ihm entgegen, hielt ihn fest, sagte: »Nun sag schon, Willy!«

»Na …«, sagte Willy zögernd, »den Horst. Den hab ich gesehen.«

»Red keinen Blödsinn, Willy, ich war den ganzen Vormittag auf dem Dach zugange«, sagte Horst.

»Tut mir leid, Horst«, sagte Willy, »aber irgendwann ist gut, irgendwann ist einfach mal gut. Du ziehst mich sonst wieder rein in deinen Sumpf.«

»Also?«, sagte der Polier, und aus Willy sprudelte es heraus: »Als ich die Sparren vom Laster geholt und zum Treppenhaus getragen hab, bin ich am Container vorbei, aus dem Hannes und Klaus kamen. Den Weg haben sie mir abgeschnitten, also musste ich ausweichen, und da sind mir die Sparren ins Gebüsch gefallen. Wie ich sie aufheben wollte, hab ich Horst in den Container reinhuschen sehen. Irgendwas hat der doch vor, hab ich gedacht, und von außen hab ich durch das Fenster gesehen, wie der am Schloss von Ömers Spind rumgefummelt hat, mit 'ner Nadel oder was das war hat er das Türchen aufgemacht, reingelangt und es danach wieder sauber zugesperrt. Erst hab ich gedacht, der würde den armen Tropf bestehlen, aber nix da, nee, nix da. Der hat was reingelegt.«

TEIL II

Meisterhand

–

1976

FÜNFTES KAPITEL

Es macht ihn ein Geschwätz nicht satt

1

Er stand vor dem Tor des Landstuhler Gefängnisses und war frei. Gestern hatte er noch hinten Karten gekloppt mit den anderen, jetzt ging er im gelben Wintermantel in den Frühling hinein. Er ließ Bus auf Bus vorbeifahren, drückte den Rücken an die rote Mauer und ging erst mal nicht. Die neun Monate waren um. Die schwarzen eisernen Torflügel, die er seit einem halben Jahr mit wachsendem Widerwillen betrachtet hatte, waren hinter ihm geschlossen. Man setzte ihn wieder aus. Drin saßen die anderen, tischlerten, lackierten, sortierten, klebten, karteten, hatten noch zwei Jahre, fünf Jahre. Er stand an der Haltestelle. Los jetzt.

Nach der Ankunft am Hauptbahnhof ging er um das Postgebäude im großen Bogen vorbei, lief die Eisenbahnstraße hinunter, lüpfte hier und dort die Batschkapp, und alle glotzten ihn an wie einen Auswärtigen, Ausrangierten, Aussätzigen. So sah er aber auch aus: Während der Zeit hinter Gittern war er nicht an neue Klamotten herangekommen, nicht mal ein vernünftiges Paar Schuhe hatte er kaufen können. Was lag ihm denn an Äußerlichem, seine Strafe begann erst jetzt. Immerhin, ein vertrautes Gesicht traf er bei seinem ersten Gang durch die Straßen nicht, dafür altbekannte Orte in scheinbar neuen Gewändern. Rund ums Fackelrondell war alles Baustelle. Nächstes Jahr würde Karstadt hier eine Filiale eröffnen. Das Topeka-Kaufhaus bekam Konkurrenz, es lag nicht weit entfernt. Horst hatte es größer in Erinnerung gehabt, auch die Eisenbahnstraße an sich war ihm düsterer im Sinn gestanden. Es war noch früh im Mai, aber alle flanierten hier über den Boulevard wie im Sommerurlaub in Italien, so als sei diese kleine Stadt binnen eines Dreivierteljahres aus dem Zwielicht geraten. Eine Ahnung davon, wie wenig sich wirklich verändert hatte, gab Horst das Fahndungsplakat im Eingang des Brillengeschäfts in der Marktstraße, das der Inhaber hängen ließ, obwohl die Terroristen seit gut und gerne vier Jahren in Stammheim einsaßen. »Anarchistische Gewalttäter – Baader/Meinhof-Bande«, stand da in Orange, darunter in Schwarz: »Wegen Beteiligung an Morden, Sprengstoffverbrechen, Banküberfällen und anderen Straftaten werden steckbrieflich gesucht.« Es folgten zehn Porträtaufnahmen und das Versprechen auf eine Belohnung in Höhe von hunderttausend Mark. Genug Geld, um ein neues Leben anzufangen.

Endlos zog sich die Fackelstraße, aus der sie den Autoverkehr immer mehr verbannten. Bald wäre das alles hier eine einzige Fußgängerzone. Jeden Blick nach oben verbat Horst sich, das Betrachten der Dächer hätte Wunden aufgerissen. Drei Jahre waren vergangen seit seinem Rauswurf beim Habbelrath den er Willy zu verdanken hatte. In den Spelunken und Kaffeehäusern saßen die Leute vor ihren Schoppengläsern und Kuchenstücken, warum auch nicht, war doch Wochenende, und nicht jeder musste seine Freiheit als Bürde empfinden.

Erna hatte in der Goldmine den Platz am Fenster eingenommen, wie besprochen, damit er sie von Weitem sehen konnte und sie ihn. Sie war eine kleine, dünne Frau mit Bienenkorbfrisur, übergroßer Brille im Gesicht und Hausmutterbrosche am Revers. Horst trat ein, sie stand auf, eine Weile sahen sie sich an. Helga am Zapfhahn, Demis Roussos' »Goodbye My Love, Goodbye« aus der Jukebox, der S-Bahn-Dirk am Tresen, die Studenten an der Dartsscheibe, das Schwarz-Weiß-Gerät über der Schnapsbar. Als sei Horst nur mal eben pissen gewesen. So begrüßten sie ihn auch.

Der S-Bahn-Dirk: »Na, alter Junge, gut siehste aus. Dachte schon, du kommst gar nicht mehr zu uns zurück.«

Helga: »Mensch, was ziehste so 'ne Schnute, freu dich doch. Hamse dich gar nicht so arg in die Mangel genommen. Was darf's sein, Bierchen oder gleich was Richtiges?«

»Das Glück wird nie vergeh'n«, sang Demis Roussos, »ich bleib dir treu, bis wir uns einmal wiederseh'n«. Und Erna, Horsts Erna, die stand noch immer da und sagte nichts, sie nahm ihren Kaffee mit Schuss und schlürfte vor Aufregung ganz fürchterlich. Abgeholt hätte sie ihn gern in Landstuhl, das wusste Horst, ach, was hätte sie ihn gern abgeholt, wäre da nicht ihr Peter, der im zweiten Kneipenstuhl an Ernas Tisch saß und an seinem blauen Plüschhasen herumspielte. Normale Söhne waren längst ausgezogen mit achtzehn, aber ein Schwerbehinderter wie Peter musste bei Mama bleiben. Oder in ein Heim abgeschoben werden, aber wenn sie nun so einen zurückgebliebenen Jungen geboren hatte, dann trug Erna auch die Verantwortung, und der würde sie gerecht werden, komme, was da wolle, das war Horst klar, seit dem ersten Brief schon, mit dem sie auf seine Kontaktanzeige geantwortet und gleich mal alle Karten auf den Tisch gelegt hatte.

Ohne Vorwarnung fegte Helga rüber, mit randvollen Krügen. »So, zwei Schaggadulli aufs Haus«, sagte sie, »nun setz dich auf den Poppes und genieß die Heimkehr, Horst. Wurde auch Zeit, dass du dich wieder herschaffst.«

»Schaggawas?«, sagte Erna, die nicht mitbekam, dass Peter sein Stofftier fortlegte, um nach einem der Krüge langen zu können. Horst schnappte ihm den Trunk vor der Knollennase weg, Peter fing an zu röhren wie ein Hirsch. Die dicken Gläser seiner Brille beschlugen, die weit auseinanderstehenden Schielaugen tränten, er ruderte mit den Armen. Geübt griff Erna zum Plüschhasen, »Lass Monty nicht einsam rumliegen«, und ruhig war der Behinderte.

»Schaggadulli ist Helgas Wort für Fanta mit Korn«, sagte Horst. »Muss sie irgendwann nach dem Krieg erfunden haben, als die Amis hier diese Limonaden eingeschleppt haben. Frag bloß nicht, was das bedeuten soll. Patent angemeldet drauf hat sie auch nicht. Weiß sie nämlich selber nicht, was sie damit eigentlich sagen will. Oder sie behält es lieber für sich. Weiber. Kennste eine, kennste alle.«

»Du kommst mir nicht grade glücklich vor. Was haste denn, ausgerechnet heute«, sagte Erna.

Nichts begriff diese Brunskachel. Anfangs, bei den ersten Besuchen im Gefängnis, war sie Horst noch erschienen wie ein ganz scharfer Zahn, was er sich von heute aus betrachtet nur mit Budenkoller und Samenstau erklären konnte. Hätte ihm sofort auffallen können, dass Erna dumm war wie ein Esel.

»Man merkt, dass du noch nie im Knast warst«, sagte er. »Die sperren ebenso gern ein, wie sie wieder freilassen. Rein oder raus, ist denen egal, die Akten haben zu entscheiden. Wenn ich noch mal was verzapf, fahr ich wieder ein, da reicht jedes Kinkerlitzchen. Krieg das mal hin, hier draußen ein normales Leben zu führen. In meiner Lage. Frisch vor die Tür gesetzt. Ohne Anstellung. Ohne Wohnung. Ohne Geld. Ohne Leben.«

»Aber dafür haste doch mich«, kicherte Erna. »Kommste erst mal bei mir und meinem Peter unter, in der Berliner Straße. Platz ist in der kleinsten Hütte.«

Und Peter, der über die Ränder seiner Brille hinweg lüstern seinen Monty betrachtete, grunzte wie ein Ferkel im Schlamm.

»Was ist mit Ottes?«, fragte Horst.

Ernas Lachen zerging. »Was soll mit dem sein?«

»Ich kann den doch nicht im Heim lassen.«

»Der Bub ist sechzehn und kann auf eigenen Beinen stehen«, sagte Erna.

Wie ein Blitz fuhr der Zorn durch Horst, seine flache Hand wäre beinahe in Ernas Gesicht gelandet, doch rechtzeitig hatte er zurückgezogen. Peter jaulte, als hätte ihn ein Hieb getroffen. Ein Schluck vom Schaggadulli genügte Horst, um den Zähler wieder auf null zu stellen.

»Erstens«, sagte er in aller Seelenruhe, »entscheide allein ich über meinen Jungen. Und zweitens weiß nur ich, ab wann er auf eigenen Beinen stehen kann.«

»Ich sag ja nur …«

»Ist ja schon gut.«

»Alla gut.«

Horst küsste Erna auf den Mund und streichelte ihre Wangen. Er mochte Erna, und ihren Peter irgendwie auch, diese Blöden waren vielleicht eine Last im Leben der Gesunden, aber aufrichtig waren sie, und sowieso war es genau solch ein Mensch, nach dem Horst sich sehnte, wo er es monatelang nur mit Gesocks zu tun gehabt hatte. In der Schwangerschaft hatte Erna Contergan genommen, Peter war mit einer schweren Lippen-Kiefer-Gaumen-Spalte zur Welt gekommen, auch mit verkrüppelten Daumen und Zeigefingern, einer Nierenmissbildung, einem Herzfehler und, was für Contergankinder selten war, mit einer geistigen Behinderung.

Zwei oder drei Schaggadulli dauerte es noch, da stieß von draußen wer die Tür auf. Das Sonnenlicht wanderte bis zum Tresen, wo der S-Bahn-Dirk sich die Hand vor die Visage hielt. Eine Sporttasche flog hinein, ein junger Kerl mit rotem Schopf stiefelte hinterher, steuerte zielsicher die Theke an und verlangte ein Wasser.

»Wasser?«, sagte Helga, »weißte, Jungchen, Wasser ist hier bei uns nicht so beliebt. Das macht die Leute ganz benommen. Wie wär's denn mit 'nem schönen Schaggadulli?«

»Wasser, sonst nichts.«

»Nun sei doch vernünftig.«

»Wäschst du dich denn nie, Helga?«

»Doch, klar, immer mittwochs.«

»Na, dann gib mir bitte Wasser.«

Horst sah sich das Schauspiel von seinem Fensterplatz aus an und schüttelte lachend den Kopf. Erna rief den Jungen: »Hallo, Ottes, hier drüben sind wir!«

Der Bub drehte sich zu ihnen um. Er schwitzte und hatte ein stacheliges Gesicht, rot wie 'ne Tomate sah es auch aus. Und doch klebte dem Kerl ein Ausdruck wie sieben Tage Sommerwetter in der Visage. Horst erhob sich und ging zwei Schritte nach vorn. Ottes tat es ihm nach. Wie er denn ohne väterliche Erlaubnis aus dem Heim gekommen sei, fragte Horst, und Ottes wedelte mit einem Schrieb in der Luft. Das ist die Frucht meiner Lenden, dachte Horst, mein Ein und Alles, der wird mir zum Bund gehen und uns das auskömmliche Leben verschaffen, das wir uns schon so lang verdient haben. Bloß ein Schritt fehlte noch, ein letzter, kein leichter, aber ein gangbarer, den Horst antreten würde.

2

Die Wohnstube: Sperrgebiet. Erna und Peter waren in der Goldmine sicher verwahrt, Ottes hatte er fortgeschickt, schon am frühen Nachmittag, der konnte, nein: durfte heute Abend mindestens bis elf die Wohnung nicht betreten, sonst hätte sein Arsch aber Kirmes gehabt. Neben dem Fernseher stand ein Kassettenrekorder. »Spiel mir das Lied vom Tod« begann, zum Glück dauerte es minutenlang, ehe der erste richtige Ton zu hören war. Die Mücke summte schon im Revolverlauf des Gangsters, als Horst endlich den Knopf fand. Der Zug fuhr ab, die drei Gauner wollten enttäuscht abziehen, da fing Charles Bronson an, auf seiner Mundharmonika zu spielen.

»Wo ist Frank? – Frank hatte keine Zeit. – Habt ihr 'n Pferd für mich? – Wenn ich mich hier so umsehe, dann sind nur drei da. Sollten wir denn tatsächlich eins vergessen haben? – Ihr habt zwei zu viel!« Peng, peng, peng, peng, drei Ganoven tot, der Mann mit der Mundharmonika verletzt.

Was sehnte Horst sich nach einem solchen Knall, nach diesem einen Ereignis, nach einer Erinnerung, die ihm die Normalität verschönerte, das Leben verzauberte. Ins Kino gehen, fernsehen, sich fortfühlen, auch wenn am Ende doch alles blieb, wie es immer gewesen war. Diese Erinnerung wollte er festhalten, sie sollte verfügbar bleiben, immer wieder anhören wollte er sich diese zweieinhalb Stunden seines Lieblingsfilms, und als der Showdown endlich nahte, holte Horst sich noch ein Bier aus der Küche und bewegte sich auf Zehenspitzen, um die Aufnahme nicht zu ruinieren.

Zwar hatte er sich zwei C120er-Kassetten besorgt, aber da reichte das Band auch nur für sechzig Minuten pro Seite. Zwischendurch hatte er sie also umdrehen und austauschen müssen. Exakt getaktet, dafür hatte Horst langweilige Szenen gewählt wie die, in denen dieser Eisenbahnmogul auftauchte. Nun trafen endlich Bronson und Fonda aufeinander, die peitschenden Klänge von Morricone brachten einen in Stimmung. Wie schön eindeutig hier die gute und die böse Rolle verteilt waren und wie Horst sich in Bronson wiedererkannte. Ein Mann, dem Unrecht widerfahren war und der jetzt auf Rache sann. Das Zusehen reinigte Horst die Seele. Fonda, ganz in Schwarz gekleidet bei der Wüstenhitze, zieht seinen Mantel aus. Bronson, der Held in heller Montur, stellt lässig einen Fuß auf dem Futtertrog ab. Nahaufnahme seines geschundenen Gesichts. Fonda lässt den Blick wandern, oben rechts und oben links, Bronson fixiert den Gegner. Zeit für die Abrechnung.

Gerade war die Musik verstummt, bloß der Wüstenwind war leise zu hören, Bronson und Fonda standen einander gegenüber, jeder seine Hand schussbereit am Holster, die Rückblende mit der großen Auflösung des Rätsels begann, gleich würde der finale Schuss fallen, da klingelte es an der Tür. Gottverdammter Dreck, konnte er nicht ein einziges Mal seine Ruhe haben. »Na komm, spiel mir das Lied vom Tod«, sagte der junge Fonda, aber der Kassettenrekorder hatte nichts davon, den hatte Horst mit einem Tritt gegen die Wand befördert. Er krempelte die Ärmel seiner Jeansjacke hoch und stapfte zur Wohnungstür, riss sie auf – was um Himmels willen hatte der hier verloren?

Sie standen da und sahen sich an, eine geschlagene Minute, ehe Horst lächeln musste und sagte: »Hätte ich dir gar nicht zugetraut, den Schneid, hier aufzukreuzen.«

Willy drückte die Tür auf und schob sich an Horst vorbei, ging in die Küche, um den Esstisch herum, er rieb sich die Hände, was Horst eher auf die Aufregung seines Besuchers zurückführte als auf die von den Eisheiligen noch einmal über die Stadt gebrachte Nachtkälte. Willys Blick verharrte auf Horsts Augen. Horst schloss die Tür, sah nach links und nach rechts, lehnte sich an den Türrahmen und wartete, was ihm der Kerl zu sagen hatte. Willy klopfte sich eine Marlboro aus der Schachtel und nahm einen Zug.

»Der Apfel fällt nicht weit vom Stamm. Kennste das Sprichwort?«, sagte er.

»Danke, alter Freund und Kupferstecher«, sagte Horst, »gut geht's mir. Wie du siehst, hat der Knast mich nicht gebrochen, falls du drauf gehofft hast.«

»Weißte, wo dein Bub ist?«

»Seit wann geht dich das was an?«

»Susanne hat ihn gekascht. Keine zwei Stunden her. Oben auf dem Fischerrück. Drei Kilo hatte der dabei. Drei Kilo! Ihr habt sie doch nicht mehr alle! Reiner Zufall, dass Susanne allein auf Streife war, was nicht oft vorkommt. Sonst säße der Kleine jetzt ein, und so schnell würde er nicht wieder rauskommen.«

Horst nahm zwei Flaschen Bier aus dem Kühlschrank und setzte sich an den Tisch: »Hier hat er gesessen, der Bengel. In die Hand versprochen hat er's mir. Dass er aufhört mit dem Dreck, mein ich. Sich auf die Schule konzentriert und danach zum Bund geht, um ein normaler Mensch zu sein und auf eigenen Beinen zu stehen.«

Beide tranken sie die Hälfte ihrer Biere auf ex. Willy

wusste offenbar nicht, was er sagen sollte, oder er wusste es, fürchtete aber die Konsequenzen. Doch Horst sah genau, was Willy im Sinn hatte. Irgendwann ertrug der die Stille nicht mehr und spuckte es aus: »Sieht's 'n bei dir mit Arbeit aus?«

»Bin jetzt ziemlich genau zwei Wochen draußen«, sagte Horst. »Bei fünf Baufirmen hab ich mich vorgestellt. Nur Absagen. Also hab ich mich auf meine Wurzeln besonnen. Bin bei vier Speditionsbetrieben in der Umgebung gewesen, bei zwei Betrieben haben sie mich sogar zu so 'nem Sesselfurzer durchgelassen. Alles hab ich dem gesagt, all meine Erfahrung als Packer aufgetischt, und dann kam jedes Mal die Frage, die mich aus dem Rennen warf.«

»Ob du mal eine halbe Stunde ohne Bier auskommst?«

»Führungszeugnis.«

»Das haben die wirklich verlangt?«

»Wenn ich's dir doch sag.«

»Dachte, bei den Möbelpackern gucken die nicht so genau hin. Sonst fänden die doch keinen. Da versammeln sich bei jedem Umzug ein paar Jahrzehnte Gefängnis.«

»So läuft das nicht mehr. Seit paar Jahren ist Krise. Da picken sie sich nur die Ausländer raus, die fast nix kosten. Oder die Gescheitelten.«

»Musste halt auch ein Gescheitelter werden.«

»Was meinst 'n, was ich versuch? Wenn man Mist gebaut hat, wird einem das nicht verziehen. Mich werden die paar Monate ewig verfolgen. Da fragt nicht mal einer danach, was ich verbrochen hab. Als wär ich wie einer, der wen umgebracht hat.«

»Unterschlagung, Steuerhinterziehung, Betrug, das sind ja keine Lappalien.«

»Komm mir nicht so, bloß nicht, Willy, verkneif dir ein

einziges Mal, auf mich einzutreten, wenn ich schon am Boden lieg.«

»Ich helfe dir doch nur.«

»Der Herr macht mal wieder einen auf barmherzigen Samariter, danke auch. Helfen würdeste mir, wenn du mich beim Habbelrath unterbringst. Du bist schuld daran, dass ich ins Kittchen gewandert bin, so sieht's doch mal aus.«

Schuldbewusst sah Willy nicht aus, aber auch nicht so, als empöre ihn der Vorwurf. Also redete Horst weiter: »Wenn du mich damals nicht verraten hättest, dann hätt ich die Roulettenburg doch nie wieder von innen gesehen. Und schwarz arbeiten hätt ich auch nicht gemusst. Das war Nötigung. Dafür hätte man *dich* belangen müssen, in 'ner gerechten Welt wäre genau das passiert.«

Den Rauch seiner Zigarette blies Willy durch die Nase aus, er starrte die Wand an. Nach einer Weile räusperte er sich und sagte: »Ebendarum hab ich Susanne gebeten, Ottes noch mal laufen zu lassen. Ja, hat sie gesagt, aber nur, wenn du deinem Freund Horst sagst, dass es beim nächsten Mal keine Rettung mehr gibt, noch ein einziges Mal, und der Bengel kommt in Jugendarrest, und Horst werd ich wegen Beihilfe belangen.«

»Wohnste mit Susanne noch am Opelkreisel?«, fragte Horst.

Willy nickte: »Wir haben dort Stereo. Der Lärm kommt vom Opelwerk und von der Autobahn.«

»Dann richte der Susanne schönen Dank aus. Gibt's nicht oft, so halbwegs vernünftige Bullen.«

Willy nickte.

»Und mit Rosi läuft nix?«

Willy schüttelte den Kopf: »Bin doch nicht liebestoll.

Ärger wegen Unterhalt hab ich mit der Rosi. Die steckt das alles in die eigene Tasche. Mira und Juli haben davon gar nichts.«

»Wenn's um Weiber geht, biste einfach zu gut für diese Welt«, sagte Horst, »bloß bei mir biste eiskalt wie der Sheriff von Nottingham.«

»Ich vermiss sie halt. Die Kinder auch. Und Prinz. Da schaffen wir uns nach so langer Zeit endlich wieder 'nen Schäferhund an, und dann muss ich daheim ausziehen.«

»Gefangen zwischen zwei Frauen und Sehnsucht nach 'nem Köter«, sagte Horst. »Willy, deine Luxusprobleme werden immer drolliger. Schön, dich wiederzuhaben!«

3

Was haben sie hier früher für Feste gefeiert, nicht mal 'nen Grund brauchten sie dafür, zumindest keinen, den all die Heuchler dort draußen sich als Vorwand zurechtgeschwindelt hätten. Wenn da mal einer die Bullen rief, dann kamen die gar nicht erst, oder wenn, dann weil sie bei Helga das eine oder andere Freibier zum Feierabend zischen wollten. Da lagen sich dann alle in den Armen, und zur selben Zeit flogen die Fäuste, man konnte gar nicht mehr unterscheiden, wer hier vor Glück und wer vor Frust um sich schlug oder brüllte. Überhaupt, das Brüllen, das hatte so was Befreiendes.

Elende, ohrenbetäubende Stille. Es tat Horst weh, tief drinnen, er drückte die Tränen aus sich raus. Helga tat so, als bemerke sie das nicht. Na warte, dachte Horst, er würde sich schon ihre Aufmerksamkeit sichern, da kam ihm seine Übelkeit gerade recht. Er stand auf und torkelte zur Toilette, nicht, dass er es eilig gehabt hätte, aber in der kleinen Kabine stank es nach Ballerbrühenpisse.

Horst umarmte die Kloschüssel und reiherte drauflos, es brauchte vier Stöße, ehe der Magen leer gepumpt war, und dann rebellierte er einfach weiter, nur kam nichts mehr raus. Drüben fing eine an zu singen, und zwar nicht irgendeine, sondern Helga. Keine Minute dauerte es, da begann ein Mann mitzuplärren. Horst zog den Kopf aus der Schüssel und lauschte. Der S-Bahn-Dirk, wer sonst.

Schnell schüttelte Horst den Kopf, zu schnell, denn schon meldete sich wieder der Brechreiz, seine Rübe hing in der Kloschüssel, was den von nebenan scheppernden Tönen von Christian Anders, Helga und S-Bahn-Dirk einen Hall verlieh, als befänden sie sich in einer Kirche. Horst wäre in dem Moment in wirklich jeden Zug nach Nirgendwo gestiegen, dort war es sogar wahrscheinlicher, dass jemand sich für ihn interessierte. Er wankte zum Waschbecken und ließ eiskaltes Wasser über seinen Kopf laufen. Helga und der S-Bahn-Dirk waren bei Bernd Clüver angekommen, »da war ein Traaaum, der so alt ist wie die Wäääält«.

Horst stieß die Tür auf und sah die beiden – nun ja, sollte er es wirklich »tanzen« nennen? Ohne jedes Gefühl für Takt und Melodie, dafür aber so glücklich, wie Horst hier seit Tagen niemanden mehr gesehen hatte, schoben sie einander über den verdreckten Kneipenboden. Der S-Bahn-Dirk hielt die eine Hand um Helgas Hüfte, die andere in die Höhe. Im Chor grölten sie, »der Junge mit der Mundharmonikaaa singt von dem, was einst geschaaah«. Erst während der zweiten Strophe bemerkten sie Horst, der mit feuchtem Schopf dastand und auf einen dummen Spruch gefasst war. Der kam nicht, sie blieben in ihren Rollen und leierten den nächsten Vers so, als sei er auf Horst gemünzt, »und ein Engel steht im Raummm«, so schrill, dass Bernd Clüver sich in der Jukebox mächtig anstrengen musste.

Sie winkten Horst zu sich und bildeten mit ihm einen Kreis, einen Tanzkreis, was fühlte sich das seltsam an, seltsam und behaglich, dieser Tanzkreis, in dem sich alle gegenseitig im Arm hielten. Beim nächsten Refrain stieg Horst ein.

Während das Zwischenspiel mit der Mundharmonika erklang, schienen Helga und der S-Bahn-Dirk ganz bei sich, so als sammelten sie noch einmal Kraft für den letzten Refrain, dem Horst sich nicht verweigern konnte, endlich war wieder Stimmung in der Bude, das war ja auch nicht mehr zum Aushalten gewesen. Horst wankte zu seinem Barhocker, da fing der S-Bahn-Dirk auch schon an, Horsts sich gerade vom Kotzen erholendes Gemüt zu trüben: »Hahaha, alter Knabe, ich wusste ja gar nicht, dass du jetzt Chinese bist.«

Nein, Horst wollte da nicht drauf eingehen, das war ja genau, was der S-Bahn-Dirk wollte: »Na, weil du so gelb in der Fresse bist, mein ich. Verstehste doch. Oder? Verstehste doch.«

Feixend stellte der S-Bahn-Dirk sein Schnapsglas auf dem Tresen neben Horst ab und hauchte ihm seinen Bommerlunder-Atem zu. Horsts Blick blieb an diesem fauligen Mundwerk hängen, und er hoffte, dass Helga heute Nacht rechtzeitig dazwischengehen würde, denn langsam verdiente sich der S-Bahn-Dirk seinen Denkzettel.

Der rieb sich die tränenden Augen, wankte ein wenig, und er lachte, immer lauter und immer gehässiger. Horst schlug die Hand auf den Tresen, die Gläser und Flaschen klirrten, und dann holte er aus und donnerte dem S-Bahn-Dirk seine rechte Faust gegen den Riechpriemen. Wie ein kleines Bierfass fiel der S-Bahn-Dirk zu Boden, rollte hin und her, und ehe Helga hinter ihrer Bar hervorkam, hatte Horst den Lachsack gepackt und hochgezogen. Die paar anderen rührten sich nicht vom Fleck, sie betrachteten das Spektakel aus sicherer Entfernung.

Jetzt spürte Horst keine Müdigkeit mehr, mit der Kraft eines Jungbullen brüllte er den S-Bahn-Dirk an: »Du Dibbelschisser sagst mir jetzt auf der Stelle, was du so witzig findest, oder ich hau dir den Staub aus dem Pudel.«

Dem S-Bahn-Dirk lief das Blut aus der Nase, sein Grinsen schien ihm in der Visage festgefroren.

»Wird's bald!«, sagte Horst, und da war Helga endlich da, sie schickte Horst zurück auf seinen Platz, ehe sie dem S-Bahn-Dirk das Blut aus dem Gesicht tupfte. »Ich hab's dir schon so oft gesagt«, maulte sie, »in meinen vier Wänden wird nicht geprügelt. Was bisten auch so schnoddrig, hat dir kein Mensch was getan. Der hat doch nur so 'n bisschen gelacht, der S-Bahn-Dirk. Sei nicht so empfindlich wie ein …«, und weil Horst den Rotz hochzog, besann Helga sich und brach ab, *wie ein Mädchen* hatte sie sagen wollen, na klar, aber weil sie es nicht aussprach, konnte Horst fünfe grade sein lassen, Helga war bloß die Feuerwehr, wenn auch leider eine, die den Brand löscht und den Brandstifter lobt.

»So«, sagte Helga, nachdem sie fertig getupft hatte, »jetzt sagste dem guten Horst mal, was du so witzig findest. Und mir auch. Ich will nämlich mitlachen.«

Da machte der S-Bahn-Dirk den Mund auf und rang nach Worten: »Also. Ich war eben drüben am Kotten.«

»Ja«, sagte Helga. »Und?«

»Da stand ein Streifenwagen.«

Helga machte große Augen, Horst sah gar nicht erst hin, er winkte nur schief ab.

»Aber dort stand nicht nur ein Streifenwagen.«

»Lass mich raten«, sagte Horst, »da waren auch Bullen.«

»Ganz genau, Freundchen, ganz genau!«

Der S-Bahn-Dirk hob sein Schnapsglas. Helga goss nach, er exte noch mal, und dann ging es weiter.

»Stücker fünf oder sechs. Ich dachte schon, die würden 'ne Bande hochnehmen, aber nix da.«

Noch einmal kicherte der S-Bahn-Dirk, dann erlöste er sein Publikum: »Deinen Rotschopf, Freundchen, den habense mitgenommen aufs Revier.«

Ottes. Nachdem Horst zur Tür rausgestürzt war, ging er langsam, immer langsamer, mit eingezogenem Kopf, als wäre ihm kalt, aber ihm war nicht kalt, obwohl der Dampf seines Atems ihm den Blick verklärte, mitten im Mai war es wieder arschkalt geworden in den Gassen bei Nacht. Nach wenigen Hundert Metern lief Horst die Brühe über die Schläfen in die Ohren und über den Rücken in die Arschritze. Er war fast beim Revier angekommen, da blieb er stehen, schloss die Augen, zog an seiner HB, strich sich durchs Haar. Er rauchte unter einer Straßenlaterne, deren Licht im Halbsekundentakt an- und aussprang. Ab sofort Torkelverbot, flüsterte Horst, mehrmals hintereinander unter diesem blinkenden Laternenlicht, so als könnte er sich nüchtern pispern. Dann ging es los.

»'n Abend«, sagte Horst.

Im Radio sang ein Lispler auf Englisch irgendwas von 'nem Krokodilrock. Beinah hätte er sich mitreißen lassen, doch für heute hatte Horst genug von lispelnden Deppen. Das Fräulein am Empfang musterte Horst. Sie biss in ihr Wurstbrot. Schnüffelte sie etwa? Ja, sie schnüffelte wie ein Hund, durch die Glasscheibe, so als wittere sie Horsts Suffkotzmief.

»Kammiffmfürfiepun?«, fragte sie mit vollem Mund, ohne den Lärm leiser zu drehen.

Sein Bub, der müsse, der solle, stammelte Horst, also, sein Sohn, sein Jüngster, er suche jedenfalls, stammelte Horst, und er wolle ihn abholen, damit sie zusammen nach Hause gehen könnten.

Die Frau musterte Horst noch mal, von oben bis unten, von unten bis oben, dabei nicht mehr nur kauend, sondern auch schmatzend. Der Lispler jaulte »Laaa lalalala laaa lalalala laaa lalalala laaa«, und sie sollte sich beeilen, die gute Frau, sonst würde Horst sich vergessen und am Ende selbst noch über Nacht hierbleiben dürfen, er war schon ganz hibbelig. Endlich legte sie ihre Stulle hin und nahm den Telefonhörer in die Hand. Als sie »Heißt 'n der Gutste« fragte, fiel ihr ein zerkautes Stück Brot aus dem Plappermäulchen.

Keine zehn Minuten später stand Horst mit Ottes vor der Tür. Er zündete sich eine Zigarette an. Mit der rotblonden Tolle sah Ottes aus wie ein Yankee, unfassbar, dass kein Deutscher mehr ein richtiger Mann sein wollte. Was sollte diese Aufmachung? Ein Sechzehnjähriger, der den Mädchen schöne Augen machte? Oder sogar den Jungs? Gott bewahre, wenn Horst je rauskriegen sollte, dass der Kleine ein Hinterlader war, dann würde er ihn totschlagen, und das wäre dann noch zu gutmütig. Sonst hatte Ottes den Kragen seiner Lederjacke immer nach oben geschlagen, jetzt aber nicht, er stand einem echten Mannsbild gegenüber, da war Schluss mit lustig.

Horst blies den Rauch in Ottes' Richtung, und der duckte sich. Was für ein Feigling, dachte Horst, was für ein elender Duckmäuser, sechzehn Jahre alt und keine Ehre im Leib, dem werd ich's zeigen. Er drehte sich um. Durch die Glastür sah er die Frau vom Empfang, die immer noch an irgendwas rumknabberte und Horst anstarrte.

Er packte Ottes im Nacken und schleifte ihn um die Ecke. Dort donnerte er ihn gegen die Mauer. Die Jacke riss er ihm vom Leib, dann zog er seinen Gürtel aus, der durch die Luft pfiff und auf Ottes' Haut landete, zehn- oder elfmal. Der Junge gab keinen Mucks von sich, ertrug den Schmerz. Sehr gut, dachte Horst, soll bloß nicht anfangen zu heulen, sonst setzt es gleich noch mal zehn Hiebe. Er drehte den Bankert um, sah die Tränen in seinem Gesicht, und da ballte er die Faust und schlug zu, mit aller verbliebenen Kraft scheuerte er Ottes eine, dann noch eine und dann noch eine, bis sie beide entkräftet zusammenbrachen.

Ottes wimmerte, Horst erbrach den letzten Rest in seinem Magen auf den Asphalt und sagte röchelnd: »Irgendwann wirste mir dankbar sein dafür.«

Auf dem Nachhauseweg sprachen sie lange kein Wort, stumm und den anderen nicht beachtend, schlingerten sie nebeneinander her, bis Ottes fragte: »Vater, warum machst du das?«

Unter einer Straßenlaterne stoppten sie. Diese hier blinkte nicht. Hundegebell und Menschengebrüll schallten vom Kotten herüber. Horst sah seinem Sohn ins Schrammengesicht und sagte: »Wenn du das mit den Drogen nicht abstellst, werd ich das wieder tun müssen. So lange, bis du entweder aufgehört hast oder tot bist. Wir haben eine Abmachung. Keine krummen Dinger mehr. Darüber wird nicht diskutiert. Du kennst doch das Lied vom Kurt Dehn: *En echte Pälzer raacht ken Hasch, denn unser Stoff kummt aus de Flasch.*«

Ottes schnaufte schwer, wegen seiner Wut, die konnte Horst spüren. An Körperkraft hatte der Kleine seinen Alten längst eingeholt, aber er wagte es nicht, sie einzusetzen. Noch nicht.

»Ich tu das, weil ich dich lieb hab«, sagte Horst, und Ottes erschrak über diesen Satz, als wäre ihm gerade ein Gespenst über den Weg gelaufen.

Sie blickten zum Himmel, beide, synchron atmeten sie ein und aus, ganz tief, ein und aus, ein und aus, bis ihre Atemdämpfe sich vermischten.

»Was würdest du erst machen, wenn du mich nicht lieb hättest?«, fragte Ottes, den Blick nicht vom Himmelszelt abwendend.

»Meinste, mit Erna und Peter hab ich nicht schon genug Zores?«, sagte Horst. »Rausschmeißen würd ich dich, weil du mir egal wärst. Und du würdest auf der Straße landen, wo dich einer deiner Drogenfreunde mit 'nem Messer aufspießen würde.«

Ottes atmete durch die Nase aus. Hoffentlich treibt er's nicht zu weit, dachte Horst, hoffentlich bringt er mich nicht noch mal auf die Palme.

»Glaubst du, dass du ein guter Mensch bist, Vater?«, fragte Ottes.

Horst lachte. Kriegte der Bub jetzt auch noch den Moralischen? Sein Lachen schwoll an, bis sich im Haus nebenan ein Rollladen hob. Ein Fenster ging auf, es erschien der Kopf einer Frau, die um Ruhe bat. Horst lachte weiter, immer lauter in die Nacht hinein. Die Frau machte eine Scheibenwischergeste, da gab Horst seinem Sohn eine Zigarette und zündete sich selbst auch eine an. Er lachte die Alte aus, nahm Ottes in den Arm und zuckelte mit ihm davon.

4

Bloß weil er in der Berliner Straße wohnte, war er doch kein schlechter Mensch. Da konnten sich Willy und Susanne noch so sehr aufspielen, als wären sie von der Heilsarmee, er hatte sich nicht ausgesucht, in einen der Armenblöcke zu ziehen. Erna lebte seit Jahren mit dem Peter hier, für was Größeres und Besseres fehlte die Knete, was hätte Horst also tun sollen. Zwei Zimmer hatten sie nur. Vom engen Flur ging es direkt in die Küche, die immerhin Platz bot zum Waschen, Sitzen und Essen. Dahinter lag das kleine Wohnzimmer, und hinter dem verbarg sich die Schlafkammer, in der ab sofort nicht mehr bloß Erna und Peter, sondern auch Horst sich ins Bett legte. Zu jeder Jahreszeit war die Wohnung viel zu düster, sie hatte keinen Balkon, die Fenster waren klein, wegen der dünnen Außenmauer war es in mindestens neun von zwölf Monaten im Jahr zu kalt, und der kälteste Monat von allen, das war natürlich der Mai, weil man da nachts eigentlich nicht mehr mit der sibirischen Peitsche rechnete, die dann aber doch zuverlässig jedes Jahr für Enttäuschung sorgte.

Dabei war die Berliner Straße eigentlich ein ganz nettes Fleckchen Erde. Nicht so brutal wie der Kalkofen und nicht so verrufen wie der Grüne Winkel. Ein Elendsort, klar, aber einer, dem anzumerken war, dass die Bewohner würdig leben wollten. Die Innenstadt war nur einen Katzensprung entfernt. Ein paar Hundert Meter weit zogen sich die Blöcke, die Fassaden waren braun und orange gestrichen. In den Hinterhöfen gab es schmale Grasstreifen und einen Bereich mit Wäschegestellen, wo nie jemand etwas aufhängte. Den meisten Mülltonnen fehlten die Deckel. Haustüren gab es kaum, und wenn doch, dann waren sie demoliert. In so manchem der Flure roch es nach Kellermuff.

Um einen Rest an aufrechtem Gang war Horst bemüht, als er die Hochtrabenden in die Wohnung ließ. Susanne wollte selbst ermitteln, so als wäre sie bei der Kripo. Frauen wie sie, dachte Horst, müssten mit einem Warnhinweis versehen sein: Ehrgeiz gefährdet Ihr Leben. Und jetzt saß er mit einer ihre Rolle gefährlich weit auslegenden Polizeibeamtin und seinem ehemals besten Freund an Ernas Küchentisch, um einen Jugendlichen zu bearbeiten.

»Du musst es uns sagen«, bat Susanne, »sonst können diese Männer ewig so weitermachen. Du bist längst strafmündig. Bei dem, was die dir alles aufzwingen, kannst du deinen Schulabschluss vergessen und landest im Jugendarrest.«

Erna und Horst schliefen mit Peter meist im hinteren Raum, damit Ottes das Wohnzimmer nachts für sich allein hatte. Weil Horst vorn die Tür ausgehängt hatte, war der Blick zwischen Küche und Wohnzimmer frei. Erna saß mit Peter vor der Glotze und tat so, als ginge sie das alles nichts an. Horst stand mit einer Flasche Bier am Küchenfenster. Es stank nach Linsensuppe. Auf der Spüle stapelte sich das Geschirr. Schmutz klebte auf den Dielen und Decken, auch in den Nischen zwischen Gasherd, Kühlschrank und Sitzbank.

»Ottes«, sagte Willy, »du steckst in der Sackgasse, das ist doch klar. Wenn du das Maul aufmachst, droht dir Ärger mit den Verbrechern. Wenn du die Klappe hältst, kann die Polizei dich hinter Schloss und Riegel bringen. Du musst dir 'nen Ruck geben. Wir sind nicht deine Feinde. Und wenn Susanne dir Schutz verspricht, dann ist das auch genauso gemeint. Die Bullen sind nicht die Mafia.«

Im Kopf des Jungen tat sich was, er war unruhig wie ein Haufen Herbstlaub, unter dem etwas kriecht.

»Lass uns die Sache noch mal durchgehen«, sagte sie und breitete vor sich auf dem nackten Tisch mehrere Fotos aus. »Das sind die drei Männer, die meine Kollegen und ich letzte Woche aus der Goldmine geholt haben. Hast du die schon mal gesehen? Und weißt du, was die von deinem Vater wollten?«

»Sieh hin, verdammt!«, brüllte Willy, der wie von einem Trotzanfall gepackt die Faust auf den Tisch schlug. Was Horst umgehend aus seinem Dämmer riss: »Willy, so redest du mir nicht mit dem Bub, so nicht! Reiß dich zusammen, sonst schmeiß ich euch raus, und zwar achtkantig. Und was die emsige Frau Beamtin macht, meld ich sofort bei ihren Vorgesetzten.«

Susanne legte ihre Hand auf Willys Faust. Ottes saß noch immer starr wie Beton da, aber sein Blick sauste hin und her und auf und ab wie ein Suchscheinwerfer. Nach einem Moment der Stille nickte er.

»Heißt das, du kennst sie?«, fragte Susanne. Ottes nickte wieder. Bedächtig. Nicht ohne Kontrollblick zu seinem Vater.

»Die arbeiten für ihn«, sagte Ottes.

Susanne sprach in zuckrigem Ton weiter: »Für wen? Du musst es sagen, sonst ist dein Mut wertlos. Also? Für wen arbeiten diese Männer?«

»Den Kerl, für den ich das Hasch verticke«, sagte Ottes. »Ich hab die Typen schon gesehen, wenn ich Stoff dort geholt oder Geld abgeliefert hab.«

»Bist du sicher? Ganz sicher?«, fragte Susanne.

Vorsichtig nickte Ottes.

»Das ist sehr wichtig. Wenn du das bei den Kollegen auf der Wache bestätigst, können wir diese Leute hochnehmen, und du hast nichts zu befürchten. Hast du eine Idee, warum die vorige Woche in der Goldmine waren?«

Ottes schüttelte den Kopf.

»Geld«, sagte Horst. »Es geht doch immer bloß ums Geld.«

»Hör bitte auf, Horst. Wir müssen das von deinem Jungen hören«, sagte Susanne, doch Willy war schon aufgesprungen: »Hast du den Verstand verloren? Wie kannst du solche Gangster prellen? Wenn's dabei nur um dich ginge. Aber weißt du wirklich nicht, in was für eine Lage du dein Kind gebracht hast?«

»Spiel dich nicht auf, als wärst du was Besseres, Willy. Komm du mal in meine Lage, dann merkst du, wie sehr man da bei Verstand sein muss.«

Keine Woche war es her, da waren die Widerlinge in der Goldmine aufgetaucht. Den Tresen hatten sie schon abgeräumt mit ihren Baseballschlägern, da war Horst noch gerade eben die Flucht zum Klo gelungen. Ottes hatte ihn tags zuvor gewarnt, dass da was passieren könne, weil der Fünfzigmarkschein, den Horst sich ungefragt hatte leihen müssen, ausgerechnet an jenem Tag fällig geworden war. Er mochte ihn verraten haben, der feige Junge, aber integer war er, das musste Horst ihm lassen, der kleine Wink hatte Ottes die eigentlich verdiente Tracht Prügel erspart gehabt. Und wie die Kerls an der Toilettentür zu rütteln begannen, waren die Bullen auch schon da gewesen. Horst hatte seinen Augen kaum getraut: Susanne als Boss des Bullentrupps im Schankraum! Mit Knüppeln hatten ihre Männer auf die Kerle einzudreschen begonnen und sie in null Komma nichts aus der Wirtschaft befördert. Wie ein Spezialkommando war ihm das vorgekommen. Susanne hatte die Personalien der Anwesenden eingesammelt, laut Protokoll war alles bloß eine Kneipenschlägerei, wie sie sich jede Woche irgendwo in der Stadt zutrug. Nach Tatmotiven fragte in solchen Fällen schon lange keiner mehr. Nur Susanne, die hatte was geahnt, das war Horst schon an jenem Abend klar gewesen.

Auf eigene Faust außerhalb der Dienstzeit die Wahrheit herauszufinden, das spornte sie offenbar auch jetzt an. Die hätte man mal auf die RAFler ansetzen sollen, dann hätte die Meinhof sich nicht so davonstehlen können. Wenn Horst was an seinem neuen Leben lag, durfte er es sich mit Susanne nicht verscherzen. Sie schärfte ihm ein, dem Jungen nichts zu tun, wenn sie mit Willy gleich fort sei. Ottes werde morgen eingeladen ins Präsidium, wo sie anwesend sein und den Jungen untersuchen werde. Sie würde sich nicht scheuen, sagte Susanne, Horst vor den Augen seiner Familie oder seiner Saufbrüder Handschellen anzulegen.

Donnerwetter, dachte Horst, was hat der Willy sich für 'ne Frau geangelt. Und laut und vielleicht ein bisschen zu süßlich sagte er, dass er seine Lektion gelernt habe. Wofür sollte all das sonst nutze sein, wenn nicht dafür, von nun an ein anständiges Leben zu führen?

5

Ihm doch egal, dass alle ihn sehen konnten. Es war eine ehrenwerte Arbeit, da brauchte er sich doch nicht schämen für. Kleines, aber ehrlich verdientes Geld. Wenn ihn nur nicht alle anstarren würden wie einen lahmen Gaul auf dem Pferdemarkt. Der Platz vor der Stiftskirche sei ideal für den Zeitungsstand, hatte der Chef ihm weisgemacht. Hier stand das eine oder andere im Krieg nicht zerstörte Gebäude, das Spinnrädl nebenan war das letzte erhaltene Fachwerkhaus der Stadt. Nach Feierabend nähmen sich die Leute an so einem schönen Ort gern die Zeit, ihre Abendlektüre auszuwählen, allein von der *Bild*-Zeitung und der *Rheinpfalz* am Morgen könne doch keiner leben. Und rufen solle er, kräftig anpreisen, den Lesestoff. Vormachen musste Horst das wie ein Affe im Zirkus, und sobald der Chef außer Hörweite gewesen war, hatte Horst das Gebrüll eingestellt. Er war kein Marktschreier. Entweder die Leute lesen, dachte er, oder sie lesen nicht. Er selbst kam ja auch kaum dazu, weil er immerzu rechnen musste.

Die Langeweile vertrieb Horst sich, indem er die Passanten taxierte und mit sich selbst wettete, wer sich für welche Zeitung oder welches Heft interessieren würde. Da blieb dieser Kerl stehen in einem viel zu großen Anzug, mit verrutschter Krawatte und Schlapphut, und schob eine Schnute, als hätte er gerade in eine Zitrone gebissen. Offenbar suchte der nach was Bestimmtem, und als Horst ihm die *Welt* aushändigte, entspannte sich seine Miene, er zahlte artig und verschwand. Nicht sein erster Volltreffer. Auch nicht der letzte. Ein Kerl in grün glänzendem Anzug, in dem er aussah wie eine Scheißhausfliege, bekam den neuen *Stern*, dafür hatte es einen kurzen Wortwechsel gebraucht, aber dass es Richtung Illustrierte gehen würde, war von vornherein klar gewesen. Zwei turtelnde FDJler waren darauf abgebildet, die Titelgeschichte hieß »Unser Nachbar Deutschland. Wie sich das tägliche Leben im anderen Deutschland abspielt«. Daneben eine weitere Schlagzeile: »So starb Ulrike Meinhof in ihrer Zelle«. Das, dachte Horst, war genau die richtige Mischung für so 'nen verkappten Schwulen, der auf Dandy machte.

Jetzt, wo er seinen ersten *Stern* des Tages verkauft hatte, musste er glatt selbst mal drin blättern.

»Rotfront, mein Guter«, rief eine Frauenstimme. »Brauchste gar nicht lesen, das Abfallblatt. Die Ulrike hat sich nicht selbst gerichtet, das war Staatsmord.« Er nahm das Heft runter und blickte in das frohe Faltengesicht der Mutter seines besten Freundes.

»Mensch, Hulda, was für 'ne Überraschung!«

»Mein Bub hat mir verraten, dass du jetzt hier arbeitest. Das wollte ich mir gleich mal ansehen. Gut schaust du aus. Was so eine sinnvolle Arbeit doch aus einem Gebeutelten machen kann.«

»Ach, hör mir auf, Hulda. Ich gehör auf den Bau oder zu den Packern. Muss meine Muckis nutzen, sonst schlaff ich ab und werd zum Greis. Das brauch ich noch nicht mit meinen dreiundvierzig Jahren.«

»Immerhin biste an der frischen Luft. Sieht man dir an. Guten Teint haste, Horst, guten Teint!«

»Ändert nix dran, dass ich hier falsch bin. Das ist, als würde man Hans Rosenthal zum Gewichtheber machen.«

»Nun mach mal halblang, Junge. Du hast hier das ganze Spektrum der bürgerlichen Presse bei dir.«

»Nicht nur das, gute Frau«, sagte Horst und nahm eine Zeitung von der Klammer, für die sich in seinen sieben Tagen am Stand noch keiner interessiert hatte.

»Nä, Horst, das glaub ich jetzt nicht! Die *UZ* an 'nem Zeitungsstand in meiner Stadt. Dass ich das noch erleben darf auf meine alten Tage.«

Sie hielt das DKP-Blatt in beiden Händen, als handele es sich um ein heiliges Schriftstück.

»Als Parteimitglied hab ich mein Exemplar natürlich schon daheim. Aber ich nehm sie trotzdem noch mal mit. Damit dein Chef nicht zu schnell in Versuchung gerät, sie aus dem Sortiment zu nehmen, gell?«

Klimpernd fiel das Kleingeld in die Kasse, da geriet Hulda in Fahrt, und Horst wurde klar, dass der Kelch auch heute nicht an ihm vorübergehen würde. Sie zeigte auf die *Bild*-Zeitung vom heutigen einundzwanzigsten Mai, auf der in großen Lettern zu lesen war: »Wernher von Braun: jetzt auch noch Darmkrebs!«

»Man soll Menschen nix Schlechtes wünschen, aber die Nazisau hat's verdient, was? Widerliche Faschistenbrut, die noch immer im Staatsapparat nistet.«

»Hulda, sei mir nicht böse, aber ich muss noch mein Feierabendgeschäft zu Ende kriegen. Wenn du jetzt zu diskutieren anfängst, bleibt die Kundschaft fort.«

»Na, du bist mir ein schöner Prolet.«

Horst stattete mehrere Büromenschen nacheinander mit dem *Abendblatt* aus, Hulda stand beleidigt daneben.

»Schön«, sagte er, »sprich dich aus. Ich hör dir zu.«

»Ich will aber nicht, dass du mir bloß zuhörst. Das haben die Deutschen lang genug gemacht. Die haben so viel zugehört, dass die Nazis ungehindert Menschen ins Gas schicken konnten. Mach dein Maul auf, sag deine Meinung!«

»Hulda, das bringt doch alles nichts. Und gefährlich ist es auch, vor allem jetzt.«

»Was muss denn passieren, damit du wieder reden kannst, Horst?«

»Politik ist nicht meins, Hulda. Ich hab das den anderen überlassen, als ich gewählt hab. Frag mal deinen Willy, der geht nicht mal wählen! Und wir haben ja Parteien, und ich gehe eigentlich immer noch davon aus, dass in diesen Parteien, von denen ich eine gewählt habe, die Vernunft sich breitmacht.«

»Als vor ein paar Jahren dieser Polizist hier bei uns in der Bayerischen Bank erschossen wurde, da hast du gesagt, du möchtest gern, dass für jeden, der da erschossen wird, ein RAF-Terrorist in Stammheim erschossen wird.«

»Ja, öffentlich.«

»Und das ist vernünftig?«

»Nä, das ist nicht vernünftig. Es war ja auch nicht vernünftig, den Bullen zu erschießen. Wenn Willy das gewesen wäre, wie hättest du das gefunden?«

»Also Auge um Auge, Zahn um Zahn?«

»Nicht Auge um Auge, Zahn um Zahn. Aber in einer solchen Situation, da kannst du einfach nicht mit Vernunft kommen.«

»Aber eine richtige Demokratie, also nicht so was Scheinheiliges wie hier in der BRD, das ist doch die menschlichste Staatsform oder nicht?«

»Hulda, sie ist das kleinste Übel. Und im Augenblick wirklich ein Übel.«

»Die Demokratie?«

»Ja. Dann lieber einer, der das Sagen hat und für Ordnung sorgt.«

»Ausgerechnet von dir«, sagte Hulda. »Schämen solltest du dich, vor deinen Eltern vor allem, denk doch mal an die, bevor du so was daherredest!«

Sie lief davon, Horst blieb zurück. Sein Blick fiel auf einen, der seit gut zehn Minuten die *Süddeutsche* studierte und dabei grinste.

»Nun haste aber genug geschnorrt, was?«

»Wieso?«

»Soll ich dir vielleicht noch 'nen Stuhl geben, damit du bequem lesen kannst?«

»Ich verstehe nicht ganz.«

»Entweder du kaufst das Blatt, oder du haust ab, ich bin keine Bücherei.«

»Ich seh mich bloß um.«

»Zieh ab, lass dir mal die Stiefel putzen, du pennst wahrscheinlich in der Unterführung, so Kerle wie dich kann ich hier nicht gebrauchen.«

Da baute der Typ sich vor Horst auf: »Noch so 'n Wort, und du pennst im Krankenhaus.«

Und schon war es passiert. Ihm war die Hand ausgerutscht. Drei Fausthiebe hatten gereicht, um den Widerling umzunieten. Eine Passantentraube bildete sich, der Schutzmann kam vom Stiftsplatz herübergeeilt, der Chef wurde hinzutelefoniert. Horst hatte eine Anzeige am Hals und war seine Anstellung los.

Noch auf dem Weg fort vom Zeitungsstand blieb er in der Karl-Marx-Straße vor der Roulettenburg stehen. Es war dunkel geworden, beinahe Nacht, und Nacht, das war die Zeit, in der die Sonne fehlte. Da zog ihn das Licht der Spielbank an wie ein Magnet das Eisen. Horst nahm sein Portemonnaie heraus, kam auf zweihundertsechsundachtzig Mark dreiundneunzig und beschloss, aus dem Gesparten mit einem Schlag das Doppelte zu machen.

SECHSTES KAPITEL

Wer im Stich lässt seinesgleichen

1

Ein Mann stürmte die Eisenbahnstraße entlang. Während des Laufens schoss er wütende, schiefe Blicke nach den Schaufenstern und Läden, die hier dicht an dicht lagen. Der Mann trug einen alten schwarzen Rockpaletot, blank gescheuert, und eine Batschkapp. Wenn die Eisenbahnstraße auch als Broadway von Kaiserslautern galt, lang war sie jedenfalls nicht. Nach nicht einmal zwei Minuten war der Mann am letzten Haus angelangt. Er spuckte kräftig aus, bog in die Karl-Marx-Straße ab und verschwand in der Roulettenburg.

Wenn Horst wüsste, wer ihn da vom Dach des Topeka-Kaufhauses beobachtet hatte. Spielsucht war Willy fremd, so wie jede Sucht. Von heute auf morgen hätte er das Saufen aufgeben können, ganz zu schweigen vom Rauchen, er müsste es bloß wollen. Immer war er sein eigener Herr gewesen, nun war er zum ersten Mal im Leben fremdbestimmt. Was paradox war, denn schließlich war er seit knapp zwei Jahren endlich Polier, kurz nach der Fußballweltmeisterschaft vierundsiebzig hatte der Habbelrath ihn befördert, zum ersten Mal im Leben hatte Willy also eine Funktion im Betrieb, und ausgerechnet die nahm ihm die Freiheit. Zügel anziehen, das wollte der Habbelrath. Was leicht gesagt war von einem, den die Last der Verantwortung nicht erdrückte. Bloß weil er nun Polier war, wollte Willy sich die Kollegialität nicht austreiben lassen. Auch nicht vom Oberboss. Beinah anderthalb Jahre hatte Willy es schon geschafft, dass ihm keine Planstelle gestrichen worden war, wenn es auch Neueinstellungen nicht geben konnte bei der Wirtschaftslage, was Arbeitsverdichtung zur Folge gehabt hatte, doch die Männer mochten ihren Willy noch wie früher, womöglich sogar mehr als früher, weil er besser als sein Vorgänger den Dampf abfing, den der Habbelrath abließ. Doch lang konnte das nicht mehr gut gehen. Es war Mitte Juni, die Zeit drängte.

Willy warf noch einen Blick hinüber zur Roulettenburg, in der Horst wieder sein Geld verzocken oder es ausnahmsweise doch mal vermehren würde. Insgeheim, das musste er sich eingestehen, zumal in seiner momentanen Lage, empfand Willy eine tiefe Bewunderung für seinen Freund. Was konnte Horst für ein Dreckskerl sein, aber Mut hatte er, und zwar einen Mut, der Willy in seiner ewigen Suche nach dem anständigsten aller Wege wohl für den Rest seiner Tage fehlen würde. Es sei denn, ein Anlass würde ihn verführen, oder besser gesagt: zwingen, doch darauf wollte er es nicht ankommen lassen. Natürlich kannte auch Willy diese Gelüste, wenn ein schlecht gesicherter Geldtransporter vor der Bank hielt oder ein naiver Tankstellenbesitzer mitten in der Nacht unbedarft seine Kasse öffnete. Zugreifen, abgreifen, nein: eingreifen in den Lauf der Zeit, diese ungerechte Welt mit ungerechten Mitteln um ein Quäntchen gerechter machen, danach sehnte sogar Willy sich oft genug, doch schossen ihm dann die Konsequenzen durch den Kopf, er sah sich im Knast, besucht von seinen fassungslos dreinblickenden Töchtern, und was die Spirale der Unmoral in einem Menschen anrichtete, der einmal dort hineingeraten war, das konnte Willy doch an seinem besten Freund studieren, Himmelnocheins.

Er machte eine wegwerfende Handbewegung, so als wollte er die bösen Gedanken vertreiben. Auf der Baustelle mussten sie vorankommen, der Zeitplan war wieder mal eng wie ein Karnickelbau, eine falsche Bewegung reichte, und alles würde einstürzen. Am Ende verlöre die Firma den Auftrag. Wer noch nicht wusste, wie anzupacken war, der hatte den Schuss nicht gehört, und es war Willys Aufgabe, das reinzukriegen in die Hirnkästen dieser Laumänner. Er stand auf dem Kaufhausdach, mehr als zwanzig Meter über der Erde, ihn ärgerten die Lehrbuben mit ihrer laxen Einstellung. Entweder hörten die Willy nicht richtig zu, oder sie waren einfach dumm. Er wusste gar nicht, was er schlimmer fände. Ohne Sattelholz und Stützbalken mussten die Dachsparren beim Übergang zur Mutterkrone verstärkt werden, sonst bestünde höchste Gefahr, das hatte er ihnen mehrmals gesagt, und nun hatte er es doch wieder selbst erledigen müssen. Für den Mist machte er Überstunden und riskierte den dicksten Krach mit Susanne. Um den Ärger loszuwerden, ehe es zum eigentlich schweren Termin des Tages kommen sollte, genehmigte sich Willy noch eine Marlboro und genoss die Aussicht. Was war er schon so früh am Tage hungrig aufs Dunkelwerden. Und was verabscheute er diesen verdammten Juni, dem wahre Finsternis so fremd war wie dem Papst die Wollust.

Die Eisenbahnstraße galt als lautester Boulevard der Stadt, das Topeka-Kaufhaus war Anziehungspunkt für jeden, der sein Geld irgendwo hintragen musste. Hier gab es alles, was man zum Leben brauchte. Und was man so gar nicht brauchte. Willy staunte, was die Geschäfte sich einfallen ließen, um die Leute anzulocken. Ständig sollte man sich neue Fernseher, Küchenmixer, Tonbandgeräte, Telefonapparate oder Plattenspieler anschaffen. Und wenn Karstadt erst fertig war drüben am Fackelrondell, dann würde es noch schlimmer werden. Die erfanden Wünsche, von denen vorher niemand was wusste. Hier, bitte, Farbfernseher. Dabei sahen die alten Western in Schwarz-Weiß doch viel besser aus. Wenn Willy was Realistisches haben wollte, dann ging er in die Goldmine, dort war das Elend der Welt auf wenige Quadratmeter geschrumpft, garantiert in Farbe.

Seit Jahren hatte Willy sich nichts zum Anziehen gekauft. Ab und zu mal einen Westernroman, dann und wann eine Langspielplatte, das war's. Kein Pipifax. Er wusste, dass er die eigene Genügsamkeit nicht auf andere übertragen sollte. Wie gern würde er Hulda eine größere Wohnung finanzieren, behindertengerecht, das könnte sie vorm Heim bewahren, wenn sie klappriger wurde. Oder Mira und Juli, was hausten die immer noch in diesem Drecksloch, die erfuhren doch in der Schule, was die anderen in der Klasse sich leisten konnten, da fuhren die Väter ihre VW Käfer, die Mütter hatten ihre Waschmaschine, da standen sogar Duschen in den Wohnküchen. Alles in allem war Willys Lohn als Polier zum Leben zu wenig und zum Sterben zu viel.

Ob er nicht mal in Urlaub fahren wolle, hatte ihn letztens seine Mutter gefragt. Urlaub! Willy ließ sich seinen Urlaub jedes Jahr auszahlen. Viel war es nicht, aber für ein paar Tage an der Nordsee hätte es wohl gereicht. Das Geld gab er Hulda und Juli und Mira, die es hier ausgaben, bei Topeka, wo man sich dank der Kauffreude der Lauterer den Umbau leisten konnte. Und so profitierte letztlich auch Willy davon, dessen Firma den Auftrag bekommen hatte, was natürlich darauf zurückzuführen war, dass hier fleißige Leute am Werk waren, Zimmerer wie Willy, die nicht auf der faulen Haut lagen.

Eigentlich machten sie um halb, Viertel vor zwölf Mittag, und um Punkt zwölf, wenn die Glocken der Stiftskirche läuteten, arbeiteten sie weiter. Als diesmal die Glocken läuteten, saßen Willy und seine Männer immer noch mit den Gastarbeitern zusammen, die tranken Rotwein aus Pappbechern, weiß der Teufel, wo sie den wieder herhatten. Jedenfalls reichten sie das Gesöff rum, und Willy nahm einen Schluck. Die Gastarbeiter, Mannomann, was konnten die anpacken, fleißig und stark waren sie, da konnten die deutschen Lehrlinge sich was abgucken, aber die meisten konnten halt auch kaum Deutsch, mit denen musste man sich mit Händen und Füßen verständigen, da kam es zu Schnitzern.

Warum stellte man ihm hier Leute hin, die sich nicht vernünftig ausdrücken konnten? Am Ende mochte es mal wieder am Geld liegen, woran auch sonst, die Kerle verdienten noch immer viel weniger als die Deutschen, deshalb tranken sie billigen Rotwein während der Arbeitszeit, weil sie wussten, dass der Chef sie nie und nimmer rauswerfen würde, zu gute Arbeit für zu wenig Zaster. Wenn Willy es sich so überlegte, auf die Gastarbeiter ließ er dann doch nix kommen. Zumal ihm einer wie Ömer fehlte, der war ein Streber vor dem Herrn, und wahrscheinlich war er darum letztes Jahr zu Opel ans Fließband gewechselt, der Habbelrath wusste einfach nicht, wie man die Guten bei der Stange hielt.

Wobei Willy die Klappe nicht gern aufriss, weil er da selbst kein Experte drin war. Rosis plötzliche Kontaktabbrüche. Susanne und Rosi, die bis heute nicht ein Wort gewechselt hatten. Seine Mädchen, die er so selten sah. All das sprach nicht für Willy, da machte er sich nichts vor. Heute Abend wollte er die Sache klären, er musste es tun, sonst wäre er am Ende seine Kinder los.

Auf dem Fußweg zur Talstraße sprangen die Straßenlaternen an, obwohl es noch nicht einmal dämmerte. Für einen Abstecher bog Willy in die Berliner Straße ein, er hielt Ausschau nach Horst, der um diese Zeit meist schon in der Goldmine war, aber eben nicht immer. Willy hätte eine Ladung von Horsts Galligkeit gebrauchen können, aber da war kein Horst, also machte Willy sich wieder auf den Trab. Er hatte die Berliner Straße gerade hinter sich gelassen, da kamen aus einem holunderbeblühten Busch seltsame Geräusche. Willy schlich sich heran, zog die Sträucher auseinander und traute seinen Augen nicht.

Mira, verdammt noch mal, entfuhr es Willy, sie war doch erst, und da musste er wirklich nachdenken, zwölf oder dreizehn, wohl eher dreizehn, aber das war doch kein Alter für so was. Und Ottes, der mit seinen sechzehn vor Gericht gehörte für diesen Schweinkram, war nicht mehr nur auf dem Schopf rot. Willy erhob die Hand, und hätte Mira sich ihm nicht entgegengeworfen, er hätte ihn geschlagen. Ottes lief davon, Mira sah Willy flehend an. In der Hemdtasche fand er seine letzte Marlboro. Ganz zerdrückt war die. Er strich das Stäbchen glatt und sog den Rauch in die Lunge. Was für ein Wunderding so eine Zigarette doch sein kann, dachte er, gibt Kraft wie ein Schweinebraten, doch jetzt ab zu Rosi.

Im Hausflur wurde Willy von Prinz empfangen. Wenn dieses Tier hinter der Tür lauerte, bellte und dann erst der Schwanz und schließlich der ganze Hundekörper wackelte, dann vergaß Willy jeden Baustellenschmerz. Wahrscheinlich mochte Prinz, was Willy ausschwitzte, so wie er die Klamotten beschnüffelte.

Er hatte Rosi noch gar nicht richtig begrüßt, da wusste er schon, dass sie nicht nüchtern war. Zum Kuchenbacken fand sie nur dann die Kraft, wenn sie ordentlich getankt hatte. Ihre Kuchen und Torten konnten groteske Dimensionen annehmen, denn sie lieferte sich gnadenlos den gerade verfügbaren Zutaten aus. In ihrer kleinen Kiste mit der Aufschrift »Fottfinger weg!« hatte sie Eier, Mehl, Zucker und Backpulver deponiert. Alles andere sollte sich spontan ergeben. Heute, das roch er, stand Willys Lieblingskreation bereit, der gute Wille hing als Duft von Schokolade-Orangen-Torte im Raum, als Willy und Mira die Küche betraten.

Er fühlte sich hier noch so zu Hause wie vor drei Jahren, was auch daran lag, dass Rosi rein optisch nichts verändert hatte. Ein Tortenstück nach dem anderen landete in seinem Magen, und Rosi füllte sein Schoppenglas aufmerksam nach. Wie hatte die bloß eine ganze Kiste Pilsner nach Hause geschleppt?

»Hat's gemundet?«, fragte sie.

Schmatzend rieb Willy sich den Bauch.

»Dann können wir zum offiziellen Teil übergehen«, sagte sie.

»Ach so, ja, äh …«, stotterte Willy, »weißt du, darüber wollte ich heute noch mit dir reden, weil es ist nämlich so …«

Rosi roch die Lunte, so wie ihre Miene versteinerte. Sie sah Willy an, als wäre er eine Made im Fleisch. Dann stand sie auf, trat zurück und stützte die Hände auf dem Küchenschrank ab. Der weiße Esszimmertisch stand zwischen ihnen wie ein reißender Fluss.

»Fang nicht so an, Willy«, sagte sie und zündete sich eine Zigarette an.

»Ich sag ja nur, die Susanne hat mir das geraten, und irgendwo hat sie ja auch recht …«

»Wag es nicht, mir mit deiner Tussi zu kommen.«

»Aber die Mädchen, die sind in so 'nem Alter jetzt, da darf ich doch ab und zu mal fragen können, was mit dem Geld, also dass es auch wirklich für ihre Bedürfnisse … das ist doch auch meine Pflicht als Vater, oder meinst du nicht?«

Rosi setzte sich in Bewegung, ging auf und ab. Willy suchte einen Halt für seinen Blick und fand die Spüle neben dem Fenster. Da lag eine vergessene Kippe am Waschbeckenrand. Er nahm noch einen Schluck von seinem Bier und wusste nicht, ob ihm schwerer davon wurde oder leichter.

Rosi blieb stehen. Willy drehte sich auf dem Stuhl um, bereit zur Flucht, aber Rosis Stimme klang weich, als sie weitersprach: »Du hast mich mit der ganzen Arbeit daheim alleingelassen, jahrelang hast du mich vernachlässigt, dann sogar betrogen, mich irgendwann verlassen und seitdem nur noch gedemütigt. Ich serviere dir deine Lieblingstorte, behandle dich wie einen Freund, und du kommst mir so?«

Ihre rechte Hand stützte den linken Ellbogen, in der linken Hand thronte eine schlanke Davidoff. Ihre Stimme wurde brüchig: »Es ist Mitte des Monats. Leg uns unser Geld hin. Und dann geh, lass dich vor der nächsten Monatsmitte nicht mehr blicken.«

Willy erhob den Zeigefinger und bewegte die Lippen lautlos. Dann nahm er ein Briefkuvert aus der Tasche und warf es auf den Tisch.

2

Horst befand sich wieder in einer seiner Diskussionen mit Helga, sodass Willys Ankunft zunächst nur von Luis, dem Stinker, bemerkt wurde, den sie hier alle notorisch unterschätzten, aber da war Willy wacher als der Rest. Er hielt Luis für die ärmste Sau von allen. Fremdarbeiterkind, die Eltern hatten sich totgeschuftet im Dritten Reich, zu dem die Amis allerlei Schmu verbreitet hatten nach der Kapitulation, wie Willy fand, zum Beispiel das mit den sechs Millionen Juden, das war doch aus der Luft gegriffen, ein Drittel könnte es gewesen sein, maximal, aber egal, so machte man das eben als Sieger, nur sollten die Deutschen das seiner Meinung nach nicht alles für bare Münze nehmen und nicht vergessen, dass damals immerhin noch jede deutsche Frau ohne Angst auf die Straße gehen konnte. Das bestritt Hulda bis heute, aber einer Kommunistin war die Wahrheit egal, so wie ihr damals ihr Proletariat wichtiger war als der eigene Sohn, da blieb ihm doch gar keine andere Wahl, als zur HJ zu gehen, und Willy wartete noch immer auf den Tag, an dem Hulda es eingestand, immerhin das. Stattdessen verbreitete sie ihre sowjetische Propaganda über Vernichtungslager und so weiter. Klar gab es die, das bestritt Willy nicht, aber es waren Ausnahmen. Was es flächendeckend gab, waren Arbeitslager, und in einem solchen war Luis durchgerutscht bis fünfundvierzig, als Steppke hatte er Patronenhülsen mit Schießpulver befüllt, unter widrigen Bedingungen, die Arbeitstische sollen nicht gesichert gewesen sein, sodass sie alle Angst gehabt hätten vor schweren Unfällen, und Luis war solch ein schwerer Unfall passiert.

Viel war ihm dazu nicht zu entlocken gewesen, als Willy nachgefragt hatte, aber immerhin verwies er manchmal auf sein Glasauge und die Narben im Gesicht. Dann noch das Hinken, mehrere Schrapnelle einer Bombe sollen sich tief ins Fleisch seiner Beine gegraben haben. Nach dem Krieg war er ein Wrack gewesen, hatte Seelenklempner um Seelenklempner verschlissen, ehe man ein Einsehen hatte und den armen Kerl in Ruhe vergessen ließ in seiner geliebten Goldmine.

Jedes Mitteilungsbedürfnis war ihm fremd. Körperkontakt erst recht, aber für Willy hatte Luis, der Stinker, dennoch eine Umarmung übrig.

»Ludwik«, rief Willy, er und Helga waren die Einzigen, die ihn bei seinem richtigen Namen riefen, »hast du dich mal wieder auf dem Stasisitz versteckt, wo dich keiner sehen kann, aber du alle siehst, alter Schlawiner«, und Luis, der Stinker, zeigte lächelnd sein Zahnraffel. Den Schoppen bekam Willy wortlos wie immer zugeschoben, und erst da fiel ihm auf, dass Horst seinen Ottes dabeihatte. Vor jedem der beiden stand ein Bier. Ottes saß wie ein geprügelter Hund auf Willys Stammplatz.

Helga, die auf Wunsch irgendwelcher Neugäste amerikanischen Scheißdreck wie Suzie Quatro und The Sweet laufen ließ, kümmerte sich inzwischen um anderes. Hinten saßen ein paar Losbudenverkäufer von der Kerwe und tranken erhebliche Mengen Asbach Cola.

»Mich interessiert doch nur«, sagte der S-Bahn-Dirk, »ob du schon mal davon gehört hast. Musst ja nicht immer gleich ausflippen, wenn man dich was fragt.«

»Dann sag's halt noch mal, du lallst wie im Fieber«, sagte Horst.

»Kol-lek-tiv-ego-zentrik«, sagte der S-Bahn-Dirk, »ganz einfach. Hab ich im Radio von gehört. Da haben sich ein Mann und eine Frau im rheinischen Dialekt drüber unterhalten. Also?«

»Klingt wie was, das sich so ein Oberschlauer auf der Akademie ausgedacht hat.«

»Wissenschaft ist das. Also der wissenschaftliche Name

für ’ne Volkskrankheit, unter der wir leiden, wir Deutschen.«

»Mir tut nichts weh. Oder doch, das Kreuz. Ich glaub, ich hab ’nen Bandscheibenvorfall.«

Der S-Bahn-Dirk sah bedröppelt in sein Schaggadulliglas und rief: »Nä, nicht so. So was doch nicht. Das is was andres als Bandscheibenvorfall. Eher so was wie: Wir sind alle bekloppt in der Birne, weil wir nicht darauf klarkommen, dass wir den Krieg verloren haben. Der achte Mai als nationales Trauma. Hier, frag mal deinen Ottes. Der lernt das doch in der Schule.«

»Frag ihn doch selber.«

Der S-Bahn-Dirk fing an zu kichern. »Na, dein Alter is unleidlich heut Abend, was?«, sagte er. »Aber das würd ich wirklich gern wissen: Lernt ihr was über den Krieg in der Schule? In was für ’ner Klasse bist du eigentlich? Siebte oder achte?«

»In der neunten«, sagte Ottes. Horst schlug ihm die flache Hand auf den Hinterkopf und brüllte: »Guck die Leute an, wenn sie mit dir reden. Bisschen Anstand im Lokal.«

Eigentlich wollte Willy schweigen. Aber es half ja nichts: »Mensch, Horst, lass doch den Kleinen. Musst dem nicht wegen jeder Läpperei eine scheuern.«

Horst stellte seinen Schoppen ab, stand auf und zog sein Hemd zurecht: »Auch du, Willy? Ich bin von Feinden umzingelt heute. Wie ich mein Kind erzieh, ist doch wohl meine Sache. Was geht euch das an?«

»Beruhig dich, Horst«, rief Willy.

»Ist doch wahr, Willy. Muss ich mir hier Vorträge anhören, was für Krankheiten unser Volk hat wegen dem Krieg? Und dann kommst du an und stellst mich vor meinem Jungen bloß. Du hast bloß Mädchen. Dir kann’s egal sein, dass die Bonzen die Schläge mit dem Rohrstock in der Schule verboten haben. Da muss ich als alleinstehender Vater nachholen, wovor sich Vater Staat drückt.«

»Ich hab doch nur gemeint …«

»Alle meinen immer nur! Lasst mich in Frieden, Saukerle.«

Draußen fauchte der Nachtwind gegen die Fensterscheiben, aber die Gardinen bewegten sich nicht. Helga klopfte mit dem Knöchel zwei Mal auf den Tresen und riet Horst, sich ein Bierchen zu gönnen, dann käme er runter von seinem Trip.

»Dann noch mal von vorn«, sagte der S-Bahn-Dirk, »erzähl uns, was sie euch in der Schule beibringen.«

Horst übernahm für den Jungen, der die Zähne nicht auseinanderbekam: »Ich kann dir sagen, was die den Kindern heute für dummes Zeug beibringen. Wird von Jahr zu Jahr abenteuerlicher, was diese Cordjackenträger sich ausdenken. Reden vom Krieg wie der Blinde von der Farbe. Und du« – er deutete auf den S-Bahn-Dirk –, »du redest vom achten Mai als Trauma. Wenn die Amis und die Franzosen uns nicht befreit hätten, wärst du irgendwann auch ins Gas gegangen.«

»Was soll der Unsinn? Helga, sag doch auch mal was, verdammt!«, rief der S-Bahn-Dirk, doch Helga stand Gläser spülend hinterm Tresen. »Kein Volk hat sich je gefallen lassen, was sie uns Deutschen angetan haben seit fünfundvierzig. Weißt du nicht, was wir alles erobert haben damals? So viel hat nicht mal der Napoleon geschafft. Anstatt Schwachsinn zu labern von Befreiung, hättest du mal sagen sollen, wie stolz wir sein können auf unsere Wehrmacht. Und jetzt guck mal nach drüben. Im Osten lassen die Russen die Leute verhungern.«

Selten genug kam es vor, dass er einen Laut von sich

gab, aber jetzt fing Luis, der Stinker, an zu quieken wie eine angefahrene Katze. Ein Wort war ihm nicht zu entlocken, dafür war er schon zu besoffen. Seine Pausbacken glühten, er quiekte und wedelte mit einer Hand. Willy wollte ihn abhalten, doch der S-Bahn-Dirk stiefelte schon rüber zum Stasisitz, und wie er dort angekommen war und »Luis, mein Bester« sagte, fing er sich eine. Helga lachte wie eine Ziege. Willy verzog keine Miene. Er stand auf und wollte verduften, da fing Horst ihn mit offenen Armen ab. Er habe was mit ihm zu besprechen, Ottes werde er heimschicken, ob sie sich in 'ne ruhige Ecke zurückziehen könnten? Guter Witz, sagte Willy, der einen Spaziergang am Kotten vorschlug. Horst hatte nichts einzuwenden, was Willy erst überraschte und dann wieder nicht, denn Horst zog nach wenigen Metern ein Feldfläschchen aus der Innentasche seiner Jacke. Zwei Schlucke genügten, und schon fing er an zu jammern: »In der Berliner Straße bin ich gelandet, Willy. In der Berliner Straße! Da wär ich lieber wieder im Knast.«

Über den nachtschwarzen, nicht mehr als dreistöckigen Mietshäusern, zwischen denen Willy und Horst entlangliefen wie durch ein Spalier, stand der Mond. Der Tag hat Augen, die Nacht hat Ohren. Darum wollte Willy langsam gehen und leise sprechen. Von fern schrie ein Kind, der Wind blies, ein Baumstamm knarzte.

»Du hast deinen Bub wieder, der brav zu sein scheint. Eine Frau haste auch, Erna ist doch wirklich eine Gute, und dieser Zurückgebliebene ist auch noch da. Wie viel Sinn willste noch haben im Leben?«

»Ich weiß, wie du mir helfen kannst«, sagte Horst.

Willy sah ihn verständnislos an: »Geht nicht diesmal. Wenn ich dir noch mal Geld geb, steigt Susanne mir aufs Dach.«

»Eben darum«, sagte Horst, »du musst mir keinen Pfennig mehr geben. Mit so was hab ich abgeschlossen.«

»Ja, den Vogel haste abgeschossen.«

»Wen hab ich erschossen?«

»Vergiss es.«

»Da gab's doch mal diesen Maler, der hat sich dauernd versprochen.«

»Du meinst den Freud, der war Psychiater.«

»Hat der das erfunden mit der Kollektivegozentrik?«

Horst lachte, und diese Ausgelassenheit machte Willy nervös.

»Pass auf, Willy. Was muss geschehen, damit ich aus dem Asiviertel rauskomm? Richtig, ich muss Arbeit finden. Weil ich im Gefängnis war, nimmt mich keiner. Was brauch ich also, um die anderen auszustechen? Genau! Einen Vorteil. Ich muss an Geld kommen, damit ich mir ein Auto leisten kann. Danach muss irgendwer mich einstellen, weil ich dann flexibel bin, wie man heute so sagt.«

Willy hielt sich die Ohren zu. »Red nicht weiter«, flehte er, »ich will nichts damit zu tun haben. Ist ja nicht auszuhalten, wie wenig du dazulernst. Schon vergessen, dass sie dich für die Prügelei am Zeitungsstand schon wieder hätten einbuchten können?«

»Schon vergessen, wie egal mir das ist?«, rief Horst in die Nacht hinein. Er nahm noch einen Schluck aus dem Feldfläschchen. »Wenn ich Erna und Peter nicht aus der Berliner Straße raushole, dann setzt die Alte mich vor die Tür. So einfach ist das. Ich hab mehr Sorgen im Kreuz als du Fett auf den Rippen. Ich führ ein Leben auf der Kippe.«

»Hauptsache Kippe«, sagte Willy und steckte sich eine Marlboro an.

»Darum geht's doch, Willy!«

»Was?«

»Helga hat sich letztens endlich so einen Kippenautomaten in den Windfang gestellt.«

Willy hielt inne. Aber nicht weil er auf dem Schlauch stand, sondern weil er sofort wusste, worauf Horst hinauswollte. Und sich bei dem Gedanken ertappte, dass die Idee nicht schlecht war. Er räusperte sich und sagte: »Das meinst du nicht ernst.«

»Natürlich würd ich Helga keinen Pfennig stehlen. Hat mich doch bloß drauf gebracht. Geh mal mit offenen Augen durch die Stadt. Überall Automaten, nicht nur für Zigaretten. Getränke, Briefmarken, Kaugummis verticken die über diese Maschinen, sogar Grablichter und Pariser hab ich schon gesehen. Wir müssen nur zugreifen.«

»Nä«, sagte Willy. »Schlag dir das aus dem Kopf. Lass mich in Ruhe damit.«

»Denk nach, Willy! Wir müssen keinen verletzen, das ist dir doch immer so wichtig. Wir üben Gewalt gegen Sachen aus, das wird man ja wohl noch machen dürfen, so was tut keinem weh. Das Kleingeld ist leicht verdient, und niemand wird uns verdächtigen, weil wir das noch nie gemacht haben und es auch nie wieder tun werden. Wir teilen brüderlich. Halbe, halbe.«

»Du hast den Verstand verloren«, sagte Willy. »Schlag dir das aus dem Kopf, oder such dir einen anderen Trottel. Ich mach keine krummen Dinger.«

»Komm schon, alter Freund und Kupferstecher. Wen träfe es denn? Diese schwerreichen Tabak- und Getränkemagnaten. Denen tut das doch nicht weh.«

3

Die geplante Dachterrassentreppe des Topeka zog sich von der obersten Verkaufsebene über ein Zwischengeschoss bis zur Aufstiegsluke hin. Eigentlich gehörte da gar keine Dachterrassentreppe hin, sie mussten da was nachträglich für diesen Zweck zurechtschustern. Die Eigentümer wollten ein Kaffeehäuschen dort oben, so wie sie es aus amerikanischen Filmen kannten und wie sie es auch bei Karstadt vorhaben könnten. Also musste ein Zugang zum Dachgeschoss her, idiotensicher und belastbar. Da hieß es, millimetergenau zu arbeiten. Jeder Fehler konnte den Plan über den Haufen werfen. Und dann passierte genau das: Es war keine sieben Tage her, da war Willy aufgefallen, dass der Abschluss hinten und vorne nicht passte.

Habbelrath traute Willy erst mal nicht mehr über den Weg. Womöglich hatte er es schon bereut, ihn zum Polier ernannt zu haben. Bestimmt hatte er sich von Willys Vorgänger manipulieren lassen. Den hatte der Habbelrath damals zu seinem persönlichen Assistenten ernannt, weil ihm aufgegangen war, wie unfähig der Kerl war. Feuern konnte er ihn aber nicht wegen irgendwelcher Familienbande. Also hatte er vor zwei Jahren diesen Posten geschaffen und Willy bei minimal höherem Lohn zum neuen Polier gemacht.

Mit seinem Assistenten im Schlepptau stand Habbelrath an diesem hellblauen Montagmorgen Ende Juni den Leuten auf der Baustelle im Weg herum. Permanent stänkerte er, sprang auf der Etage umher wie ein Affe auf der Kokosmatte, der frühere Polier hatte sich in ein Jackett geworfen und hing am Habbelrath wie ein Schokoladenfleck. Einen nach dem anderen stauchte der Habbelrath zusammen.

»Was genau soll das denn werden, wenn es fertig ist, Damitz? Gottverdammt, Sie sollten doch wohl mit einem Hammer umgehen können. Öztürk, bisschen flotter mit den Säcken, ich bezahl Sie nicht fürs Träumen, und wenn Sie mir wieder zu wenig reinfüllen, dann können Sie sich Ihre Papiere abholen. Wie viel Pfund gehören in den Zweizentnersack? Ich wieg gleich mal nach.«

Dass hinter der weißen Trennwand der Kaufhausbetrieb lief, schien Habbelrath egal zu sein. Sein Greisengesicht unter dem weißen Haar war zum Zerreißen gespannt. Mit seinen Hosenträgern und dem in ein Hemd gezwängten Bauch sah er aus wie einem Stummfilm entstiegen, nur redete er dafür zu viel.

»Himmelherrgottsakra, Steinwachs, was bringt man euch Stiften auf der Berufsschule eigentlich bei? Fassen Sie gefälligst die Schippe richtig an. Hier, so macht man das, und Sie, Spaghettifresser, können die Bretter nicht bloß nageln, da müssen Beschläge drauf, sonst kippt das Ding um, das muss doch sogar in Ihr Hirn reingehen.«

Es stank scharf nach Männern, wogegen nur eine Nase voll Holz half. Willy kletterte durch die Treppenöffnung hinauf, damit er die Bodenbalken annehmen konnte. Habbelrath verlangte, sie von unten abzustützen, aber das wollte Willy nicht verantworten. Eine geschlagene Stunde hatten die beiden letztens disputiert, und am Ende hatte Willy sich durchgesetzt, weil er dem Sesselfurzer dann doch noch begreiflich machen konnte, wie er die Balken aufhängen musste. Sonst würden sie sich bewegen, das gäbe Risse in der Decke. Die zu reparieren wäre eine Heidenarbeit, für die sie keine Zeit hätten.

Unter dem Zelt dort oben war es in der Junisonne schon am Vormittag brütend heiß. Eine Latte nach der anderen zog er hoch, da drang noch immer die Stimme des Chefs zu ihm durch.

»Was quasselt ihr da, verdammt, die Latten bewegen sich nicht von allein. Fort mit den Kippen, ihr Trottel! Und du da oben, glotz nicht so, Wagner, das verbitte ich mir. Ich krümm deinen Männeken kein Haar. Disziplin brauchen sie. Würdest du deine Arbeit richtig tun, wären wir nicht hintendran. Und jetzt weitermachen. Mittag gibt's heute nicht, das habt ihr euch selber zuzuschreiben.«

Mit allen war Habbelrath noch beim »Sie«, nur mit Willy nicht, den duzte er schon ewig, und zu allem Überfluss nannte er ihn konsequent beim Nachnamen, es war ein Elend, denn all das machte Willy das Leben als Polier nicht gerade leichter. Endlich verschwand Habbelrath samt Assistent durch die Wand in die Herrenabteilung des Topeka-Markts. Sofort begann das Geplärr. Klaus zog seinen Zopf zurecht und motzte: »Was bildet der sich ein, so mit uns umzuspringen.«

»Wir sind gerade alle überspannt«, sagte Willy. »Und der Habbelrath steht unter Druck.«

»Hör auf mit dem Katzbuckeln, Willy, verdammt«, rief Klaus.

Ganz trittfest war die Leiter nicht, aber Willy kroch entschlossen daran hinunter.

»Der Chef hat recht«, sagte er und wand sich innerlich qualvoll, aber er sprach weiter: »Wer hat denn die Treppe verhunzt? Sicher nicht er.«

»Was haben wir hier letztens an Feuereifer gehabt, wo ist der nur hin?«, fragte Klaus. »Und vom Arbeitsschutz und der Lohndrückerei willste auch nix mehr wissen, wie? Muss ich das böse Wort noch mal aussprechen, Willy, muss ich? Willst du den Streik?«

»Meine Güte, mit der Streikdrohung habt ihr vor drei Jahren schon nix bewirkt. Warum sollte das heuer anders sein, wo draußen vor der Tür mehr Arbeitslose stehen denn je? Was soll ich denn machen?«

»Pause«, rief Hannes, der paffend hinter einer Säule stand. »Das ist unser gutes Recht.«

»Ich krieg richtig Huddel mit dem Kärcher«, rief Willy, der sich an den Kopf fasste. »Also gut, von mir aus könnt ihr …«

Auf der ganzen Ebene ploppten die Bierflaschen auf, Stullenschmatzen erfüllte den Raum. Willy stand da wie der Ochse vorm neuen Scheunentor. Immerhin, in den Stunden danach ging die Arbeit leichter von der Hand.

Kurz nach zehn war es dank der Wolken am Himmel halbwegs finster. Nach Klaus hatte Willy noch die letzten Gastarbeiter fortgeschickt. Er zog die Plane auf dem Dachskelett zur Hälfte fort und tat, was ihm nach dem Tagwerk das Liebste war: Er bestaunte die Sterne und lauschte der Stille. Nach einem spät zu Ende gegangenen Arbeitstag genoss er diesen einzigen Vorteil einer Innenstadtbaustelle. Er hörte das Ratschen der Saatkrähen, ehe sie im Schwarm am Himmel flogen. Er lachte über das letzte Husten der früh zu Bett Gehenden, nach denen man die Uhr stellen konnte. Er bemerkte den Strich des Reisigbesens unten auf dem Asphalt, den der Alte von gegenüber schwang. Und er vernahm das Kreischen der Automobilmotoren, die klangen wie urzeitliche Monster. Eine Zigarette noch, dann würde er abhauen, auf ein Bier bei Helga in der Goldmine vorbeischauen und nach Mitternacht drüben am Opelkreisel zu Susanne in die Koje steigen.

Willy schreckte auf, als er unten Schritte über den staubigen Steinboden schlurfen hörte. Durch den Spalt sah er, dass sich im Dunkeln etwas bewegte oder doch eher jemand. Er nahm seine Taschenlampe, hielt drauf, und da stand er, sich beidhändig an den Hosenträgern festhaltend, im grellen Schein des Lichtkegels sah sein Lächeln aus wie die Blendervisage eines Großstadtanwalts.

Dachte er es sich doch, dass er seinen besten Polier hier noch antreffen würde, sagte Habbelrath. Immerhin, ohne dessen Hilfe hatte er nach wenigen Sekunden den Lichtschalter entdeckt. Ob er denn noch mal eben runterkommen könne. Dauere nicht lange. Und Willy kam, natürlich, Befehl ist Befehl, das galt auch nach Feierabend. Mit zusammengepressten Lippen und vor der Brust verschränkten Armen lehnte er seinen erschöpften Rücken an den blanken Putz der Wand.

»Nimm's nicht so schwer, Wagner«, sagte Habbelrath.

Er hob die schwere Hand, wollte Willy auf die Schulter klopfen, zog jedoch zurück. Ihm fehlten zwei Finger. Willy hatte nie zu fragen gewagt, aber er ahnte, dass sie ihm an der Ostfront abgefroren waren. Darauf gründete ein Gutteil des Respekts, den Willy für seinen Chef aufbringen konnte. Der Mann hatte was erlebt, er hatte Böses gesehen und trotzdem was aufgebaut.

»Du weißt, dass die Zeiten hart sind. Wenn wir hier beim Topeka in Verzug geraten, spricht sich das rum. Und wenn sich das rumspricht, kriegen wir nur noch Kleckeraufträge, mit denen ich so viele Männer nicht unterhalten kann.«

Lange hielt Willy dem Blick des Chefs nicht stand. Er folgte der an der Decke baumelnden Glühbirne und beschloss, möglichst wenig zu sagen.

»Du musst dir aber keine Gedanken machen, Wagner, sei unbesorgt. Das Einzige, worum ich dich bitte, ist ein bisschen mehr Autorität. Du musst dir Respekt verschaffen.

Das wäre im Interesse aller, auch wenn das nicht jeder der Holzköpfe begreift. Können wir uns darauf verständigen?«

Ein Nicken vermied Willy nun auch. Dass er stumm blieb, musste Habbelrath als Geste der Zustimmung reichen. Da kam noch was, Willy kannte seinen Chef. Der war nicht spätabends hier aufgekreuzt, um ihn lieb zu bitten, auf der Baustelle einen Gang hochzuschalten. Wenn der ihm auf der Pelle hockte wie der Buckel auf der Großmutter, dann war was im Busch. Habbelrath ging auf und ab, gemächlich und sich umblickend, als befände er sich auf einer Flaniermeile. Direkt vor Willy blieb er stehen und hob das Kinn.

»Ach ja, und sag mal, es gibt da so Gerüchte.«

Willy fasste sich an die Nase und blickte zu Boden. »Gerüchte«, sagte er. »Was denn für Gerüchte?«

Er brauchte Habbelrath gar nicht anzusehen, das hämische Grinsen spürte er auch so. Der Chef kannte Willy lang genug, um zu wissen, dass er es mit dem schlechtesten Lügner der Welt zu tun hatte.

»Ich will's dir nicht so schwermachen, Wagner. Darum stell ich dir nur eine Frage, auf die du mir bitte eine klare Antwort gibst. In Ordnung? Keine weitere Erklärung nötig, du bist mich für den Rest der Woche los, sobald du ehrlich geantwortet hast.«

Mit schrägem Kopf wartete er auf eine Reaktion, die Willy in Form eines Blinzelns gab. Habbelrath grinste verschlagen und stellte seine Frage: »Also, mein lieber Wagner. Ich will nur eines wissen: Haben die Arbeiter in letzter Zeit über einen Streik gesprochen?«

4

Sommersonnenwende. Dass Horst ausgerechnet die kürzeste Nacht des Jahres gewählt hatte für den Automatenraubzug, war keine Glanzleistung. Natürlich hielt er selbst es für den Clou seines Plans. Wer würde in der hellsten Nacht mit so was rechnen? Da seien die Bullen doch im Schlummermodus! Willy rechnete damit, erwischt zu werden, und sei es durch ein an seniler Bettflucht leidendes Ömchen. Er wollte davonlaufen, mit jeder Minute wollte er es mehr, doch hatte er Horst in die Hand versprochen, hier auf ihn zu warten und mitzumachen, da gab es kein Zurück mehr, Fahnenflucht käme einem Hochverrat gleich.

In der Dunkelheit war Willy empfänglicher für Reize, aber auch launischer. Er dachte nach über Sachen, für die ihm bei Tag die Nerven fehlten, und solche Gedankenflüge konnten ihn in die Melancholie treiben.

Treffpunkt Grüner Graben. In diese Gasse verirrten sich um diese Zeit unter der Woche keine Leute, die den beiden gefährlich werden könnten. Am Trafokasten stand Horst, und ehe wer was sagte, bot er Willy eine HB an. Willys Hand zitterte, dabei war die Luft lau wie Badewasser. Das Feuerzeug kam wieder nicht in Gang, ständig erlosch das Flämmchen. Sie rückten dicht zusammen, um die Flamme zu schützen, aber es lag ja nicht am Wind, also schnalzte das Feuerzeug noch ein paar Male, bis die Kippen endlich brannten. Wie sie da standen, dachte Willy, mitten in einer Nacht, in der ihnen der Mond zur Sonne werden durfte: zwei Pfälzer Glühpunkte am Grünen Graben.

Erst jetzt sah Willy diesen Rucksack. Ob da die …? Ja, antwortete Horst, da seien sie drin. Er zog den Reißverschluss der Tasche auf und präsentierte die Kaventsmänner wie ein Neugeborenes.

»Da staunste, was?«, gluckste Horst, »nicht diese Judenfürze, die sie hier in den Läden zu Silvester verkaufen. Das sind echte Polenböller. Damit kannste auch den Geldtresor der Sparkasse knacken.«

»Komm nicht auf blöde Gedanken«, sagte Willy, »lass uns lieber loslegen, sonst werd ich nervös.«

Sie gingen rüber zur Löwenstraße, wo der postgelbe VW Bulli der Firma auf die beiden wartete. Der einzige Teil des Plans, bei dem Willy sich durchgesetzt hatte. Ob er denn übergeschnappt sei, hatte Horst gemeckert, das müssten sie ohne Auto erledigen. Wenn die ersten zwei Automaten explodiert seien und die Polente unterwegs, dann würden die doch mit allem rechnen, nur nicht mit Tätern, die zu Fuß unterwegs wären. Das sei seine diskrete Art des Geldverdienens. Nicht wie in den Juwelenraubfilmen, in denen sie nach getaner Arbeit mit quietschenden Reifen flohen und der Polizei die Arbeit unnötig leicht machten. Das hatte Horst genau analysiert, er kannte sie sogar besser als der Cineast Willy, all die französischen und englischen und amerikanischen Ganovenfilme: *Vier im roten Kreis, Der Clou, Ladykillers.* Doch Willy war hart geblieben: Schnell mussten sie sein, und das hieß, Willy übernahm das Steuer, ohne Wenn und Aber.

Schon auf der Fahrt zur ersten Maschine setzten sie ihre Sturmhauben auf. Horst hatte die Wollmützen seiner Söhne aus der Kleiderkiste gekramt und jeweils zwei Gucklöcher hineingeschnitten, was er offenbar mit einer so stumpfen Schere getan hatte, dass Willy beim Fahren die Fäden vor der Linse hingen.

»Was fährste denn wie so ein Besoffener«, maulte Horst,

»willste, dass die Bullen uns anhalten, bevor wir überhaupt was gemacht haben?«

Willy bremste scharf, schob die Haube über die Stirn und hätte dem Kerl am liebsten eine geknallt. Doch der sah ihn schon wieder an mit seinen wachen Augen, in denen vorsorglich immer eine Träne zu stehen schien. Willy seufzte und fuhr weiter. Horst hatte die Sprengstationen so ausgewählt, dass sie keinem Muster folgten und möglichst weit voneinander entfernt lagen. Also ging es zuerst Richtung Kalkofen, in die Friedenstraße. Unweit des Ständchens, das den Alkoholikern vom Kalkofen als Tankstelle diente, gab es einen Zigarettenautomaten der alten Generation, der stand dort seit den Fünfzigern, und dann auch noch schön ums Eck, da gab's kein zufälliges Ertapptwerden. Willy war noch dabei, den Bulli rückwärts in der Einfahrt eines verlassenen Hauses zu parken, da donnerte es wie Kanonenfeuer. Wie versteinert blieb Willy sitzen. Geschlagene zwei Minuten dauerte es, da kam Horst gerannt. Mit Haube über dem Kopf, schlenkerndem Rucksack im Kreuz und fuchtelnden Händen stieg er ein, schrie »Maske auf, verdammt!« und »Los, los«, noch war keine Menschenseele zu sehen, aber gleich würden die Barackler rüberkommen, und zum Glück erlangte Willy die Fassung zurück, ohne quietschende Reifen setzte er den Bulli in Bewegung und bog ab.

Erst an der Vogelweh nahm Horst die Maske weg und schüttelte lachend den Rucksack: »Weißte, wie viele Fünfmarkstückchen da drin sind, alter Freund und Kupferstecher? Da schnallste ab. So machen mir weiter.«

Er war so aufgeputscht, als hätte ihm der S-Bahn-Dirk was von seinem Arbeiterkoks abgegeben. Hatte er vielleicht sogar, und Willy hätte nun auch was davon vertragen können. Hinter der Autovermietung am Einsiedlerhof sprengte

Horst noch einen Kippenautomaten, danach ging es weiter zur Gaststätte auf dem Betzenberg – *Montag Ruhetag* –, wo es genauso reibungslos lief wie am Kalkofen.

Hinter dem Sportheim am Wiesenthalerhof waren sie zum ersten Mal nicht allein. In der Schänke wurde zünftig gebechert, wahrscheinlich die Thekentruppe des örtlichen Fußballvereins. Willy fuhr ohne Licht auf den Parkplatz, stellte den Motor ab und ließ den Wagen hinter einen Baum rollen. Diesmal kam Willy mit, es musste schnell gehen. Wie auf Katzenpfoten schlichen sie über den Kies. Keine Minute brauchte Horst für seine Entscheidung, dass ein einziger Böller ausreichend wäre. Er zündete das Ding an, drückte es in den Geldschlitz hinein und zog Willy zur Seite. Mit Fäden vor den Augen betrachtete Willy noch das demolierte Ding, da las Horst schon das Kleingeld vom Boden auf und schrie Willy an: »Jetzt mach schon, verdammt!«, doch Willy rührte sich nicht, denn eine aus dem Halbdunkel auftauchende Gestalt hatte ihn in Schockstarre versetzt.

Horst bückte sich gerade nach einem der übrigen Markstücke, als der Wirt des Sportheims ihn im Nacken packte und ihm die Maske aus dem Gesicht zog. Ohne ein Wort zu sagen, lief der Kerl davon, wahrscheinlich zum Telefonapparat. Jetzt war Willy hellwach, er zog Horst die Maske wieder über, dann nahmen sie ihre Beine in die Hände. Mit Karacho raste der Bulli vom Gelände, und beinahe hätte Willy einen der aus dem Wirtshaus stürmenden Männer erwischt. Wie ein aufgebrachter Mob liefen sie ihnen hinterher, beim Blick in den Rückspiegel tippte Willy auf mehr als zehn Kerle, die sich augenscheinlich allesamt schon ordentlich hatten volllaufen lassen, sodass die Gauner unbehelligt entkamen.

»Ist ja wie im Film«, rief Horst, er kurbelte die Fensterscheibe herunter und schrie.

»Hör auf«, sagte Willy, »das war's für heute. Ich bring dich nach Hause, du gibst mir meinen Anteil, und das hier ist niemals passiert.«

Allmählich war der Rucksack schwer geworden, außerdem mussten die Bullen doch längt hinter ihnen her sein. Jetzt wussten sie sogar, wie das Fluchtauto aussah. Immerhin hatte Willy heute Nachmittag das Firmenlogo abgerissen. Doch wenn die sich das Kennzeichen gemerkt hätten! Und was, wenn einer der Saufbrüder ein Habbelrather war und den Wagen erkannt hatte?

»Nix da«, sagte Horst, »wir machen doch nicht kurz vorm Ziel schlapp. Meinst du, ich hab mir den Plan umsonst ausgedacht? Die Kippenautomaten waren bloß Testläufe, jetzt machen wir noch so richtig Schotter!«

»Du bist wahnsinnig. Einfach komplett wahnsinnig«, rief Willy. Er schaltete das Radio ein. Nachrichten. Sie hörten zu, zwei Minuten, drei Minuten, aber kein Wort zum Automatenraub.

»Tja«, sagte Horst, »hier mahlen die Mühlen langsam. Das hab ich alles bedacht. Sogar so 'nen kleinen Fehler wie grad eben. Die rufen nicht gleich die Bullen. Machen die nicht. Du weißt doch, wie lang ich schon in Spelunken verkehr. Das läuft so ab: Erst mal müssen die 'ne gute Stunde disputieren, was da gerade geschehen ist. Dann beratschlagen sie, was zu tun ist, 'ne halbe Stunde, mindestens. Erst dann kommen die auf die Idee, das mal zu melden. Wer Montagnacht in der Kneipe versacken kann, hat kein gutes Bild von der Polizei, das kannste mir glauben. Also entspann dich. Bis die was veranlasst haben, sind wir durch.«

Auf dem Pfaff-Gelände hatten sie in einem Lagerraum mehrere Getränkeautomaten aufgestellt, die waren noch ganz neu, aber so neu dann auch wieder nicht, sodass richtig was drin sein durfte, davon war zumindest Horst überzeugt, der vorgab, sich informiert zu haben, angeblich kannte er einige Pfaffianer, die ihm versichert hätten, dass die Automaten einmal in der Woche geleert würden, und zwar dienstags, also morgen, das hieß also, dass heute, in der Nacht von Montag auf Dienstag, der höchste Geldstand der ganzen Woche darin zu finden war.

In der Albert-Schweitzer-Straße parkte Willy den Bulli. Aus einem Seitenfach des inzwischen sauschweren Rucksacks nahm Horst zwei zerschlissene Kittel mit astreinem Pfaff-Logo drauf, die sie sich überstreiften. Keine Eile, keine Sorge. Zielgenau steuerte Horst eine Mauer an, über die man leicht klettern konnte. Der hatte sich tatsächlich vorbereitet, dachte Willy.

'n Abend, sagte der eine Kollege mit Fluppe im Mundwinkel. 'n Abend der nächste. Es war verdächtig leicht. Im Pausenraum surrten die Automaten. Horst und Willy saßen auf einer Bank und rauchten ihre Zigaretten mit Malochermienen. Nach ein Uhr in der Nacht, so wollte Horst es ermittelt haben, machte hier niemand 'ne Fuffzehn. Auf Horsts Zeichen setzten sie ihre Hauben auf. Schnell steckten in drei Maschinen die Böller, und schon Sekundenbruchteile nach der Explosion war Horst am Einsammeln. Diesmal legte Willy einen Zahn zu, er pulte aus den Automaten, was herauszupulen war, und als sie schon auf dem Weg zurück waren, rief von irgendwoher einer: »Von da kam der Bums!«

Die Ertappten liefen ihm quasi in die Arme, sodass der Idiot sofort »Alarm, Alarm!« schrie, er eilte den beiden nach. Horst versetzte Willy einen Schubs und lief los, sicher ein Versehen, dachte Willy, nur eben im völlig falschen Moment. Als Willy gerade losgespurtet war, hatte Horst die Mauer schon erreicht und warf die Beute hinüber, Willy spürte den Atem eines dieser Idioten im Nacken, er stolperte, hielt sich so gerade eben auf den Beinen, fast hätte der Kerl ihn erwischt, der war einen Kopf kürzer als Willy, das hatte er noch erkannt, da überkam ihn ein Geistesblitz, er bremste ab, ganz abrupt, der Kerl stieß voll gegen Willys strammen Rücken und pardauzte zu Boden, wo er benommen liegen blieb. Keuchend stand Willy vor der Mauer. Horst hing an den hervorstehenden Mauerziegeln fest, da drückte Willy ihn mit beiden Händen nach oben und kletterte hinterher, noch ehe weitere Pfaffianer sichtbar wurden. Mit letzter Kraft sprangen Willy und Horst hinab – und staunten nicht schlecht.

Weder lag da der Rucksack, noch stand da der postgelbe VW Bulli. Was zur Hölle war passiert?

»Was zur Hölle ist passiert?«, rief Horst.

»Das … das darf doch … Nein, das kann nicht sein«, stotterte Willy.

»Hast du etwa den Schlüssel stecken lassen?«, fragte Horst. »Willy, sag was, hast du den verdammten Schlüssel im verdammten Bulli stecken lassen?«

Willy spürte, wie kreidebleich er war.

»Aber … genau das hast du doch gewollt. Dass ich den Schlüssel stecken lass. Ich fürchte, da hat einer die Gunst des Moments genutzt«, sagte er.

Horst sprang ihm an den Hals, würgte ihn, wogegen Willy sich erst nicht wehrte, dann aber stieß er den kleinen Mann von sich und sagte nur: »Lauf. Lauf fort, sonst klopfen wir bald Steine!«

5

Raubzug hin oder her, immerhin war Willy längst sicher untergebracht. Zwei Zimmer, Kochnische, Bad, vierzig Quadratmeter, mehr brauchten sie nicht. Binnen weniger Tage hatte Willy bereits vor einem Dreivierteljahr seinen Krempel bei Hulda gepackt gehabt und war mit Susanne in die Bude in diesem Hochhaus voller Junggesellen und Geschiedener am Opelkreisel gezogen. Diesmal endgültig, er hatte die Umzüge dicke. Seinen Hund, den hätte er gern noch bei sich, doch das ließ die Arbeit nicht zu. Der Prinz sollte ja nicht am Alleinsein krepieren. Nun saß Willy dort oben im ersten Stock auf dem Feldbett und war dem hereinbrechenden Morgen hilflos ausgeliefert. Susanne sah er fast gar nicht mehr, die schob nur noch Nachtschichten und kam erst heim, wenn er schon wieder auf der Baustelle war. Heute kam es zum ersten Mal anders. Susanne trat herein, warf ihren Schlüssel in die Schale an der Tür und steuerte direkt das Bett an. Im Schlafzimmer schrie sie auf und zog den Revolver. Sie musste sofort bemerkt haben, dass im dunklen Raum bloß Willy saß, doch die Dreiviertelmüdigkeit ihres Kopfes sah keine Ausnahmen vor, da war nur noch Routine.

»Was erschreckst du mich so«, sagte sie.

Willy winkte ab.

»Wieso bist du noch nicht auf Arbeit?«

Abermals winkte Willy ab.

Sie legte die Waffe weg und setzte sich neben ihn aufs Bett. Die Sprungfedern ächzten.

»Na los. Mir kannste sagen, was du aufm Herzen hast.«

Willy seufzte und schüttelte den Kopf.

»Ist es wegen dem Unterhalt für die Kinder? Da musst du

dich an die Rechtslage halten, leider. Wenn du nicht zahlst, holt Rosi sich Unterhaltsvorschuss beim Amt, du sammelst Schulden und hast im blöden Fall ein Verfahren am Hals.«

»Nä, nä«, sagte Willy, »lass uns heut Abend drüber reden, grad geht es wirklich nicht.«

»Heut Abend, ja. Dafür müsstest du aber auch mal am Abend hier sein. Heute Nacht hab ich frei. Das hast du doch nicht vergessen. Oder?«

Ohne ein weiteres Wort stand Willy auf, zog sein Hemd an und steckte sich eine Zigarette an.

»Du kannst nicht ewig davonlaufen, Willy. Wenn du nicht mit mir sprichst, können wir uns auch gleich trennen.«

Wie zur Salzsäule erstarrt blieb Willy stehen.

»Nun hab ich es mal ausgesprochen. Tut mir leid. Dass du nicht mehr mit mir schläfst, ist ja noch auszuhalten. Aber wenn du nicht mehr mit mir redest, werd ich von Tag zu Tag trauriger.«

»Ich komm heut früher nach Hause«, versprach Willy, ohne Susanne anzusehen.

Der Habbelrath hatte ihn aufs Büro bestellt. Rapport beim Chef, das war neu. Die Firmenzentrale lag am Rauschenweg, wo die Sekretärin ihn ohne Wartezeit direkt in Habbelraths Büro schickte. Vor der holzvertäfelten Wand saß der Chef in einem weitläufigen Raum hinter einem Schreibtisch aus massiver Eiche. Seine Lesebrille hing ihm am Band um den Hals, er stand auf, bot Willy den klapprigen Stuhl vor dem Schreibtisch an und faltete seine Hände über dem dicken Bauch.

»Schön, dass du es einrichten konntest.«

»Warum haben Sie mich hergebeten, Chef?«

»Ich soll gleich zur Sache kommen, das versteh ich. Und genau das schätze ich an dir, Wagner.«

Er begutachtete seine Daumen und fing an, sie kreisen zu lassen. Willy rückte auf seinem Stuhl ein Stück nach vorn.

»Tja, nun. Es sieht so aus. Wir hatten zuletzt so unsere Problemchen miteinander. Ist viel passiert in letzter Zeit. Weil du die Verantwortung trägst, gehen die Scherereien auf deine Kappe. Jedem anderen hätte ich für das eine oder andere eine Abmahnung verpasst. Dir aber nicht. Deine Verdienste für die Firma wiegen manchen Verlust auf. Dass du drüben auf der Topeka-Baustelle deine Leute aber nicht in den Griff kriegst … da komm ich schon ins Grübeln, Wagner. Ist an sich alles nicht deine Schuld, zumindest nicht allein, da darfst du mich nicht falsch verstehen. Was wir aber brauchen, ist eine härtere Hand. Weißte doch. Wie oft hatten wir darüber zuletzt gesprochen?«

Habbelrath blickte ihn an, nahm seufzend den Hörer seines Telefons und sagte, sie möge den Herrn Brinkmann dann bitte hereinlassen. In der sich öffnenden Tür erschien ein bulliger Kerl in einem viel zu kleinen Anzug. »Guten Tach«, sagte er, jovial lächelnd.

Habbelrath sprang auf und klopfte dem kleiderschrankgroßen Kerl auf den Rücken.

»Das, mein lieber Wagner, ist Ulrich Brinkmann, unser, also … unser neuer Vorarbeiter. Vorübergehend! Als Vertretung, bis du wieder auf dem Damm bist. Ich bitte dich, ihn bis zum nächsten Ersten einzuarbeiten, damit er deinen Posten übernehmen kann, erst mal bis Jahresende. Du siehst doch ein, dass das für alle der beste Weg ist? Wenn wir diesen Auftrag ins Ziel bringen, dann hol ich dich zurück auf die Kommandobrücke. Du weißt, dass du dich auf mein Wort verlassen kannst.«

Willy zupfte sich am Ohr, wackelte auf dem Stuhl hin

und her, stand auf, sah zu den beiden Männern, ging im Raum auf und ab und wusste nicht, was zu tun war. Ohne dass er sich dagegen wehren konnte, erschien ihm vor dem geistigen Auge seine Mutter, die auf ihn einredete, ihn agitierte wie früher, nur dass sie ihm diesmal nicht mit Marx und Engels kam, sondern den Sohn bei der Ehre packte. Wenn du noch einen Funken Anstand in dir trägst, schimpfte sie, dann geigst du dem die Meinung und machst einen Abgang, dass ihm Hören und Sehen vergeht. Willy blieb stehen und sagte: »Stecken Sie sich Ihren Mann da in den Arsch, Habbelrath. Ich hab eine Baustelle zu leiten. Guten Tag.«

Als er auf die Straße trat, spürte er Rückenwind, der ihn zum Topeka trug, wo er die Arbeitsmontur anzog und seine Leute so selbstsicher dirigierte wie Franz Beckenbauer seine Mitspieler im Finale der Europameisterschaft vor ein paar Tagen, auch wenn Uli Hoeneß dann den letzten Elfmeter in die Wolken gedonnert hatte. Am Finalabend hatte Susanne eigentlich mit ihm im Volkspark spazieren wollen, sie hatte sich keinen Begriff gemacht, wie wichtig das Spiel für ihn war.

Doch heute Abend würde er sie zum Essen einladen, sie würden sich aussprechen. Ein richtiges Rendezvous bei Kerzenschein und mit weißer Tischdecke und allem Pipapo. Wo genau, würde ihm schon noch einfallen. Die Goldmine kam nicht infrage, aber es gab diesen Griechen am Martinsplatz, er würde eine Stunde früher Feierabend machen und sich herausputzen, damit sie ihn auch reinließen.

Und jetzt hieß es: nicht mehr an den Kärcher denken. Willy kletterte am Gerüst empor und stieg gleich weiter aufs Dach. Alle runter, hatte er gesagt, die Stützbalken und die Auflagen für die Dachsparre übernehme er. Für sich sein, Willy musste einfach mal für sich sein und das Gebilde sattelfest machen.

Aus dem Kasten hatte er sich eine Glasflasche voll Gliggerwasser mit nach oben genommen, die leerte er in einem Zug. Erst musste er rülpsen, dann bekam er Schluckauf. Die alten Sattelhölzer und Stützbalken hatte er rasch herausgerissen, auch die überflüssigen Tragekonstruktionen mussten dran glauben. Das abgetragene Material stapelte er zu kompakten Haufen auf der anderen Seite, das ging so zackig wie lang nicht, Willy war in Form. Jetzt musste er nur noch die Dachsparren beim Übergang zur Mauerkrone mit dem neuen Material verstärken.

Er drehte sich um, balancierte auf der Kante, sah hinunter, meine Güte, wenn da mal was passiert, er musste die Lehrbuben dringend in die Sicherheit einweisen, sonst würde noch ein Unglück geschehen, traumwandlerisch sicher nahm er eine Auflage nach der anderen, trug sie hinüber, kam zurück, und das Ganze noch mal von vorn, eine Pause brauchte er heute nicht, Willy fühlte sich so leicht, es hätte ihn nicht gewundert, wenn ihm Flügel gewachsen wären, und wie er an die butterweichen Hände seiner Susanne dachte, die ihn berühren würden am Abend, stolperte Willy über eine Latte, fand im Fallen keinen Halt an den Balken und stürzte ungebremst zwanzig Meter in die Tiefe.

SIEBTES KAPITEL

Duldet die Schmach nun länger nicht

1

Bemehlt mit dem Staub der Industriestraße, schlich Horst das Trottoir entlang und trat in ein quaderförmiges, von ein paar königsblauen Lastern umstelltes Gebäude mit der Aufschrift »Schulz & Kuhnert«. Sein weißes Hemd hatte er bügeln lassen für teuer Geld, und jetzt klebte der Schmutz daran wie die Schmeißfliegen an der Windschutzscheibe. Jedes Rubbeln würde es nur schlimmer machen, also beschloss Horst, mit seinen Worten zu glänzen. Und mit seinem Lächeln, das er der Empfangsdame präsentierte wie ein Geschenk.

Die guckte erst von ihrer Zeitschrift auf, als er sich räusperte, musterte ihn, Horst lächelte, was das Zeug hielt, und nach einer Serie knapper Fragen und Antworten wies die Frau ihm den Weg zum Treppenhaus, oberstes Stockwerk, gleich mal sehen, ob die Puste noch reicht fürs Möbelpacken.

Erschöpft keuchte Horst sich vor der Tür aus, ehe er anklopfte und einen erstaunlich kleinen Raum betrat, dessen Wände wirkten wie eine zuschnappende Falle. Der Boden war mit blau gefärbten Fliesen ausgelegt, an der Wand hingen Fotos von händeschüttelnden Männern, die vor Lastwagen mit königsblauen Planen posierten. Vor einem winzigen Fenster stand ein Schreibtisch, hinter dem ein kahlköpfiger Mann in Schlips und Kragen saß. Ohne aufzustehen, bat er Horst, Platz zu nehmen. Während eine junge Frau zwei Tassen Kaffee hereinbrachte und wortlos wieder hinausging, grinste der Mann und stellte sich als Schulz vor.

»Sind zwei Stück Zucker genug?«, fragte er.

»Ich bin erst zufrieden, wenn der Löffel in der Tasse stehen bleibt, wenn Sie verstehen, was ich meine.«

Schulz runzelte die Stirn.

»Ich bin wegen der Anzeige da«, sagte Horst.

»Tatsächlich«, sagte Schulz. »Seit einer Woche hat sich keiner gemeldet. Die Arbeit ist ziemlich schwer, müssen Sie wissen.«

»Ja«, sagte Horst, »aber ich kann anpacken, auch wenn man's mir auf den ersten Blick nicht ansieht. Von neunundvierzig bis siebzig hab ich mit kleineren Unterbrechungen durchweg als Packer geschafft.«

»Nun also, Herr Baron. Sind Sie verheiratet?«, fragte Schulz, und Horsts Lächeln war verschwunden.

»Steht nicht in Ihren Unterlagen«, sagte der Kerl, mit Horsts Bewerbungsmappe wedelnd.

»Ja, also …«, sagte Horst, »… bin verheiratet.«

Wieder runzelte der Kerl die Stirn. Der riecht doch, wie seine Frage in mir gerade die Sonne ausgelöscht hat, dachte Horst, was soll das Theater.

»Führerschein haben Sie auch«, sagte Schulz, in der Mappe blätternd.

»All die Jahre unfallfrei«, sagte Horst.

»Eigener Pkw vorhanden?«, fragte Schulz.

Horst wandte den Blick ab.

»Stand in der Annonce, wie Sie wissen. Es ist wichtig«, rief Schulz, »um nicht zu sagen: Voraussetzung dafür, dass ich Sie an Bord nehmen kann. Sie müssten oft hoch nach Rockenhausen, zum Depot. Haben Sie schon mal versucht, mit der Bundesbahn nach Rockenhausen zu kommen? Und verlassen Sie sich nicht auf Fahrgemeinschaften. Wir haben Kollegen, die nachts in der Kneipe versacken. Am Ende sind Sie ganz allein für Ihre Pünktlichkeit verantwortlich. Da brauchen Sie einen fahrbaren Untersatz. Ein Moped oder so was will ich gar nicht erst sehen. Ein moderner Arbeiter braucht ein Automobil.«

Horst entspannte die Schultern. Irgendwie gefiel ihm der Mann. Nun traute er sich doch was: »Darf ich Ihnen auch eine indiskrete Frage stellen?«

»Raus damit. Während Ihrer Tätigkeit werden Ihnen die Kunden häufig indiskrete Fragen stellen. Da schadet es nicht, wenn Sie selbst neugierig sind.«

»Warum haben Sie Ihr Depot ausgerechnet in Rockenhausen? Sind doch bestimmt dreißig, vierzig Kilometer von hier. Und in der Anzeige stand, Sie seien auf Umzüge der Amis spezialisiert. Wäre es nicht besser, das Depot in Ramstein oder Landstuhl einzurichten?«

Schulz zog ein Etui aus der Schublade, nahm eine Zigarette heraus und bot auch Horst eine an, der zugriff und sich Feuer geben ließ. Der Chef lehnte sich zurück, legte die Füße auf den Tisch und sagte: »Wenn ich Ihnen das jetzt sage, dürfen Sie nicht lachen.«

Horst nickte.

»Otto.«

»Otto?«

»Ja, Otto. Er ist der Grund. Erraten Sie, welchen Otto ich meine?«

»Meinen Jungen sicher nicht. Der heißt Ottmar, wir nennen ihn Ottes.«

»Gefällt mir. Ottes. Gute Kurzform für eine Knasttätowierung.«

Sie lachten, als säßen sie zusammen in der Goldmine.

»Natürlich meine ich Otto Rehhagel, unseren Klopper vom Betzenberg«, sagte Schulz. »Als der zweiundsiebzig als Trainer beim FV Rockenhausen angefangen hat, Bezirksliga, da dachte ich, Leute von seinem Schlag brauche ich in der Truppe. Also stand ich bei jedem Heimspiel an der Seitenlinie und hab mir die Jungs rausgeguckt, die sich nicht zu fein für 'ne Blutgrätsche sind. Die können wirklich was aushalten, Ottos Burschen. Jetzt arbeitet fast die ganze Mannschaft für mich, in den verschiedensten Positionen. Und wir haben denen einen neuen Rasenplatz spendiert, so halten wir den Klub bei der Stange. Sponsoring heißt so was. Otto ist natürlich längst weg, aber er hat seine Spuren hinterlassen, aus der Rockenhausener Jugend kommen immer neue Klopper nach, die gut sind für mein Geschäft.«

»Ich hoffe nur«, sagte Horst, »dass ich jetzt nicht mit dem Fußballspielen anfangen muss. Das liegt mir nämlich so gar nicht.«

»Keine Sorge, bei uns muss man immer noch vor allem mit den Händen und dem Kreuz arbeiten. Aber das mit dem Auto, das muss sein. Haben Sie eins?«

Horst sank in sich zusammen. Der angebotene Lohn war nicht schlecht. Er überschlug schnell, wie viel ihm netto bliebe … mussten am Ende deutlich weniger als tausend Mark sein. Er hatte keine Ahnung, wie er da noch ein allzeit vollgetanktes Auto finanzieren sollte, bei den Spritpreisen zumal, aber er sagte Ja.

»Gut, und jetzt lassen wir die Sperenzien«, sagte Schulz.

»Ich weiß, dass Sie unverheiratet sind. Wissen Sie, dass ich Psychologie studiert habe? Eigentlich wollte ich ganz was anderes machen mit meinem Leben.«

Sicherheitshalber hielt Horst die Klappe. Schulz nahm die vor ihm liegende Bewerbungsmappe und warf sie in den Papierkorb.

»Sehen Sie?«, sagte er. »Das ist so was, wovon mir viele abraten würden. Aber ich bleib dabei. Mir sind die Formulierungen auf diesen Urkunden und Zetteln egal. Was zählt, sind Fakten. Und die deute ich so, wie es mir passt. Ihre Rechtschreibung und diese Krakelschrift schockieren mich nicht. Das zeigt mir, dass Sie keine Zeit zu verlieren haben und lieber schleppen als schreiben. Vorstrafen? Sehr gut, dann legt sich bei Zwangsräumungen keiner mit Ihnen an! Lange Arbeitslosigkeit? Wunderbar, dann sprühen Sie vor Tatendrang. Sogar die Probleme im Liebesleben, die ich Ihnen ansehe, nutze ich zu meinem Vorteil: Wandeln Sie den Frust in Energie um. Und gehen Sie mal wieder zu einer Professionellen. Männer wie Sie kommen mir alle naselang unter. Wenn Sie mir zeigen, was Sie draufhaben, dann geht es schnell nach oben. Also, Probetag am Montag.«

Horst schwebte hinaus. Er war wieder wer. Das musste gefeiert werden. Am besten, indem er gleich den Rat seines neuen Chefs beherzigte. Dafür waren Nutten doch da: um das Leben zu feiern. Auf gut Glück zur Galappmühle am Engelshof oder in die Zschockestraße beim Kalkofen? Oder gleich hier in der Gegend rund um den Einsiedlerhof. Nach hinten hatten die Amis ihr Areal mit Zäunen und Stacheldraht abgeriegelt, nach vorn zog sich das Industriegebiet, und die Damen standen direkt an der B40, im Bereich der Einfahrt zum Güter- und Rangierbahnhof. Eine Dürre mit blonder Perücke und weißen Lackstiefeln winkte ihn am beharrlichsten zu sich. Er war nicht wählerisch. Mit gebügeltem Hemd an der Brust und frischem Triumphlachen in der Fresse fühlte er sich unwiderstehlich, und bei dem Frollein ging ihm irgendwie einer ab. Schöne schlanke Schenkel hatte die, ihr Rock war kurz und gab den Blick auf das Höschen frei. Im Wohnwagen stank es nach feuchtem, modrigem Teppich, nach totem Tier und nach Schimmel, aber 'ne Schimmlige war die nicht, außerdem verlangte sie bloß zehn Mark, ohne Eierlecken oder Blasen, das war doch ein Wort. Sie schenkte zwei Gläschen Wodka ein.

»Mein Name ist Chelena. Wie cheißt du?«, fragte sie, als er ihr den Zehner gab. Das russisch gefauchte »h« machte ihn richtig geil. Beinahe hätte er ihr seinen richtigen Namen verraten.

»Hans.«

»Chans«, fauchte sie.

»Ja, Hans.«

»Ach so.«

»Prosit.«

In einer Einbuchtung lag eine halb aufgerissene Matratze, von einem Ende der Wand zum anderen hing eine bunte Lichterkette, wegen des verschmierten Spiegels im Rückraum des Wagens kam er einem größer vor. Helena schaltete ihr Kofferradio ein und schenkte nach. Nicht mal zehn Minuten dauerte es, da war Horst fertig, hatte sich auch einiges angestaut. Gleich danach musste er sich erst mal hinter den Wagen ins Gebüsch verziehen. Helena lag rauchend da, als er zurück war, seine Hose anzog, das Hemd zuknöpfte und die Aktentasche nahm.

»Bis bald mal wieder«, sagte er, »werd dich weiterempfehlen.«

Sie warf ihm eine Kusshand zu, und fort war er. Seine

Batschkapp schob er sich erst wieder aus dem Gesicht, als ihm ein paar hundert Meter Richtung Innenstadt diese Imbissbude in den Blick kam. Der Wind stand so, dass ihm die Bratwurstbrise in den Zinken fuhr. Eine Rote mit Senf bestellte er, und beim Zücken der Brieftasche wusste er schon, dass da was faul sein musste. Der Bratwurstbräter stand da und verlor binnen Sekunden die Geduld. In Horst loderte die Wut auf wie ein Feuer, das alles um sich herum zu verschlingen droht. Vielleicht verkniff der Bräter sich darum jedes blöde Wort, nahm die Ware zurück, ließ die Wurst auf den Grill und die Semmel in den Brotkorb plumpsen.

Schnellen Schrittes stapfte Horst die Straße entlang. Die Drecksnutte hatte es ihm angesehen, ganz klar. Sie hatte bemerkt, dass er noch nie am Einsiedlerhof gewesen war, der würde nicht mehr zurückkommen, hatte sie sich wohl gedacht, und wer hier 'ne Szene macht, bleibt nicht unentdeckt, aber da kannte sie Horst schlecht, das ließ er sich nicht gefallen, er hatte jetzt eine Anstellung, was nahm sich diese Mistfotze raus, einen ehrlichen Arbeiter zu beklauen.

Er zog die Tür auf, da bohrte schon der nächste Schwanz in ihr rum, aber Horst war das egal, er warf den schwitzenden Penner beiseite und riss der Nutte die Perücke vom Schopf. An den dünnen schwarzen Haaren zog er sie hinaus, draußen schmiss er sie in den Matsch, sie rappelte sich auf, doch er schlug auf sie ein, der Freier hielt sich zurück, wusste gar nicht, was hier geschah, so schnell entlud sich Horsts Wut, die Frau stand vornübergebeugt da, hielt sich beide Hände vor die Visage, aber das nutzte ihr nichts. Rasch bildete sich um sie herum eine kleine Menschenmenge, fast nur Typen. Jawoll, schrien sie, gib der Mieze, und Horst ließ sich nicht lumpen, er gab der Mieze. Sie jaulte wie ein Schlachttier, was die Huren aus den übrigen Wohnwagen anlockte, aber niemand sprang ihr bei. Wimmernd lag die Schlampe im Schlamm, als Horst den in der Wohnwagentür stehenden Halbnackten fortschob und in ihren Sachen wühlte, bis er in einer Schmuckschatulle fündig wurde. Neben seinem Hundertmarkschein und dem Klimpergeld fingerte er drei Fünfziger heraus. Schmerzensgeld, dachte er, und als er aus dem Wagen rauskam, standen da zwei Polizisten.

Was hier passiert sei. Nichts. Streit ums Geld? Ja. Geklärt? Ja. Dann ist ja gut. Helena erstattete auf Nachfrage der Beamten keine Anzeige. Nicht schlimm sei das, sagte sie, das Blut quoll ihr aus der Nase, und Horst sah zu, dass er Land gewann, bevor ihr Lude auftauchte.

2

Zu der Zeit, da sonst die Goldmine sich angenehm um Horst zu drehen begann, saß er bei Willy im Behandlungszimmer. Der Horrorsturz vom Topeka-Dach hatte sich Ende Juni ereignet, nun war es Mitte Oktober. Dem zähen Burschen wuchsen die Knochen ratzfatz wieder zusammen. Seine Physiotherapie erhielt Willy abends, Horst musste seinem Freund also nach Schichtende beistehen.

Mit einer Kladde in der Hand eilte eine Frau im grünen Kittel herein, deren Augen anzusehen war, wie früh ihr Dienst begonnen haben musste.

»Ihre Fortschritte sind erstaunlich«, sagte sie beim Blick auf die Kladde.

»Dann darf ich also bald wieder auf den Bau. Wenn schon nicht zum Malochen, dann wenigstens zum Saufen«, sagte Willy, womit er Horst und die Therapeutin zum Lachen brachte.

»Wir müssen dranbleiben, verstehen Sie? Wir arbeiten ab heute an Beweglichkeit und Belastbarkeit. Legen Sie sich bitte auf den Bauch.«

Weil Willy träge war wie ein gestrandeter Wal, wäre Horst beinahe eingeschritten, er konnte sich das Elend kaum ansehen, doch die Therapeutin hielt mit der einen Hand Horst zurück und half mit der anderen Willy beim Umdrehen. Dann fixierte sie mit dem Unterarm Willys Becken, zog sein linkes Bein nach oben und sagte: »Jetzt versuchen Sie mal, den Unterschenkel nach außen zu drücken.«

Willy ächzte, Horst lachte, die Therapeutin sagte: »Wie schön. Ich hab hier schon einige Männer gehabt, die den Verlust ihres Berufs nicht so gut verkraftet haben wie Sie. Da kann ich denen noch so oft erzählen, dass sie froh sein können, überhaupt noch am Leben zu sein. Aber Sie sind optimistisch und machen bei den Übungen prima mit. Der einzige Nachteil könnte sein, dass Sie keine Invalidenrente bekommen.«

Da mischte Horst sich ein: »Wie bitte?«, sagte er, »wie kann es sein, dass er nicht mehr als Zimmerer arbeiten darf, aber keinen Pfennig dafür an Rente kriegt?«

Sie drehte sich um und setzte ein Gesicht auf, als hätte sie Horsts Anwesenheit noch gar nicht bemerkt. »Die Vorschriften kommen ja nicht von mir, Herr …?«

»*Ba*ron heiß ich, Sie dürfen mich aber Horst nennen.«

»Ja, also, Herr Bar*on*, man muss schon mindestens zu vierzig Prozent behindert sein, um da was erwarten zu können. Und da sehe ich unseren Herrn Wagner nach seiner Rehabilitation nicht, ehrlich gesagt.«

Zum Glück war Willy das Lächeln im Gesicht gefroren, sonst hätte er wahrscheinlich geheult. Der kannte seit Monaten nur Halbgötter in Weiß, Schwestern mit schlechter

Laune, Operationen, Tropf, Medikamente, Reha unter Schmerzen und Fraß zum Kotzen. Da kannte Horst sich aus, so ähnlich war es im Zuchthaus auch, nur dass dort nicht so heiße Feger rumliefen wie diese Physiofrau. Dass er nie mehr als Zimmermann arbeiten und vom Staat im Stich gelassen würde, das hatte Willys Bewusstsein vermutlich noch gar nicht richtig erreicht. Gebrochene Rippen, gebrochene Beine, Mittelfußbruch, Schädelbasisbruch, Lendenwirbel demoliert, da konnte er noch so viele Fortschritte machen. Vom Kopf her war ihm das wahrscheinlich klar, aber mit dem Bauch war dieser Umstand noch nicht gekoppelt, gut so, sonst hätten sie ihn nach der Reha gleich in die geschlossene Abteilung nach Klingenmünster bringen müssen. Durchhalten war nun alles, bis er hier rauskam, und er, Horst, war für ihn da, so wie er immer für seinen Freund da sein würde.

Bevor Willy auf die Idee kommen konnte, der netten Frau was vorzujammern, stand schon die Schnutenschwester in der Tür, um ihn abzuholen. Er hakte sich bei ihr unter, und wie ein unglückliches Rentnerpaar lahmten sie wortlos zurück auf Station. Horst schlappte ihnen hinterher wie eine unerwünschte Person. Die Schwester öffnete die Zimmertür und sagte viel zu heiter »Sooo«, und bevor Horst sehen konnte, wer da drin war, wusste er Bescheid.

»Da ist ja mein Bruchpilot«, rief Susanne. Zögerlich trat auch Horst ins Zimmer, selten hatte er eine Miene so schnell von zartfühlend auf todwünschend wechseln sehen. Ihren Diensthut hatte sie auf dem Nachttisch abgelegt. Horst nahm den Hut mit spitzen Fingern und legte ihn auf den Fußboden. Sie hob ihn wieder auf, klopfte ihn sachte ab und legte ihn auf ihren Schoß. Dann warf sie Horst einen Blick zu, und er verzog sich rüber zum Fenster. Für lange

Sekunden sahen Willy und Susanne einander an, ehe Horst dazwischenging, denn Susanne hatte ihm bloß dieses elende Gebräu gegeben, das sie vorn ausschenkten. Es sah grau aus, es war heiß, es schmeckte abscheulich, und Willy trank es widerstandslos.

»Schau, was ich dir mitgebracht hab«, sagte Horst. »Soll ich dir von Helga geben und vom S-Bahn-Dirk und von Luis, dem Stinker.«

Susanne wandte den Blick ab. Es raschelte, Willy zog eine braune Flasche heraus.

»Frauengold schafft Wohlbehagen, wohlgemerkt – an allen Tagen«, zitierte Willy die Werbung, und dann zechten sie. Susanne stieß nicht mit Horst an, aber das war ihm egal, Willy war nicht ihr Eigentum. Es dauerte nicht lange, bis Willy den vertrauten Zustand des Schwipses erreicht hatte, der ihm die Zunge lockerte.

»Dreißig Jahre lang hab ich ohne Krankenschein gearbeitet. Jetzt hab ich meine besten Jahre verschuftet und bin nichts weiter als ein Krüppel«, sagte er.

Susanne legte den Diensthut zu Boden, nahm Willys Kopf und legte ihn sich auf den Schoß. Mit der Zungenspitze leckte sie sich eine Träne von den Lippen, streichelte und wiegte Willy wie ein kleines Kind. Sie nahm ein Buch mit brauner und roter Schrift auf ockerfarbenem Grund sowie einer Mietshausfassade auf dem Titel aus ihrer Tasche, *Und sagte kein einziges Wort* von Heinrich Böll. Susanne blätterte eine Weile darin, ehe sie vorzulesen begann. Willy hielt die Augen geschlossen. Horst ebenso, denn Willy hatte ihm vor Jahren befohlen, es zu lesen, und zu seiner Überraschung hatte er Gefallen gefunden an dieser Geschichte. Er sah den Kölner Dom, den er nie besichtigen würde. Er schmeckte den Imbisskaffee des zarten Mädchens, das ihm nie ihre warmen Worte schenken würde. Und ihn durchzog die Sehnsucht nach einer Geborgenheit, die diesem in Armut lebenden Ehepaar das Dasein ein bisschen leichter machte.

Von draußen schlugen die Äste der Kiefer gegen das Fenster. Vom Flur drangen gedämpft die Tiraden der Schwestern herein, ohne dass ein Wort zu verstehen war. Horst hielt Ärzte für Schaumschläger. Warum behaupteten die, Willy sei so gut wie fit, und trotzdem blieb er gefangen in dieser Genesungshaft? Horst lauschte, und das Deckenlicht war zu einem Klumpen verschmolzen, als Susanne irgendwann umblätterte und las: »Fred hielt mir die Stirn, wie er sie mir so oft gehalten hat. Ist dir besser?, fragte er leise. Ja, mir ist besser, sagte ich. Er wischte mir vorsichtig mit seinem Taschentuch den Mund. Ich bin nur so müde. Du kannst jetzt schlafen, sagte Fred, es sind nur ein paar Schritte bis zum Hotel. Ja, schlafen, sagte ich.«

Sie küsste Willy auf die Stirn und machte sich auf zur Schicht. Horst sah aus dem Fenster. Am Himmel trieben weiße Wolken der untergehenden Sonne entgegen. Während er dem gleichmäßigen Atem seines Freundes zuhörte, fielen auch ihm die Augen zu, und auf den Lidern erschienen wie Schattenrisse die Bewegungen einer Wirklichkeit mit Umzugsbetrieb und Goldminenzores. Bis zum Morgengrauen döste er und sah aus dem Fenster, allein mit seinen Gedanken, nur ab und zu mal ging er auf dem Flur spazieren, und am Ende der Nacht machte Horst einen Abstecher zum Ständchen drüben am Pfaffplatz. Als er von dort zurückkam, blickte Willy ihn an.

»Willy, alter Freund und Kupferstecher!«

»Warst du die ganze Nacht hier? Sag bloß, du hast –«

Horst schwenkte seine Plastiktüte, in der es klirrte. Mehrere Flaschen Barbarossa Kaiser Pils.

»Dachte ich's mir doch, dass du aufs Bier glotzt wie der Hund auf den Schinken«, krächzte Horst, leicht lallend, und Willy sagte, er solle den Stuhl unter die Türklinke klemmen. Horst hatte die Schwestern so oft gegen sich aufgebracht, dass beim nächsten Mal ein Hausverbot fällig wäre.

»Weiß Susanne, dass du die ganze Zeit bei mir warst?«

»Mach dir mal nicht ins Hemd, Willy, und lass deine Perle ihre Schicht fertig machen. Ich bring hier meine zu Ende. Und jetzt wird gesoffen, du Sack«, sagte Horst, und Willy schärfte ihm ein, leiser zu sprechen, sonst würden sie beide ihres Lebens nicht mehr froh. Horst setzte die Bierflasche an Willys Mund und rief: »Schluck deine Medizin, du Saufbold! So ein Bierchen macht dich munter.«

Nach zehn Minuten glomm eine Zigarette zwischen Horsts Lippen, die Schwestern ruckelten hinter der verschlossenen Tür die Rollwagen über den Flur, Willy rannen die Schweißperlen von der Stirn, das war Horst nicht entgangen, dem ging die Muffe, dass die das riechen, so ein bisschen leid tat Willy ihm schon, hilflos lag er auf der Kopfstütze, da hatte Horst sich schon wieder eine Kippe angezündet. Er nahm seinen Mut zusammen und sagte: »Du triffst es einfach immer gut. Fällst vom Dach, aber außer ein paar Dellen keine bleibenden Schäden. Eine schöne Frau haste auch. Bei mir reicht ein dummer Fehler, und schon kriech ich unten vor der Sparkasse auf den Fliesen und muss Münzen aus dem Bodengitter pulen. Aber damit könnte es jetzt vorbei sein. Wenn alles gutgeht. Endlich. Ich hab nämlich eine Anstellung. Als Möbelpacker. Da staunste, was? Sogar den Probetag, wo sie einen triezen, hab ich ohne Mätzchen hinter mich gebracht. Allerdings hat die Sache einen Haken. Und der hat's leider in sich. Hat sozusagen das Zeug, mir den Todesstoß zu versetzen.«

»Mach's mal nicht so spannend, ich muss weiterpennen«, sagte Willy.

Urplötzlich hörte Horst auf zu labern. Ihm war da was eingefallen.

»Das wäre sowieso besser für dich«, sagte er, »wir müssen dafür sorgen, dass du gleich wieder geruhsam einschläfst.«

Ohne ein weiteres Wort riss er das Fenster auf, wedelte den Rauch hinaus, dann verschwand er, um eine dieser Schwestern herbeizurufen, die Horst sogleich hinterherkam, eine Spritze zwischen Daumen und Zeigefinger haltend.

»Sooo«, fing sie an, »da sinnse ma froh, dass Ihr Freund hier so uffmerksam is. Von sich aus kummense ja nie an, wenn Se Schmerze ham. Dabei is des doch nix, wofür Se sich schäme müsse. Auch gestandene Mannsbilder tut's ma weh, wann s' so was erläbt hat.«

Sie zog Willy den linken Ärmel hoch und rammte ihm die Nadel in den Oberarm.

»Sooo, gleich tut Ihne nix mehr weh. Es Frühstück werd bei Ihne heut mol en Spätstück, was? Gleich wernse in de Tiefschlaf gleite, freunse sich schoma druff, un dankense vorher Ihrm Freund nommo, der Ihne de Arsch gerettet hat. Alla, ich wünsch Ihne was, gell!«

Mit verschränkten Armen vor der Brust stand Horst vor Willy. »Dein seliger Blick reicht mir als Dank«, sagte er, »und jetzt verrat ich dir noch was. Diese Leute von der Umzugsfirma verlangen, dass ich ein eigenes Auto hab. Sonst darf ich keinen Vertrag unterschreiben. Mach dir mal 'nen Begriff! Diese Gauner. Aber mir bleibt nix anderes übrig, ich muss irgendwie an 'ne eigene Karre kommen. Irgendwie. Dafür brauch ich aber 'ne Stange Geld. Weil doch Peter schon so viel Geld kostet. Was meinste, was der alles braucht, wofür die Krankenkasse keinen Pfennig zahlt.«

Horst wusste nicht, wie viel Willy noch verstand von dem, was er ihm erzählte, »Gauner« womöglich, »Auto« vielleicht, »Geld« und »Kinder« ganz bestimmt, »Leihen« sicherlich auch, hoffentlich ebenso sein »Bitte«. Horst fragte nach einer Zahl, er legte Willy einen Kugelschreiber in die Hand, Willy wusste nicht viel von Zahlen, doch er wusste zwei Zahlenreihen auswendig, und die schrieb er auf diesen Block, den Horst ihm hinhielt.

3

Es stand nicht auf dem Lehrplan, aber ihm war das egal. Sein Sohn sollte sehen, wie ein richtiger Mann malocht. Geholfen hatte, dass der Junge in der Schule eine Mathe-Klausur hätte schreiben sollen. Er musste seinem alten Herrn dankbar sein. Um Schlag fünf weckte Horst den Jungen, das war der nicht gewohnt, Horst hatte ihn am Abend gewarnt, nicht zu spät ins Bett zu gehen, doch der Bengel wollte nicht hören, ewig hatte er sich draußen rumgetrieben, und nun versuchte er sich mit Bauchschmerzen rauszureden, aber nicht mit Horst.

Jetzt saßen sie im Kadett, den Horst sich gebraucht besorgt hatte, und wollten losfahren nach Rockenhausen, da verpasste Horst seinem Beifahrer eine Kopfnuss und löste dessen Sicherheitsgurt. Anschnallpflicht, das war was für Mädchen, wer auf dem Weg zur Arbeit in Horsts Auto einen Leibriemen anlegte, fing sich eine. Sie bretterten über die Landstraße, den Sonnenaufgang im Rücken. Ottes schaltete das Radio ein, der Sprecher kündigte ein Lied von Queen an, und schon begann Ottes die Texte dieser neuen Deppencombo mitzusingen. Eine weitere Kopfnuss reichte, und der

Junge gab Ruhe. Horst schaltete um zum Schlagerkanal, in nicht mal einer halben Stunde waren sie angekommen, und dann stand er da, an diesem goldenen Morgen Ende Oktober, dieser königsblau glänzende Laster, herausgeputzt wie ein Pfingstochse.

Horst und Ottes rauchten HB und lehnten vorn am Sattelschlepper, als die Kollegen nach und nach eintrudelten. Den Tourplan war er längst durchgegangen, er hatte alle Routen des Tages im Kopf, ihm würde hier keiner was vormachen.

»Moin«, fing einer an, dessen Fresse anzusehen war, dass ihm so früh am Tag schon der Schalk im Nacken saß, »hat der Kindergarten heut zu?«

»Der Bub wird dir zeigen, dass er mehr schleppen kann als du, Würstchen«, sagte Horst, »und jetzt rein in die gute Stube. Der Bosko hat sich krankgemeldet, also übernehm ich heut das Kommando. Erster Halt ist Sembach, wir müssen noch über Heiligenmoschel fahren, den Dubbes abholen, ohne den kriegen wir die Waschmaschinen nicht gebuckelt.«

Auf der Fahrt streckte Ottes den Kopf aus dem heruntergekurbelten Fenster. Im Radio lief Rockmusik, was Horst nur zuließ, weil er davon kaum etwas mitbekam. Pünktlich stieg Dubbes zu, der wandschrankbreite Kerl hatte Pranken wie ein Bär und einen Rücken wie ein Gorilla. Welch ein Glück für die Firma, dass im Lauterer Nachtleben nicht mehr viel zu verdienen war. Jahrelang hatte Dubbes in Diskotheken die Tür gemacht, nun setzte er seine Kraft endlich sinnvoll ein. Ottes bestaunte Dubbes, keiner sprach ein Wort, alles lief nach Plan, ein Freitag nach Horsts Geschmack. Er hatte sie im Griff, all die großen, starken, muskulösen, tätowierten Kerle.

Sembach war ein Kuhkaff, da versammelten sich schnell ein paar Rentner vor dem Haus. Weit zog die Familie nicht fort, nur rüber nach Grünstadt wegen der Anbindung nach Ludwigshafen, wo der Haushaltsvorstand bei der BASF angestellt war. Horst hasste Gaffer, die standen bloß im Weg rum und kloppten dumme Sprüche. Wenn die nicht gleich beiseiteträten, würde er Dubbes um eine helfende Faust bitten, war ja nicht auszuhalten hier. Als sie die sperrigen Sachen hinaustrugen, hatte Horst die Faxen dicke und sagte Ottes, er solle gefälligst die Dorftrottel fortjagen. Eine Weile kaute Horst auf seiner HB rum, seinem hilflosen Jungen dabei zusehend, wie er sich lächerlich machte vor den alten Knackern.

Da kam Dubbes mit der Waschmaschine, bremste ab, er kam nicht durch, und wie ihm das Gerät auf den nachlässig gemähten Rasen im Vorgärtchen fiel, warf Horst seine Kippe fort und stapfte zu den Rentnern, gab ihnen Saures, und erst nachdem sie davongetrabt waren, packte Horst seinen Sohn am Ohr und zog ihn neben das Haus, bisschen fort vom Gemäuer, damit die anderen noch alles sehen konnten. Er brüllte, so laut es ging, wenn er ihm einen Arbeitsauftrag erteile, dann habe er ihn auszuführen, was es auch sei, ob er das verstanden habe, und weil Ottes zu spät nickte, schmetterte Horst ihm die Faust gegen die Kinnlade, der Junge ging zu Boden, ihm schossen die Tränen aus den Augen, wieso wehrte der Depp sich nicht?

Beim nächsten Stopp, in Landstuhl, erledigten die Männer zwei Umzüge auf einmal. Im Akkord schleppten sie eine Kiste nach der anderen die Treppen eines Hauses hinauf, Horst stemmte ganz allein einen sperrigen Schreibtisch in die vierte Etage eines anderen. Ottes durfte nur Kleinigkeiten tragen: einen Lampenschirm, eine Zimmerpflanze oder ein Radio.

Nachmittag, Pause. Die Bierflaschen ploppten auf, Ottes

bekam nichts, nachdem er kurz vorher eine Kiste mit Küchengeschirr hatte fallen lassen. Den Schaden würde er ihm vom Taschengeld abziehen, obendrein würde es noch drei Wochen Ausgangssperre geben für den Nichtsnutz. Die Männer pfiffen einer vorbeieilenden Frau hinterher, und Horst dachte, dass Ottes nie eine ins Bett kriegen würde, wenn aus ihm nicht bald ein Mann würde.

Keiner der Kollegen traute sich, in Horsts Anwesenheit ein Wort mit Ottes zu wechseln – nur Dubbes, der Joker, den sie bloß zwei- oder dreimal in der Woche dabeihatten, weil es sonst Stunk gab. Er solle mal Milch trinken statt Cola, rief er Ottes zu, das bisschen Muckis reiche nicht, und Sport machen solle er, beim FV Rockenhausen suchten sie immer welche für den Nachwuchs. Wer weiß, vielleicht spielte er in ein paar Jahren bei den Lauterern, ein Rothaariger bei den Roten Teufeln, passt doch wie die Faust aufs Auge.

»Mein Junge und Fußball, das will ich sehen«, lachte Horst. »Der stolpert über die eigenen Füße und bricht sich sämtliche Beine.«

Kurz vor Feierabend ging es noch zur Mülldeponie. Eine Ami-Familie, die von Landstuhl nach Kindsbach umgezogen war, hatte allerlei Möbel und Krempel hinterlassen. Elende Kaffer, dachte Horst. Da waren Sachen dabei, die er gerne gehabt hätte, sich aber nicht leisten konnte. Ein Vorwerk-Staubsauger, den könnte man reparieren. Noch nie hatte Ottes so ein Gerät in echt gesehen, weshalb Horst es ihm genau zeigte, ihm sogar befahl, es zu berühren. Was die Leute alles wegwarfen. Und eigentlich war es verboten, es mitzunehmen, das hätte ihn die Stellung kosten können, aber als die Kollegen ihre letzte Fuffzehn machten, schaffte Horst den Vorwerk in den Laderaum des Lasters, dazu noch einen Nierentisch, Ottes stand der Mund offen.

Im Depot ließ Horst sich den Plan für die nächste Woche aushändigen, in der er erneut den Kolonnenführer vertreten sollte. Das würde gut laufen müssen. Der Schulz musste merken, wie gut Horst das machte, er brauchte dringend eine Beförderung, sonst würde er früher oder später wieder krumme Dinger drehen, da kannte er sich zu gut. An einer Büroklammer hing ein Zettel mit den Aufträgen, die vorgemerkt waren, manche fest, andere vorläufig. Und für November stand da eine Adresse, die Horst ins Herz traf wie eine Kugel aus dem Hinterhalt.

4

Jetzt ein Bier. In Horsts Nachbarschaft gab es neuerdings einen Supermarkt, so einen mit Logo, oben blau und unten orange, dazwischen stand in einem kleinen weißen Feld in schwarzer Farbe das Wörtchen *Plus* geschrieben. Eigentlich bekam Horst sein Zuhausebier zum Freundschaftspreis an der Trinkhalle, aber heute wollte er es mal hier versuchen. Unter Garantie pisswarm, die Brühe, aber das war egal, Horst nahm vier Flaschen aus dem Regal. Einkaufswagen hatte er keinen genommen, war auch Quatsch, das hatten sie sich von den Yankees abgeguckt, die in der Commissary in ihrem abgesperrten Militärgebiet auf der Vogelweh solche Dinger hatten, damit die Soldaten und ihre Angehörigen unnötigen Kram mitnahmen.

An der Kasse krachten Horst um ein Haar die Glasflaschen auf die Fliesen, denn er hatte ein Gespenst gesehen, das schönste Gespenst auf Erden. In der Schlange vor ihm stand als übernächste Kundin – Dora. Seine Dora. Seit Jahren hatte er sie nicht gesehen, nichts von ihr gehört, nicht mal gewusst, wo sie war. Er stellte die Buddeln auf dem Boden ab und rieb sich die Augen. Kein Gehirnnebel, da war tatsächlich Dora. Nicht geschminkt, nichts an dieser Frau sah inszeniert aus, ihr blondes Haar trug sie zum Zopf gebunden. Im Licht des Supermarktes sah Horst, dass sie gealtert war, trotzdem überstrahlte sie alle anderen hier, die Schnellschnellkunden in der Warteschlange, die ungeduldig hin und her wippten.

Horst schlich zurück in den Korridor, nicht in den mit dem Bier, das wäre zu auffällig, er wählte einen weniger verdächtigen. Beim Klopapier schob er zwei Flaschen ins Regal, die anderen beiden steckte er in den Plastikbeutel. Dezent schob er sich an der Warteschlange vorbei, zum Glück war Dora in Gedanken. Doch kurz vor der Tür blieb er stehen. Er konnte nicht einfach mit seinem Bier hinausspazieren.

Er hörte, wie der Mann vor Dora die Kassiererin ansprach. »Ich stell mich immer so gern bei Ihnen an«, sagte er, während sie mit einer Wucht auf die Registrierkasse eintippte, als müsste sie ihren Sohn züchtigen. Joghurt, Bier, Fertigfraß hatte der auf dem Band – ganz klar, ein Alleinstehender, der es auf die Kassenfrau abgesehen hatte. »Wissen Sie auch, warum?«, fragte er. »Weil Sie sich immer so schön Zeit lassen. Nicht so wie bei Aldi, wo man es kaum schafft, seine Sachen schnell genug einzupacken.«

Die Kassiererin blickte ungläubig auf. Horst sah, wie Doras Stirn sich in Falten legte. In ihre zuckersüßen Wutfalten. Und schon griff sie im Namen der armen Kassiererin ein.

»Wollen Sie damit sagen, die Frau arbeitet langsam?«, fauchte sie den Mann an. Sie war also doch noch ganz die Alte. Augenstern. »Haben Sie schon mal Akkord am Fließband gearbeitet? Wissen Sie, dass Arbeiten wie diese hier einen krank machen können?«

Der Mann schluckte, zahlte und floh. Dora warf ihre Waren aufs Förderband, genoss den Dank der Frau hinter der Kasse, und Horst stürzte aus dem Laden. Hinter einer Litfaßsäule wartete er, drei Minuten, vier Minuten, dann kam sie raus, nichts Federleichtes hatte dieser Gang mehr, nach vorn gebeugt setzte sie einen Fuß vor den anderen, Richtung Bus eilend, und Horst heftete sich an ihre Fersen, lauerte auf den rechten Moment, den er noch vor der Haltestelle gekommen sah.

Von hinten tippte er ihr an die Schulter. Sie schien nicht mal überrascht, als sie ihn aus ihren grünen Augen anstarrte. Der Hauch eines Lächelns ging ihr über die Lippen, dann schüttelte sie den Kopf und grinste. Horst hatte es fast vergessen gehabt, dieses Grinsen.

»Du hast 'ne neue Batschkapp«, sagte sie.

»Dir fällt aber auch alles auf.«

»Siehst aus, als würdeste Whisky schmuggeln.«

All die Fragen, die ihm durch die Rübe rauschten, blockierten sein Sprachzentrum. Er brauche es gar nicht erst zu versuchen, sagte sie, ihr Leben gehe ihn gar nichts an. Gut ergangen sei es ihr, wie er sehen könne.

»Drehst du noch diese Schmuddelfilme?«

»Und du, gehste immer noch an den Spieltisch wie andere Leute aufs Büro?«

»Versuchste also immer noch, ein Glanz zu werden?«

»Versuchst du immer noch, es zu verhindern?«

Sie gingen zur Trinkhalle vom Sepp oben auf der Kollwitzstraße, wo Dora ihr Schnäpschen erst anrührte, nachdem Horst feierlich geschworen hatte, keine Fragen zu stellen, wenn sie auch keine stellen würde. Darauf hob er seine Bierflasche. Ach, Dora, dachte er. »Auf ex, Dora«, sagte er.

»Ich hab mein Lebtag noch nichts auf ex getrunken und werde ganz sicher nicht hier damit anfangen.«

Sie sah um sich, als befände sie sich in einer alten Fotografie.

»Dein Hosenlatz steht offen«, sagte sie.

Er ging nicht darauf ein, ließ den Latz offen. »Da ich nichts fragen darf«, sagte er, »formulier ich es mal so: In letzter Zeit hat man dich in der Stadt nicht gerade oft gesehen.«

Sie schnalzte mit der Zunge und wurde schlagartig ernst: »Mit dem Bock hab ich nichts mehr zu schaffen.«

Sie kannte also seinen Namen.

»Von dem hab ich mich freigekauft, schon längst«, sagte Dora.

Eine ewige Minute lang schwiegen sie.

»Hab wieder 'ne Festanstellung«, sagte Horst. »So richtig als Packer. Läuft wie geschmiert. Bin schon stellvertretender Kolonnenführer.«

»Glückwunsch.«

»Du fragst gar nicht nach den Jungs.«

»Ich darf nichts fragen.«

Sie nahm eine Lord Extra aus der Schachtel, schob sich den Stängel in den auch ohne Lippenstift kussroten Mund und wartete, bis Horst ihr Feuer gab. Sie blies ihm den Rauch entgegen und hauchte auch noch weiter, als gar kein Dunst mehr kam.

»Jedenfalls ist Kalle schon lange ausgezogen. Weiß der Teufel, was der treibt. Meldet sich nicht mehr. Der hat bestimmt die Erstbeste geschwängert und lebt von der Stütze. Ottes macht sich aber prima, der hat bald seinen Schulabschluss und geht dann zum Bund.«

Sie starrte ins Leere, so als gehe sie gar nichts an, wovon Horst erzählte.

»Wenn du Kontakt zu Ottes willst ...«

»Lass mal«, sagte sie, »wär nicht gut für ihn. Irgendwann vielleicht. Ich bau mir was auf und steh bald auf eigenen Füßen. Dann kann ich mich wieder sehen lassen.«

»Du wartest immer noch auf ein Wunder.«

»Ich mach die Wunder lieber, als dass ich auf sie warte.«

Horst fühlte, wie ihm das Gespräch das Herz hüpfen ließ. Um sie herum dämmerte es, was Horst erst auffiel, als es beinahe dunkel war. Er dürfe sie zur Pension in der Königstraße bringen, sagte sie. Sie machten einen Bogen um die Berliner Straße, ihr Kleid rauschte, eine Falte berührte seine Hand, sie passierten plaudernd die Goetheschule und durchquerten schweigend die Galgenschanze, wo Horst nicht mehr an sich halten konnte. Die Worte sprudelten aus ihm heraus wie Klärwasser: »Bleibst du länger in der Stadt? Können wir uns wieder treffen? Ich hab in den Jahren immer an dich gedacht, immer nur an dich.«

Er streichelte ihre Schulter, sie wich nicht zurück. Dann strich er mit der Hand sanft über ihre Wange und sprach weiter: »Niemand kann dich so lieb haben wie ich, das weißt du. Es gab Augenblicke, da konnte ich das ganze Leben nicht mehr ertragen. Dann hab ich an dich gedacht und daran, dass du irgendwo lebst. Verstehst du, was du für mich bist, Dora?«

»Horst, ich geh fort. Ich zieh in die Staaten. Nur deshalb bin ich mit dir was trinken gegangen, weil es so ein Zufall war. Morgen früh bin ich weg.«

Ihre mitleidigen Augen schmerzten ihn mehr als jeder Kinnhaken. »Alle reden vom Trinken, keiner redet vom Durst«, sagte er.

Sie kam näher, sah ihn an, erst nach einer Ewigkeit erwiderte er den Blick, sie kam noch näher, Horst spürte den Sehnsuchtszorn in sich aufsteigen, als ihre Lippen sich berührten, und schon folgte er ihm und zog sie ins Gebüsch, ihr Nein war sein Ja, und er drückte sie auf die Erde, schob ihr Kleid hoch, sie schrie, er solle aufhören, doch er hatte ihr schon das Höschen runtergezogen und schob sich zwischen ihre Schenkel, ihr Flehen und Bitten kam kaum bei ihm an, und er drückte seine Nase auf Doras pulsierenden Hals, es roch nach Trost und Himmel und Sicherheit.

5

Wenn Erna schlief, hatte Horst gute Gedanken. Das war der Härtetest, wenn man eine Person schlummern sah und ihr nichts antun wollte. Er hatte richtig was übrig für Erna, auch wenn ihre Launen manchmal nicht auszuhalten waren. Es kam vor, dass er sie wochenlang kaum aus dem Bett bekam, und wenn sie dann am Küchentisch saß, starrte sie den lieben langen Tag die Wand an und zischte ein Bier nach dem anderen, weiter nichts. Kam Horst in solchen Wochen von der Arbeit nach Hause, lag Peter wimmernd auf seiner Matratze im Wohnzimmer, in Embryostellung, seinen Monti umarmend. Kein Wort hatte Erna bis dahin mit dem Kleinen gewechselt, ihm erst recht nichts zum Essen gemacht, so ein unnützes Weib. Am Ende war es Horst, der ihn tröstend in den Arm nahm und ihm was kochte, ein Rührei oder Bratkartoffeln, wobei er Erna in diesen Nächten keine langte, weil das dem Peter mehr wehgetan hätte als dessen Rabenmutter. Das war die Zeit, in der Horst ungeahnte Vatergefühle für den Blöden entwickelt hatte, den er fortan nicht mehr den Blöden nennen wollte, denn was war denn schon blöd an einem Menschen, der nichts weiter brauchte als ein bisschen Zuwendung.

Was Peter ebenso nötig hatte, war Schutz vor seiner unberechenbaren Mutter. Nach wochenlanger Lethargie geriet die manchmal urplötzlich völlig außer sich. Sie sprang in der Früh aus dem Bett, putzte die Wohnung, manchmal dreimal am gleichen Tag, häkelte Handschuhe, Wollmützen und Pullunder für Peter, flanierte durch die Stadt wie die Königin der Welt und verprasste ihr ganzes Haushaltsgeld für Schmuck und Schminke. Abends platzte sie in die Männerrunde der Goldmine, was sie erst abstellte, als Horst ihr zu Hause auf seine Art klargemacht hatte, wie schädlich solche Überraschungsbesuche waren.

Nun war sie seit zwei Wochen wieder in ihrer schwachen Phase. Horst hatte Ottes aufgetragen, nach der Schule sofort nach Hause zu gehen und Erna ebenso wenig aus den Augen zu lassen wie Peter. Ottes würde gehorchen, daran zweifelte Horst nicht, aber irgendein Gefühl trieb ihn heute dazu, nach Schichtende doch nicht in die Goldmine zu gehen. Ein Dienstagabend ohne Kneipe, das war ein Liebesbeweis für Erna. Und für Peter. Horst fuhr runter in die Stadt und erstand in dem Geschäft neben der Kaufhalle einen Schnittblumenstrauß und eine Tafel Schokolade. In den Plus-Markt am Lothringer Eck würde er nie mehr einen Fuß setzen, so viel war klar.

Auf diesem Weg konnte Horst endlich mal wieder begutachten, was die Jugend am Abend im Stadtzentrum trieb. Horst war auf dem Weg zu seinem Kadett, da kamen sie ihm entgegen, allesamt noch Kinder, sie strömten in die Stadt und gingen als gesichtslose Masse darin auf.

»Was glotzt 'n so, Opa«, rief ihm am Stiftsplatz ein Halbwüchsiger mit Schwuchtelfrisur zu. In seiner Gruppe kichernder Wegelagerer fühlte er sich offenbar sicher.

»Zieh Leine«, rief der Bengel, und als Horst die Mädchen

sah, diese Püppchen mit glatter Haut, großen Augen und Unschuldsschmollmund, da beschloss er, dem Hanswurst eine Lektion zu erteilen. Scheinbar aus dem Nichts packte er ihn am Hals und sagte mit ruhiger Stimme, wenn er noch ein Wort von ihm höre, dann trete er ihn aus der Schlaghose. Wie er den Burschen hielt, ihm in die angstvollen Augen sah, da fühlte er sich wie Ken Norton, auf den keiner einen Pfifferling gesetzt hatte, warum hätte auch ausgerechnet er den großen Muhammad Ali schlagen sollen, und dann gab er ihm eins auf die Mütze, Ali taumelte durch den Ring und wusste gar nicht, wie ihm geschah, und natürlich war es Schiebung, so wie im Boxsport immer, am Ende sprachen die Punktrichter dem völlig fertigen Ali den Sieg zu. Das würde hier nicht geschehen, Horst war Herr der Lage und ließ von dem Milchgesicht ab.

Aus denen wird nie was, dachte er, wer sich so gehen lässt, endet in der Gosse. Horst stieg ein und gab Gas, denn er wollte noch einen Abstecher zur Waschmühltalbrücke machen. Bisschen ab vom Schuss, gar nicht auf dem Heimweg liegend, aber immer eine Wonne, dieser Kindheitsort.

Er stieg aus und drückte den Bauch gegen das Geländer. Unten rauschten die Autos vorbei. Richtung Morlautern waren die Langsamen unterwegs, die sich in ihre Häuser zurückziehen konnten, von denen für Horst in diesem Leben wohl keines mehr übrig sein würde. Richtung Innenstadt rasten die gesengten Säue. Eine Minute lang schloss Horst die Augen. So musste das Meer sich anhören, so in etwa. Hatte er noch nie in echt gesehen, würde er auch nie, und in Filmen war der Ton getürkt, da konnte Horst keiner was vormachen. Echtes Meeresrauschen hatte er mal auf einer Platte gehört, und das hatte exakt so geklungen wie die unter der Brücke hindurchbrausenden Autos. Man musste dafür den rechten Moment erwischen, im Feierabendverkehr war hier entweder Stau samt Hupkonzert angesagt, oder die Kanaillen bretterten über den Asphalt, als müssten sie zur Notaufnahme. Das Rauschen speicherte er in seinem Schädel, und auf der Fahrt nach Hause spielte er es ab, damit sie ihn nicht im letzten Augenblick doch noch einholen konnte, die Sehnsucht nach der Gerstensaftgemütlichkeit. Er dachte an Urlaub, einen richtigen Urlaub, vielleicht sogar am Meer, bald würde er sich ihn eventuell doch leisten können, wenn der Schulz ihn endlich zum Kolonnenführer machte.

Ein Schlenker um den Eisenbanher Sportclub West, paar Meter den Hügel hinab, und schon war er da. Ohne Flurlicht stapfte Horst die Treppen hoch und erwischte das Schloss traumwandlerisch sicher. Auf der Kommode im Wohnungsflur standen zwei leere Flaschen Bier, die sicher ein paar hochprozentige Vorgänger gehabt hatten. Dabei hatte Horst mit Erna eine Abmachung gehabt. Keine Sauferei mehr, solange die Schwermut sie im Griff hielt. Nicht einmal drei Tage hatte Erna durchgehalten. Aus dem unteren Fach der Kommode nahm Horst die Vase, da erst stieg ihm dieser Geruch in die Nase. Sein Kopf knallte gegen das Kommodenbrett.

Er fluchte und stellte die Vase auf die Kommode, öffnete die Tür und trat in die Küche. Die ersten Schritte tat er vorsichtig wie ein Minensucher, ehe ihn der Brechreiz überfiel. Rauchschwaden standen im Raum, er wollte das Küchenfenster aufreißen, versuchte es einmal, noch mal, erst beim dritten Mal ging das verdammte Ding auf, der Gasherd war aufgedreht, in der Wohnstube lagen Erna und Peter reglos auf der Matratze, Horst kam der Mageninhalt hoch, er lief zum Fenster, traf auch hier auf Widerstand, warum ging es nicht auf, und da sah er, wie sauber das Fenster abgeklebt war, mit Isolierband, er riss es ab und ließ Sauerstoff rein in die Bude, »Erna«, brüllte er, schüttelte sie, schlug sie, »Erna, aufwachen«, da wandte er sich Peter zu, gottverdammter Mist, was zog sie den armen Jungen mit rein, er schüttelte auch ihn, »Peterchen, komm schon«, und Erna fing an zu nölen, nicht aber Peter, der lag da wie tot, Horst hielt ihm die Nase zu und blies Luft in seine Lunge, tätschelte ihm die Wangen, »Peterchen«, und dann hob er ihn an, mit beiden Armen packte er den Kerl und trug ihn hinaus, unten legte er Peter auf den Asphalt, erinnerte sich an den Erste-Hilfe-Kurs, Herzdruckmassage, Beatmung, ein Nachbar kam dazu, er müsse seine Frau rausholen, rief Horst, und der Nachbar übernahm sogleich, also schleppte Horst auch Erna herunter, andere Nachbarn brachten Decken und Kissen, da kamen die Feuerwehr- und Rettungswagen näher, und während die Sanitäter sich um Erna und Peter kümmerten, saß Horst an die Hausmauer gelehnt und rauchte, als ihm einfiel, dass Ottes noch dort oben in seinem Bett liegen musste.

ACHTES KAPITEL

Aus Rache ist er reich geworden

1

War Willy früher spätestens um fünf auf den Beinen gewesen, hatte sich die Aufstehzeit im Krankenhaus auf sechs Uhr verschoben. Nun, nach der Entlassung, ging er um diese Zeit ins Bett. Ende Oktober hatten sie ihn endlich gehen lassen. Keine Woche hatte Willy es ausgehalten als Arbeitsloser. Er musste was tun, und der S-Bahn-Dirk hatte ihm eine Anstellung als Nachtwächter vermittelt, oben an der Universität. Nun legte er sich jeden Tag in aller Früh ins Bett, wenn Susanne aufstand und zur Arbeit ging. Diese Woche hatte sie nur Frühschichten, und so würde es – anders als früher, da sie wöchentlich gewechselt hatte – auf absehbare Zeit auch bleiben. Das wusste Willy, weil sie ihren Dienstplan in den Flur gehängt hatte. Gut sichtbar, gar nicht zu verfehlen, wie eine Botschaft an Willy. Sie mied ihn, ganz klar, das hatte schon vor Wochen in der Klinik angefangen, und alles bloß, weil ihr Hass auf Horst stieg und stieg. Sie ertrug es nicht, dass Willy mit ihm befreundet blieb. Ebendarum sprach sie immer weniger mit ihm und nutzte jede Gelegenheit, nicht zu Hause sein zu müssen. An freien Wochenendtagen wie heute verließ sie das Haus spätestens um sieben, ohne Willy zu sagen, wo sie hinging.

Seit dem Dienstantritt an der Universität hatte sich in

Willys Leben eine neue Routine etabliert. Nach dem Aufstehen am späten Vormittag machte er sich eine Butterstulle und Kaffee, dann wanderte er anderthalb Stunden vom Opelkreisel rüber zu Hulda in die Häberlestraße, um dort ordentlich zu frühstücken. Er trank im Stehen an der Spüle ein Glas Orangensaft und ging mit einem Wurstbrot auf den Balkon, wo er die Krümel auf das Trottoir rieseln ließ, während er zusah, wer sich drüben beim Hamann mit Fleischwaren eindeckte oder mit wippendem Blumengesteck zum Friedhof spazierte. Es war der sechste November sechsundsiebzig, ein Samstag, was für die Leute dort unten einen Unterschied ausmachte, nicht aber für Willy, der sechs Tage die Woche den Nachtwächter gab. Wobei, einen Unterschied gab es: Jeden Samstag traf er hier auf Mira, die das Wochenende bei ihrer Oma einläutete und so ganz nebenbei mal wieder ihren Vater zu Gesicht bekam.

Bei der Bundestagswahl ein paar Wochen zuvor war ihnen ein pfälzischer Kanzler Helmut Kohl erspart geblieben. Willy hatte SPD gewählt, zum ersten Mal überhaupt seit neunundvierzig hatte er gewählt. Bis dahin war ihm nicht ersichtlich geworden, weshalb er sich an einer Wahl beteiligen sollte, wenn danach sowieso bloß Kompromisse zustande kamen und niemand mit starker Hand durchregieren konnte. Für den kleinen Mann war doch lang schon keiner mehr da, dachte er, erst recht nicht die Sozen, da hatten sie ihn zweiundsiebzig noch so sehr animieren können mit ihren *Willy wählen*-Ansteckern. Diesmal aber galt es, den Kohl zu verhindern, der hätte Deutschland blamiert auf der Weltbühne, ganz anders als der Schmidt, so einer wie der Kohl durfte nie ins Kanzleramt kommen, und wenn es noch einen Funken Anstand gäbe im deutschen Volk, dann würde dieser nuschelnde Bauer dort auch nie landen.

Als ob Petrus der Wahlsieg der SPD gefallen hätte, war noch einmal baustellentaugliches Wetter über die Stadt gekommen. Die späte Herbstsonne schien auf den Gehweg, leuchtende Blätter klammerten sich an die Zweige der Birke. Allzu weit konnte Willy wegen des blendenden Lichts nicht sehen, aber für knapp fünfzig Meter reichte es, und in dieser Entfernung kam das Unheil auf ihn zu. Was hatte ausgerechnet sie hier verloren? Eigentlich wollte er sich doch nachher in Ruhe das Auswärtsspiel des Betze bei den Bayern im Radio anhören, und nun trippelte ausgerechnet diese Frau heran. Sie sah ihn von der Straße aus, rang sich aber weder zu einem Winken durch noch zu einem Nicken, und als Willy sie kurz darauf in der Küche mit Hulda frotzeln hörte, entschied er, weiter dem Treiben auf der Mannheimer Straße zu folgen. Was ein jähes Ende fand, als Hulda ihm meckernd ihren Gehstock in die Rippen stach: »Schaff dich rein, oder meinst du, der Besuch wär wegen mir gekommen?«

Am Küchentisch saßen sie nebeneinander: Hulda, Susanne und Mira. Auf dem Schoß der Kleinen hatte Kater Iljitsch es sich bequem gemacht. Natürlich ahnte Willy, was Hulda und Susanne von ihm wollten.

»Warum liest du die *Frankfurter Allgemeine*? Du wohnst doch gar nicht in Frankfurt«, sagte er.

»Sehr witzig«, sagte Hulda. »Man muss den Feind kennen, damit man ihn besiegen kann«, deklamierte sie aus ihrem Bestand an Parteitagssprüchen.

»Ihr sitzt da vor mir wie bei einem Tribunal, so als wär ich ein Schwerverbrecher«, sagte er.

»Hast du dir selbst zuzuschreiben«, sagte Hulda.

»Du hast eine Grenze überschritten«, sagte Susanne. »Die überschreitest du schon seit Monaten. Und das Schlimmste war mir noch gar nicht bewusst. Ich wüsste es immer noch nicht, wenn deine Mutter sich mir nicht anvertraut hätte.«

Willy warf Hulda einen verächtlichen Blick zu.

»Weiß der Teufel, was ihr wieder habt«, sagte er.

»Begreifst du es nicht?«, sagte Susanne. »Ich dachte, ich würd dich besser kennen.«

»Wir müssen da jetzt endlich mal drüber reden, Junge«, sagte Hulda.

»Da gibt es nichts zu reden«, sagte Willy. »Tu doch nicht so, als wüsstest du nicht Bescheid, was Rosi mit der Kohle macht. Oder ist das so ein Frauending, dass ihr meint, euch alle gegen mich wenden zu müssen?«

»Es geht mir um die Heuchelei. Dass du den Unterhalt an deine eigene Familie nicht zahlst, diesem Lump Horst aber Geld beschaffst und ihn das Sparkonto für deine Kinder plündern lässt«, sagte Hulda. Susanne nickte.

Willys Augen traten hervor. Er erhob die Stimme: »Das geht so nicht weiter. In einer Tour unterschlägt sie den Unterhalt. Meine Mädchen haben davon nichts. Wenn ich wollte, könnte ich Rosi dafür anzeigen. Solange wir keine Lösung finden, kriegt die von mir keinen Pfennig mehr. Das ist mein letztes Wort.«

»Wie herzlos kann ein Mensch sein«, murmelte Hulda.

»Wenn mir heute wer eine Million gäbe, würde ich sie verschenken«, sagte Willy. »Ich will aus eigener Kraft vorankommen.«

Susanne sagte: »Hast du schon mal darüber nachgedacht, dass es nicht jedermanns Sache ist, allein aus eigener Kraft voranzukommen? Und dass das auch nicht jeder kann?«

»Lass den Trottel, Liebes«, sagte Hulda. »Seit Jahren steckt er den letzten Heller lieber seinem Horst zu, als an seine Familie zu denken.«

»An die Familie denken, ja, das willst du? Mutter, merkst du nicht, wie du dich lächerlich machst? Wer hat hier denn seinen Sohn im Stich gelassen damals im Krieg? Erzähl du mir nichts von Familie.«

»Das hat damit nun wirklich nichts …«, begann Hulda, brach jedoch ab, und Willy kostete den Moment aus, weil er wusste, was in der alten Frau vor sich ging.

»Meldet es sich etwa doch noch, das schlechte Gewissen?«, sagte Willy, »wenn hier jemand seine Familie vergessen hat, dann du. Das Einzige, was du liebst, ist deine fixe Idee vom guten Arbeiter. Der ich anscheinend nie war.«

Nun sprang auch Hulda auf. Wie Sheriff und Schurke standen Willy und sie einander gegenüber: »Ja, ich bin Bolschewikin«, rief sie, »das hat mich die Hitlerei gelehrt, dass mit dem Kapitalismus kein Staat zu machen ist. Und dass du das nicht in deinen Kindskopf kriegen willst, enttäuscht mich immer wieder neu, Junge.«

»Nächste Woche tritt der Wolf Biermann im Fernsehen auf. Der hat Singverbot drüben in der Zone. Da kannste mal sehen, wie frei die Arbeiter sind in deinem Sozialismus.«

»Lass mich mit dem Holzkopf von Biermann in Frieden. Arbeiterverräter haben wir schon genug bei uns im Westen. Und überhaupt. Du lenkst doch nur ab von deinem verantwortungslosen Getue«, sagte Hulda.

»Was meinst du damit, sie hätte dich im Stich gelassen damals im Krieg?«, fragte Susanne. »Red mit mir, verdammt!«

Abermals winkte Willy ab. Hulda zückte ein Taschentuch, nahm ihren Stock und verzog sich in das Hinterzimmer, wohin Kater Iljitsch ihr mit aufgestelltem Schwanz folgte. Willy stand rauchend am Küchenfenster, da spürte er Susannes Hand an der Lende.

»Ich versteh dich«, flüsterte sie, »aber die Mädchen brauchen deine Hilfe. Sonst landen sie irgendwann wirklich auf der Straße oder in den Armen eines Mannes, der sie wie Dreck behandelt. Und Horst musst du die Grenzen aufzeigen, sonst bringt er dich noch ins Grab. Der ändert sich nie.«

»Der Horst hat sich geändert«, sagte Willy. »Oder wie erklärst du dir, dass sie ihn gerade zum Kolonnenführer gemacht haben? Darauf hat er monatelang hingearbeitet, und nun ist er angekommen, ohne jede Gaunerei.«

Sie gingen runter zu Susannes Auto und schwiegen eine Weile. Willy hatte das Radio eingeschaltet. In München stand der Abpfiff bevor, es stand eins zu eins. Der Müller Gerd hatte die Bayern vor der Pause in Front gebracht, Seppl Pirrung in der zweiten Halbzeit für den FCK ausgeglichen. Sie waren schon bis zur Alten Brücke gefahren, da sagte Willy: »Vielleicht hast du recht mit der Unterhaltssache. Aber versprich mir eins: Sei nicht mehr so grob zu Horst. Der ist ein armer Kerl, der meine Hilfe braucht. Seine Erna hat versucht, sich umzubringen. Sein Ottes wär beinahe draufgegangen. Und die leben immer noch hier vorn in der Berliner Straße. Wir kennen uns ewig, da kannst du dich nicht zwischen uns stellen.«

Susanne fuhr rechts ran und stellte den Motor ab. Willys Blick folgte einem Igel, der im Gebüsch sichtbar wurde, entkräftet und offenbar nach einem Platz für die Winterruhe suchend. Das war Menschewik, dachte Willy. Ganz sicher war er das, dieses Tier, das Willy mit Juli vor Jahren gerettet hatte! Noch ein alter Freund.

»Liebst du mich?«, fragte Susanne. Einfach so. Aus heiterem Himmel. Willy wagte es nicht, ihr das Gesicht zuzuwenden, er hielt weiter Ausschau nach Menschewik.

»Horst verweigert jede Aussage zu diesem Verbrecher, der mit Drogen und wahrscheinlich auch mit Frauen handelt. Er selbst hat sich eine goldene Nase mit diesem Dreck verdient und alles versoffen oder in die Spielhalle getragen. Er kann sich nicht mal die Namen deiner Töchter merken. Er hat dir einen Kredit aufgehalst, den er dir niemals zurückzahlen wird. Niemals. Darum bist du so verschuldet, dass du jahrelang auf keinen grünen Zweig mehr kommen kannst. Er hat dein Sparkonto geplündert, um sich eine Karre zu kaufen.«

»Du willst deine Karriere voranbringen, indem du in meinen Angelegenheiten und denen von meinem Freund wühlst? Nur zu, ich halt dich nicht davon ab«, sagte er. »Es gibt diesen Spruch, Blut ist dicker als Wasser. Hab ich nie dran geglaubt. Willst du wissen, warum?«

Nun drehte er doch noch den Kopf und sah, wie Susanne die Tränen über das Gesicht rannen.

»Meine Mutter, die ist für dich eine Heldin. Verstehe ich, sie war im Widerstand, hat dem Hitler die Stirn geboten. Kann kaum noch laufen und kämpft noch immer für die Revolution, ewigen Frieden und Wohlstand für alle. Was ihr Fanatismus mit mir gemacht hat, das hast du dich nie gefragt, oder? Dass sie mich als Kind ins Heim gesteckt hat, weil sie ihre kostbare Zeit für den Klassenkampf brauchte. Und hätte sie die Kollegen auf der Baustelle nicht aufgehetzt, hätte ich die Sache gelöst bekommen, Horst wäre nicht im Knast gelandet, und ich wäre nie vom Dach gefallen. Hulda weiß mehr von den Arbeitern beim Habbelrath als von ihren eigenen Enkelkindern. Deine Verwandten suchst du dir nicht aus. Deine Freunde schon. Und wenn du einen Freund gefunden hast, der zu dir steht, dann lässt du den nicht fallen. Klar hat Horst viel Mist gebaut. Hab ich aber genauso. Und wenn du mich zwingst, mich zu entscheiden zwischen meinem ältesten Freund und dir, dann …«

Susanne hielt ihm den Mund zu. Im Radio verkündete

der Reporter, das Spiel sei aus, München und Kaiserslautern trennten sich gütlich unentschieden. Ohne ein weiteres Wort zu verlieren, stieg Willy aus und stapfte davon, ohne sich noch einmal umzudrehen.

2

In acht Jahren Volksschule hatte Willy mehr gelernt als diese Neunmalklugen bis zu ihrer Oberprima. Ohnehin hatte ihn das Leben mehr und Besseres gelehrt, als es noch so viele Stunden im Schulhaus bewerkstelligt hätten. Diese Universität gehörte ihm ebenso wie den künftigen Studierten, die einstweilen mit dem Geld anderer Leute die Zeit totschlugen. Schichtbeginn war abends um acht, Schichtende früh um fünf, ein Tag die Woche frei. Und trotzdem musste er sich nach einer zweiten Beschäftigung umsehen, die Kohle würde künftig hinten und vorne nicht mehr reichen, weil Susanne zwei Tage zuvor ohne weitere Aussprache mit Willy am Opelkreisel ausgezogen war und ihre Rückkehr ungefähr so wahrscheinlich war wie der Gewinn des Europapokals für den 1. FC Kaiserslautern.

Willy streifte über das Gelände, noch in Zivil, es war mittags. Auf den Holzbänken unter den Bäumen lungerten diese jungen Leute herum, in deren Gesichtern er unerschütterliche Entspannung las. Langhaarige saßen in vorwurfsvollem Schneidersitz da und gaben durch ihre Körperhaltung zu verstehen, dass ihre Gammelei nur ein vorübergehender Zustand war, ehe sie in die Chefetagen einziehen und die Arbeiter auf den Baustellen in ein Dilemma nach dem anderen stürzen würden. Wenn man wissen wollte, was mit den Studenten los war, genügte es, ihre Toiletten aufzusuchen und sich die Schmierereien anzusehen, die nicht etwa sie entfernen mussten, nein, das überließen sie den Putzfrauen. Das war es, was seine Mutter nicht sehen wollte, die diese Schmarotzer für einen Teil der arbeitenden Klasse hielt.

Seine Stimmung schlug um, als er Mira und Juli sah, die wie verabredet mit Prinz an der Bushaltestelle warteten. Vor allem Mira sah glücklich aus, sie würde mal eine Strahlefrau werden, die sich vor Angeboten gut betuchter Männer kaum würde retten können, davon war Willy überzeugt. Juli war erst zehn Jahre alt, die durfte Willy noch an der Hand nehmen, bei der inzwischen dreizehnjährigen Mira musste er sich mit einer Umarmung begnügen. Und Prinz war kastriert, gottlob, sonst liefe er jeder läufigen Hündin nach. Rosi war dagegen gewesen, dem Rüden die Klöten abschneiden zu lassen, und natürlich hatte sie so getan, als wolle sie dem Tier sein sexuelles Glück nicht nehmen, doch in Wahrheit hatte was anderes dahintergesteckt, da kannte Willy seine Frau gut, sie hätte ihn das Weibchen der Nachbarn aus dem zweiten Stock decken lassen und nach dem Welpenverkauf mit den Herrchen der Hundedame den Gewinn geteilt.

Willy ging mit Kindern und Hund zum Wildpark, wo er nicht viel zu sagen brauchte. Die Mädchen wussten, was zu tun war. Juli blieb abrupt stehen, lauschte dem *Pits-dä-dä-dät* und rief: »Sumpfmeise!«

»Sehr gut, Kleines«, sagte Willy.

Mira war dran. *Krrah. Krrah. Krrah.*

»Rabenkrähe«, sagte sie, und Juli verkniff sich leider nicht ihr »Das war käseleicht«.

»Sei nicht so neunmalklug«, mahnte Willy.

»Ich sag bloß die Wahrheit.«

Prinz bellte, als wolle er Juli zustimmen. Die wusste, wie viel Willy auf die Wahrheit gab, und nahm ihn beim Wort.

Lieber einen Freund verlieren, als auch nur ein einziges Mal lügen, das hatte er den Mädchen beigebracht, da konnte er sich nicht untreu werden. Und Juli stach noch mal zu: »Machst du das ab jetzt wieder immer so, dass du Mama das Geld gibst und nicht mehr uns?«

Wäre da nicht diese Parkbank in Sicht gekommen, Willy wäre umgekippt. Er musste sich setzen und eine rauchen. Links von ihm saß Mira, rechts Juli. Prinz kroch unter die Bank und kaute an dem Knochen, den Willy ihm mitgebracht hatte. Eine Weile dachte Willy nach, dann drückte er die Kippe aus und warf sie fort.

»Man darf keine Zigarettenstummel in den Wald schmeißen«, sagte Juli.

»Erziehst du jetzt mich? So weit kommt's noch«, sagte Willy.

»Ist schlecht für die Umwelt«, sagte sie.

»Passt mal auf«, sagte er, »ich hab's euch schon oft gesagt und sag es gern noch mal: Wenn eure Mutter und ich uns streiten, hat das nichts mit euch zu tun. Gar nichts. Dass ich das Geld für den Unterhalt eine Zeit lang euch gegeben hab, war ein Fehler. Das hätte ich nicht machen dürfen. Weil mir hätte klar sein müssen, dass sie misstrauisch wird, dass sie es euch wegnimmt, dass sie euch in unsere Angelegenheiten reinzieht. Und wenn ich es jetzt so weitermachen würde, dann würde das Gericht entscheiden, dass ich euch nicht mehr sehen darf.«

»Warum vertragt ihr euch nicht einfach wieder?«, fragte Juli. »Jetzt, wo Susanne weg ist, kannst du doch bei uns einziehen.«

Willy musste sich zusammenreißen.

»Eure Mutter und ich, wir nähern uns an. Das ist bei uns Erwachsenen anders als bei euch Kindern. Wenn was vorgefallen ist, dann können wir uns nicht einfach die Hand geben und wieder ein Kopp und ein Arsch sein.«

»Warum nicht?«, fragte Juli.

»Na, weil darum, du Naseweis.«

»Das ist doch kein Grund«, sagte Juli.

»Ich muss auch nicht alles begründen. Ich bin dein Vater, nicht dein Sklave.«

»Ach«, sagte Mira grinsend, »die einen sagen so, die anderen so.«

Er nahm seine Töchter in den Arm, drückte sie unter deren Protest fest an sich, atmete tief ein und langsam aus.

»Hast du was Neues geschrieben?«, fragte er.

Juli stöhnte, Mira schwieg.

»Na komm. Du musst uns aufmuntern«, bat er.

Mira flüsterte Willy etwas ins Ohr. Er nickte verschwörerisch, wandte sich Juli zu und sagte: »Kleine, du erinnerst dich an unsere Abmachung?«

»Weiß nicht, was du meinst«, sagte Juli.

»Hör schon auf damit«, sagte er. »Wer Gedichte schreibt, öffnet sich anderen. Das kann nicht jeder. Und wenn man so jemanden auslacht, dann ist man ein schlechter und schwacher Mensch. Du bist doch kein schlechter und schwacher Mensch?«

Sie verschränkte die Arme vor der Brust und versprach widerwillig, nicht zu lachen. Triumphierend hob Willy den Kopf und nickte Mira zu. Sie zögerte, dachte nach, wollte keinen Fehler machen, und dann deklamierte sie mit leiser Stimme: »Mein Kind, wir sitzen zusammen im Park und sehen die Blumen erblühen. Wir gehen gemeinsam durch die Wälder und sehen der Bäume Grün. Wir ruhen uns aus unter der alten Eiche. Wird sie auch morgen noch blühen?«

Willy applaudierte und klopfte Mira auf den Rücken. Juli

sagte, sie müsse mal für kleine Mädchen, und verschwand hinter einem Baum.

»Mach dir nichts draus«, sagte er. »Irgendwann wird sie merken, dass du eine Künstlerin bist. Spätestens, wenn deine Gedichte als Buch erscheinen.«

»Vater«, sagte sie in einem Ton, der Willy nicht geheuer war.

»Was denn, Kleines?«

»Mama weint nachts.«

»Aha.«

»Manchmal, wenn sie eingeschlafen ist, schleich ich mich zu ihr und leg mich ins Bett, ohne dass sie aufwacht.«

»Das ist schön.«

»Weißt du, was sie dann macht, mitten im Schlaf?«

»Was denn?«

»Sie ruft deinen Namen.«

3

Willy sah kaum hin, starrte ins Leere, wollte es schnell erledigen. Seine Absage war unmissverständlich gewesen, die Wunde in Willys Seele war noch ganz frisch, die durch ihre Flucht aus der gemeinsamen Wohnung entstanden war, doch weil Hulda sich mal wieder eingemischt hatte, saß er nun hier auf der Bank im Volkspark direkt neben der Statue vom Rossebändiger. Wie eine zufällig vorbeikommende Flaneurin nahm Susanne neben ihm Platz. Mit Sicherheitsabstand. Ihren Diensthut legte sie zwischen sich und Willy.

»Siehst erschöpft aus«, sagte sie, »richtig krank.«

»Was liegt dir daran?«, sagte er.

»Ach ja, Willy«, sagte sie. Ein Herablassungsvierklang in absteigendem Ton.

»Was kann ich für dich tun?«

»Rat mal, wer uns gestern aufs Revier gebracht wurde«, sagte sie. Willy spürte ihren Blick, sah sie aber nicht an. »Ganz genau. Der Typ, der den Ottes für seine Drogenvertickerei angeheuert hatte. Da ackern wir uns ab, den Kerl dingfest zu machen, und dann reicht der Hinweis von einem Hilfsarbeiter.«

Neugier stieg in Willy auf, jetzt wollte er es wissen.

»Ein Pfaffianer. Kam vor ein paar Tagen bei meinem Kollegen an, ganz nervös und zerzaust, mit schlechtem Gewissen. Als wir ihm versichert hatten, dass er keine Strafe befürchten muss, hat er ausgepackt. Hat ein paar Tage gedauert, dann war die Indizienkette so festgezurrt, dass wir den Kerl fürs Erste festnehmen konnten.«

»Was habt ihr Schönes rausgekriegt? Und was hab ich damit zu tun?«, fragte Willy.

»Ich weiß, dass Horst und du die Automaten gesprengt habt. Wenn es nicht so schamlos wäre, würde ich dir Respekt zollen.«

Sie grinste so gemein, dass ihm mitten im November der Schweiß über die Stirn rann.

»Und weißt du, woher? Als der Kollege mit dem Kerl reinkam, der übrigens Bock heißt, da hab ich die Sache übernommen. Musste mir ganz schön was einfallen lassen, damit die Kollegen nicht misstrauisch werden. Aber ich hatte da so ein Gefühl und hab sie in Bocks Wohnung geschickt, damit seine Handlanger nicht alle Spuren beseitigen und wir ihn bloß wegen irgendwelcher Haschischdelikte drankriegen können. Dann saß ich mit dem Bock allein im Zimmer, und der hat alle Karten auf den Tisch gelegt, warum auch immer. Dass Horst in seinem Auftrag den Raubzug gemacht hat. Dass sie dich als dummen August benutzt haben. Dass er vorm Pfaffgelände gewartet hat, bis Horst die Beute rüberwirft und er mit dem Bulli weg ist. Und dass sie alles siebzig dreißig unter sich aufgeteilt haben.«

Willy wusste nicht, was er denken sollte.

»Du sagst ja gar nichts. Bist du nicht überrascht?«

Bedächtig schüttelte er den Kopf.

»Heißt das …? Willst du damit sagen …? Du wusstest, dass die beiden dich reingelegt haben? Willy, sag, dass das nicht stimmt!«

»Was hätte ich denn tun sollen? Horst ist jetzt endlich Kolonnenführer. Soll ich ihm das kaputtmachen?«

»Du wärst mit einer Geldstrafe davongekommen, maximal, und die beiden hätten bekommen, was sie verdienen. Ich fass es nicht. Warum lässt du dir alles gefallen? Warum nur, was ist los mit dir?«

Willy seufzte. Susanne schnaubte vor Wut, riss sich aber zusammen und sagte: »Du würdest Horst sogar noch decken, wenn er jemand umgebracht hätte. Ich will versuchen, ihn aus der Sache rauszuhalten. Das geht aber nur, wenn ich dem Bock genug anderes nachweisen kann, sonst versucht der, alles auf Horst zu schieben. Da kommt es auf den Ottes an, der darf nicht noch mal die Aussage verweigern, sonst ist der Ofen aus.«

Kopfschüttelnd sah sie ihn an, nahm ihren Hut und stand auf: »Ich wünsch dir alles Gute. Aber das war unser letztes Gespräch, Willy. Ich ertrag deine Unterwürfigkeit nicht mehr. Mach's gut.«

Und fort war sie. Ein Glück, hat die sich kurzgefasst, dachte Willy, sonst wäre er noch zu spät zu seiner Verabredung gekommen. Diesmal war er früh dran. Er hatte schon sein zweites Bier getrunken am Ständchen vom Sepp in der Kollwitzstraße, als Juli von der Schillerschule herüberspaziert kam. Von Weitem schon sah er sie, da leerte er die dritte Flasche und nahm zweimal Eis am Stiel. Willy biss unten ab. Nein, nein, rief Juli, so gehe das doch nicht! Er solle mal hergeben, sie zeige ihm, wie man das macht.

»Erst sind die weißen Spitzen dran«, sagte sie und fing an zu schlecken. Sie gab ihre Anleitung zum Besten, ganz langsam, damit der alte Knochen es mitschneiden konnte: »Dann nehmen wir uns den unteren Teil vor, den Waldmeisterboden.«

Binnen einer halben Minute war kein Grün mehr an dem Ding dran, und Juli fuhr fort: »Der rote Mittelteil kommt erst zum Schluss. Jetzt schau genau hin!«

Sie öffnete den Mund, atmete tief ein – und zog den roten Rest flutschend vom Stiel. Willy gratulierte und wischte Juli mit einem Taschentuch den roten Mund ab. Sie gab ihm das zweite Eis und forderte ihn auf, es ihr nachzumachen. Willy tat es nur ihr zuliebe, denn an sich wusste er nichts anzufangen mit dem Zuckerzeug, so was hatte es früher nicht gegeben, und dennoch hatten sie als Jungs eine schöne Kindheit verlebt. Fünfzig Pfennige für ein pappsüßes Wassereis mit Farbstoff. Dolomiti. Wenn man es umdrehte, sah es aber nicht mehr nach einem Gebirge aus, sondern wie Vampirzähne. Scheiß drauf, dachte er, sah sich um, und als die Luft rein war, ihn also niemand beobachtete, führte Willy jeden Schlabberschritt exakt aus wie von Juli verfügt.

Sie stiegen in den Siebener-Bus, fuhren bis zur Kaisermühle und gingen den Rest des Weges zu Fuß. Wegen des Gesprächs mit Susanne hatte Willy sich keine Gedanken mehr gemacht, wie er Rosi überhaupt begegnen sollte. An der Haustür in der Talstraße war es zu spät, Juli hatte schon geläutet.

»Tach«, sagte Willy.

»Tach«, sagte Rosi. »Hab ausnahmsweise keinen Besuch«, sagte sie. »Willste reinkommen?«

Er kratzte sich am Kopf und stammelte: »Ja, also …«, Rosi trat beiseite, schob die Tür auf, und Willy, der sich noch ein »Ganz kurz« abrang, trat ein. Sie hatte gebacken, Schokoladen-Orangen-Torte. Juli zwinkerte Willy zu. Sie spachtelten Torte, bis es dunkel war. Rosi bat Willy, mit seiner Zigarette durch die Küche zu gehen, damit es nicht mehr so nach Backen stank. Dann saßen sie vor dem Fernseher, so wie sie früher immer vor dem Fernseher gesessen hatten, er in seinem Sessel und sie auf dem Sofa. Worte wechselten sie fast keine, da lag bloß diese Leichtigkeit in der Luft.

Juli schrie: »Mira, schnell, die Dünser geht gleich los!«, und kam ins Wohnzimmer gesaust. *Die V.I.P.-Schaukel.* Margret Dünser mit den Reichen und Schönen im Zweiten. Dass es den Quatsch noch immer gab. Heute hing Nebel über der Themse. Und die Dünser kommentierte in ihrem österreichischen Akzent: »Londons zwielichtiger Dunstkreis, aristokratisch und trivial, voller Langeweile und Extravaganz.«

Zwanzig Minuten dauerte es diesmal, bis die Dünser auch Willy für sich gewonnen hatte. Sie saß mit einer Araberbagage in einem Garten, der umzäunt war wie ein Käfig. In einer orangefarbenen Hollywoodschaukel qualmte ein Baulöwe seine Pfeife und sagte: »Ich glaube, dass ich es ganz allein geschafft habe.« Klein angefangen habe er, mit einem Auftrag für hundertsechs ägyptische Pfund, ihm sei ein Gewinn von sechs Pfund geblieben. Ausdauer und starker Wille zahlten sich aus, sagte er. Zwanzig Stunden am Tag habe er gearbeitet, heute beschäftige er fünfunddreißigtausend Arbeiter. Fabriken, Krankenhäuser, Häfen und was noch alles habe er gebaut. Durch den Krieg in seinem Land habe er umgerechnet fünfundvierzig Millionen Mark verloren, aber nie aufgegeben. Jetzt sei er Wiederaufbauminister.

Dann fragte die Dünser, was er bereue. Nicht genug Zeit für die Familie gehabt zu haben, antwortete er. Rosi warf ihm neckische Blicke zu. Der Ägypter sprach Willy aus der Seele: »Entweder man will den Erfolg, oder man ruht sich zu Hause auf der faulen Haut aus.«

»Die Dünser ist einsame Spitze«, sagte Willy.

Schnitt in die Staaten. Dünser: »In den Abgründen von New Yorks Dollarschluchten kreist auf dem Korso der Magnaten und Emporkömmlinge der in der Dollarfarbe symbolisch grüne Rolls-Royce von Frederick Eikerenkoetter, besser bekannt als Reverend Ike. Dank der Spendenfreudigkeit seiner Anhänger genießt der Gründer der Vereinigten Kirche und des Instituts der Wissenschaft vom Leben in vollen Zügen das Highlife.«

Willy lachte. Dieser Kerl zog den Ärmsten in Harlem im Namen Gottes die letzten Dollars aus der Tasche. Seine sogenannte Kirche hatte der Sauhund gegründet, damit er keine Steuern zahlen musste.

»Wer will denn auf diese Abart reich werden?«, sagte Willy, »der Mann kann doch nachts nicht ruhig schlafen.«

»So unglücklich sieht er aber nicht aus«, sagte Rosi.

Margret Dünser gab die angebliche Maxime des Reverend Ike wieder: »Wenn man einem Mann einen Fisch gibt, ernährt man ihn für einen Tag. Wenn man ihn das Fischen lehrt, ernährt man ihn für ein ganzes Leben.«

Seine Predigten waren gut besucht, in den vollen Sälen beteten ihn die Leute an als ihren Heiland, weil er ihnen ein paar Kalendersprüche über den Segen des Geldes entgegenrief. Horst hatte recht. Die Menschen waren wirklich Rindviecher.

»So«, sagte Rosi, »ab ins Bett, Kinder.«

Als die Mädchen weg waren, saßen sie da und wussten nicht weiter. Der Fernseher lief noch, da sagte Willy, er habe heute Mittag im Volkspark etwas Ungeheuerliches erlebt. Er würde es ihr verraten, aber nur unter einer Bedingung: Sie müsse versprechen, die Information für sich zu behalten und nicht auszurasten.

»Wenn du mir das so ankündigst, kann ich dir versprechen, dass ich ausrasten werde«, sagte Rosi. »Aber weil die Mädchen nicht darunter leiden sollen, versprochen.«

Er ging zum Sofa, um Rosi ins Ohr zu flüstern. Sie drehte den Kopf, und seine Lippen fanden ihre. Ob er über Nacht würde bleiben dürfen?

4

Halb acht Uhr am Abend, Willy begann seine Schicht ein wenig früher als vorgeschrieben und machte sich gleich auf zur ersten Tour. Richtig zackig war er unterwegs, um das Bier auszuschwitzen. Im Mathematikerbau flirrten die Lichter, Schritte schlurften über das Geläuf, Roy Black klang ihm entgegen, »Ganz in Weiß, mit einem Blumenstrauß, so siehst du in meinen schönsten Träumen aus«, was lustig war, denn die Uniform war rabenschwarz, und in der Hand hielt Willy keine Blumen, sondern eine Taschenlampe. Der Kollege Meier schlich mit tragbarem Radio und Wackelkontaktfunzel heran. Als sie einander grüßten, zwirbelte er an seinem Schnorres und sah erwartungsvoll drein, was Willy zu deuten wusste, er hielt ihm eine Kippe hin. Er kam stets mit einem Überangebot an Zigaretten zum Dienst. Auf Schicht konnten sie sich alle mal so richtig satt rauchen.

»Ein Scheißwetter ist das«, sagte Meier.

»Jaja. Richtiges Dreckswetter«, sagte Willy.

»Aber gestern war's noch schön, gell?«

»Ja, kann man sagen, hast du recht.«

»War eigentlich die ganze Woche schön.«

»Ja«, sagte Willy. »Hoffentlich wird's wieder so.«

»Ist zwar November. Aber ausschließen kannste das nicht«, sagte Meier.

»Nä, ausschließen kannste das nicht«, sagte Willy.

»Sag mal, was macht denn deine andre da? Diese … Was war sie noch mal? Feuerwehrmann?«

»Die andre? Polizistin ist die. Mit der ist es aus, aber weißte was, der geht's gut. Und du, was macht deine andre da?«

»Ach ja, na ja, man sieht sich …«

»Ach ja.«

»Jaja.«

Willy zog sein Stofftaschentuch aus der Uniformtasche und schnäuzte kräftig hinein. »So, ich mach mal weiter«, sagte er. »Wir sehen uns.«

»Alla«, sagte Meier, »ich wünsch dir was!«

Willy wollte rüber zur Zentralbibliothek, Gebäude vier, dafür musste er durch den Regen latschen. Die Brühe prasselte unaufhörlich auf ihn hernieder, Fritz-Walter-Wetter, dachte er, wie kann man den Regen nicht mögen, als Lauterer zumal. Mitten auf dem Campus blieb er stehen. Zwischen seinen Füßen entstand ein kleines Rinnsal, durch das sich der Regen seinen Weg bahnte in die Kanalisation, wo die Ratten wohl in Panik die Frucht ihrer Leiber forttrugen, weil ihre Nistplätze überflutet worden waren. Nach nicht einmal fünf Minuten hörte es zu regnen auf, von jetzt auf gleich, als hätte dort oben jemand den Hahn zugedreht.

Die Wolken wichen dem Mond, diesem Rätselhaften,

dem Willy sich näher fühlte als der Erde. Sollten sie ihm alle den Buckel runterrutschen, diesmal wirklich, er scherte sich nicht mehr darum. Undankbare Gesellen umkreisten ihn, da wäre er schön blöd, ließe er sich weiter zum Deppen machen. Würde es nicht mehr hell werden, bräche die ewige Dunkelheit über die Menschen herein, dann müssten sie mal innehalten, sich besinnen und dem Schönen wieder Beachtung schenken, wofür sie in ihrem Alltag jeden Sinn verloren hatten.

In der Nacht lag keine Eile, da konnte mancherorts ein Mensch noch ein Mensch sein, sich fallen lassen, an eine mittlere Liebe denken und um die große trauern. Willy hatte Ludwig Bernhuber und Kurt Widmann samt Orchester im Ohr, »schön ist die Nacht, die lauschige Nacht, es leuchten die Sterne, ich hab dich gerne, nur diiich, diiich allaaain.«

In seinem Kopf wogten die Töne vor sich hin. Willy schloss die Augen und tat, als läge Rosi in seinen Armen, und dann führte er sie über den Asphalt.

»Schön ist die Nacht, am Himmel erwacht der strahlende Mond, die Liebe sich lohnt für ein Glück nuuur zu zwaaait.«

Die weite Fläche nutzte er für ausladende Tangoschritte, die er in der Tanzschule gelernt hatte, damals, als er Rosi aufgefordert hatte, die gar nicht so leicht zu überzeugen gewesen war, so schüchtern, wie er sie heute gern noch einmal erleben würde, und schon wirbelte seine wiedergewonnene Gattin mit ihm über den Campus, neben seinen Töchtern die einzige Frau auf Erden, für die er jemanden um die Ecke bringen würde.

»Schön ist erst die Welt, seit ich dich sah. Sehnsucht, die noch quält, bringt uns das Glück und die Liebe so nah.«

Als knapp Elfjähriger hatte Willy das Lied zum ersten Mal gehört. Der Krieg hatte ein Dreivierteljahr zuvor begonnen und Willy noch keinen Gedanken an den Endsieg verschwendet, am Sonntag hatte Hulda ihn nach Monaten mal wieder aus dem Heim geholt, und dann waren sie rausgefahren, runter in den Süden, zum Gelterswoog, dem Strandbad am Rand der Stadt, die Hitze hatte kein Erbarmen gekannt, weshalb sie ins sonnenbeschienene Wasser gesprungen waren, beim Abtrocknen später war der kleine Strand noch voll gewesen, und einer hatte ein Grammofon dabeigehabt, aus dem Willy dieses Lied überwältigt hatte wie ein Wunder. Lange schon hatte er wieder im Stockbett gelegen, hatte zuvor fürs Zuspätkommen seine Tracht Prügel bezogen, der Arsch hatte ihm gebrannt wie Feuer, aber dieses Feuer, das loderte seitdem auch in seinem Herzen, er hatte gespürt, wie das Leben sein konnte, was es sein konnte, sein musste, und er wusste noch, wie er sich in jener Nacht geschworen hatte, dass nichts und niemand ihm dieses Wissen jemals wieder würde austreiben dürfen.

»Ja, schön ist die Nacht, die lauschige Nacht.« Gott, dachte Willy, wie hatte es nur so weit kommen können? Diesmal würde er es nicht versemmeln. Er würde Rosi zeigen, dass sie zueinandergehörten wie Wurzel und Stamm. Sie müssten sich nicht mehr um den Unterhalt zanken, und er würde zeigen, dass ein Held in ihm steckte, der dem Geldmangel trotzen und vor Frau und Kindern seinen Mann zu stehen imstande war, jederzeit und problemlos. Und heute Nacht würde er damit anfangen, indem er am Ende der Schicht noch einmal zurückkehren würde zur Mensa, zur Feier der Nacht würde er auch dem Schreibwarenladen nebenan einen Besuch abstatten. Anständig bleiben, das hatte Willy zuletzt schmerzhaft lernen müssen, hieß auch genau abwägen zwischen Gesetzestreue und Regelbruch.

Ein paarmal hatte Willy schon was mitgehen lassen,

vor ein paar Wochen hatte das neue Schuljahr begonnen und die Mädchen waren ohne Schreibzeug gewesen, aber auch Markenpudding und Qualitätsbonbons waren mitgegangen, so was konnte ein normaler Mensch doch nicht bezahlen. Ein anständiger Mensch stahl nicht, schon klar, aber ein anständiger Mann sorgte eben auch für seine Familie.

Nach Ende der Dienstzeit blieb er noch eine knappe Dreiviertelstunde auf dem Gelände, dann ging Willy zum Spind und warf sich den gewitterdunklen Mantel über. Am Horizont kroch die Sonne heran, nun hieß es schnell sein. Die Taschenlampe blieb aus, Willy horchte links und rechts, erst dann schloss er das Lädchen auf, steckte sich im Affenzahn ein, was einzustecken war, ein paar Bleistifte, dieser Taschenrechner, der ihn anlachte aus seiner brüllplakativen Verpackung.

Hopp, dachte er, nix wie rüber zur Mensa, und dort machte er sich über die Kühlschränke und Auslagen her, Milchreis, Joghurt, Schokolade, Bonbons, sogar unter dem taubengrauen Hut verstaute er was, Werther's mit Karamell.

Willy flitzte hinaus, und er hatte es fast schon geschafft, als hinter ihm eine Taschenlampe aufleuchtete, er drehte sich um, das Licht blendete ihn.

»Willy, bist du das?«, rief Meier.

In Schockstarre stand der Ertappte da, der nun ganz dringend so tun musste, als sei er kein Ertappter. Die schwere Plastiktüte schlenkerte er mit dem kleinen Finger.

»Mensch, Meier, was machst du denn noch hier?«

Meier leuchtete zur Mensatür, dann auf Willy, dann wieder zur Tür, zog eine Schnute und sagte: »Das könnte ich dich genauso fragen, Willy. Hast 'n da in dem Tütchen?«, fragte Meier.

»Was soll der Bockmist, Meier, ich hab Feierabend«, sagte Willy. »Heut ist der einzige Tag in der Woche, an dem ich mich vormittags aufs Ohr hauen kann, mittags muss ich meine Mädchen von der Schule abholen.«

Er wandte sich zum Gehen, da zückte Meier die Gaspistole. Sein Schnäuzer sank herab, der Ton wurde scharf: »Hältst du mich für so blöd, Willy? Da verschwinden seit Wochen immer wieder Sachen aus dem Schreibkramladen und der Mensa, komischerweise ziemlich genau, seit du hier mit mir Wache schiebst. Und jetzt treff ich dich in Zivil, eine geschlagene Stunde nach Dienstschluss? Verkauf mich nicht für dumm und zeig mir, was du in der Tüte hast, sonst ruf ich die Bullen.«

5

Vergangene Woche, nach dem Fernsehabend mit Margret Dünser, hatte Rosi ihn doch noch fortgeschickt, aber diese Nacht hatte Willy endlich bleiben dürfen. Kein Auge hatte er zugemacht, auch weil Rosi ihr Herz ausgeschüttet hatte. Er sei nie da gewesen, hatte sie ihm vorgeworfen, sie brauche einen Mann, der nach der Arbeit direkt nach Hause komme, ihr mit den Kindern helfe und weniger Geld in der Kneipe lasse.

Rosi schlief noch, also stand Willy auf und machte die Kinder fertig für die Schule. Ansonsten malte er sich sein neues Eheleben in den schönsten Farben aus. Als hätte es Susanne nie gegeben. Drei Tage zuvor hatte die Sicherheitsfirma ihm angeboten, ab dem heutigen Montag an der Universität wieder angestellt zu werden als Wachmann, allerdings bei halbiertem Lohn und gleichbleibender Arbeitszeit von acht Stunden, sechs Tage die Woche. Willy war kein Bettler, also hatte er das Angebot angenommen, und die Tätigkeit bei Nacht würde er mit einer bei Tageslicht ergänzen. Die war bei Pfaff, wo er seit Kurzem der Vormittagsmann für die Pforte war. Halbtags von neun bis eins. Damit war Willy nun Pfaffianer, wenn auch nur zur Aushilfe. Wenn diese Familie Bestand haben wollte, dann musste Willy darauf achten, dass sie diesmal ihr Geld beisammenhielten. Immerhin hatten sie die Wohnung in der Talstraße, da konnte man würdig leben zu manierlichem Preis.

Rosi schlief noch immer, sodass Willy sich vor Dienstbeginn mit einer Tasse Kaffee und einer Kippe an den Küchentisch setzen und auf einem Blatt Papier endlich in aller Ruhe den Haushalt auf den aktuellen Stand bringen konnte. Am Nachmittag würde er alle Familienmitglieder anhalten zu unterschreiben.

ETAT
der Familie Wagner
pro Monat.

Darf unter keinen Umständen
überschritten werden!!!

A. Einnahmen:

a. Nachtwächter	576 DM
b. Pförtner	320 DM
	896 DM

B. Ausgaben:

a. Lebensmittel:	
Fleisch	40 DM
Zucker	1 DM
Eier	6 DM
Gemüse/Obst	35 DM
Wurst/Käse	17 DM
Brot	14 DM
Nudeln/Kartoffeln	11 DM
Milch/Kaffee	30 DM
	154 DM
b. Kinder:	
Schulsachen	8 DM
Fahrgeld	40 DM
Kleidung/Wäsche	12 DM
Schuhwerk	14 DM
Süßwaren	30 DM
	84 DM
c. Sonstiges:	
Bier	200 DM
Miete, Elektrik und Gas	240 DM
Zigaretten	140 DM
Zuschuss für Mutter	20 DM
Kosmetik/Waschmittel	30 DM
	630 DM
Gesamtausgaben:	868 DM
Bleibt Bestand:	28 DM

Die Unterzeichneten verpflichten sich, unter keinen Umständen und unter keinem Vorwand Geld zu anderen als den vorgesehenen Zwecken und nicht über den Etat hinaus auszugeben.

Kaiserslautern, am 29. November 1976

Fast dreißig Mark an Reserve für Unvorhergesehenes oder einen Kinobesuch für die Kinder blieben jeden Monat übrig – mehr, als Willy zu hoffen gewagt hatte. Er war gerade im Begriff zu gehen, als Rosi in die Küche kam. Was wirkte sie bloß so überrascht? Offenbar brauchte sie eine Minute, um zu begreifen, was sie da getan hatte letzte Nacht. Willy rechnete mit dem Schlimmsten, aber Rosi hauchte ihm ein »Morgen, du Schöner« zu.

»Muss leider los jetzt«, sagte er. »Das Pfaff-Häuschen wartet.«

»Mach zwischendurch mal ein Nickerchen«, sagte sie und warf ihm eine Kusshand zu. »Sollen wir heute Nachmittag den Mädchen sagen, dass ihr alter Herr wieder zu Hause einzieht?«

Endlich war alles wieder so, wie es immer schon hätte bleiben müssen. Willy war ein glücklicher Mann an diesem Morgen bei Pfaff, und die Arbeit war Routine, sodass er zwischendurch in seinem Böll lesen konnte.

»Es dämmerte gerade, als ich den Bahnhof verließ, und die Straßen waren noch leer. Sie liefen schräg an einem Häuserblock vorbei, dessen Fassade mit hässlichen Putzstellen ausgeflickt war.« Das mochte Willy an Heinrich Böll ganz besonders. Wenn er was von hässlichen Putzstellen schrieb, dann meinte er auch hässliche Putzstellen. Der kannte die Dinge des Lebens, und darum kannte er auch die Sinnlosigkeit allen Lebens. Wer das hinnahm, den konnte nichts mehr aus der Bahn werfen. Nicht mal eine Kampagne der *Bild*-Zeitung.

Bis zur Seite zweiundfünfzig war er gekommen, da riss ihn das aufdringliche Telefon aus der Lektüre. Er ging ran, und es war kein dienstliches Gespräch, nein, am anderen Ende der Leitung sprach Rosi. Er müsse sofort nach Hause kommen. Sie war kaum zu beruhigen. Willy sagte, er komme erst, wenn sie ihm erkläre, was genau vor sich gehe, er brauche einen guten Grund, sonst riskiere er, seine Anstellung hier schon wieder zu verlieren. Und dann erklärte sie, kurz und knapp und schmerzvoll. Willy verließ das Pförtnerhäuschen und hielt zum ersten Mal in seinem Leben ein Taxi an.

Oben in der Talstraße umzingelte die Kolonne das Mietshaus wie ein Wolfsrudel seine Beute. Rosi stand vor der Haustür, an jeder Hand eines der Mädchen. Neben ihr Hulda, so aufrecht, als gelte es, die Barrikaden der Pariser Kommune zu verteidigen. Sie würden sich nicht vertreiben lassen.

Ein paar Meter entfernt parkte mit laufendem Motor ein königsblauer Laster der Firma Schulz & Kuhnert.

»Was sollen wir machen«, pisperte Rosi.

»Der Junge weiß schon, was zu tun ist«, sagte Hulda.

Gemächlich trabte er los, die Männer der Kolonne gingen in Habtachtstellung. Willy hob die Arme, so wie damals zum Schluss des Krieges, und als er beim Führerhaus angekommen war, traf ihn der Schlag. Dort saß Horst hinter dem Steuer, eine Hand hielt er am Schaltknüppel, die andere hätte den Motor abstellen können.

Willy machte eine schlüsselumdrehende Handbewegung, doch Horst schüttelte den Kopf. Der Motor heulte auf.

Sie hatten Horst den Verstand vernebelt. Er sah nicht mehr, was da draußen wirklich war, vor seinen Augen.

Willy blieb stehen, wandte den Blick nicht ab, ehe Horst ein Fenster herunterkurbelte.

»Was zur Hölle treibst du da?«, schrie Willy.

»Ich versteh kein Wort«, rief Horst.

Noch einmal forderte Willy ihn auf, den Motor abzustellen, dann öffnete er die Beifahrertür und stieg ein. Nebeneinander saßen die Freunde und schauten auf Rosi, Hulda, Mira und Juli, umringt von Möbelpackern.

»Warum machst du das, gegen deine eigenen Leute?«

»Spiel dich nicht auf, Willy, das bringt nichts.«

»Dann antworte mir. Wenn es nichts bringt, kannst du es mir ja sagen.«

Horst rieb Daumen und Zeigefinger aneinander. »Darum«, sagte er, »wofür denn sonst. Ich hab meine Familie zu versorgen, die müssen alle was essen.«

»Und dafür muss meine hier verschwinden?«

»Hör auf, Willy. Dir ging's dein Lebtag gut. Da kann ich mich nicht drum kümmern. Ich muss an meine Jungs denken. Der Peter und der Ottes brauchen nicht nur was zu beißen, sondern auch paar neue Schuhe. Die Zeiten ändern sich, alter Freund und Kupferstecher. Wir kleinen Leute müssen sehen, wo wir bleiben. Vielleicht hast du solche Sorgen nicht, mit deinen zwei gemütlichen Posten. Aus zwanzig Metern Höhe biste ins soziale Netz gefallen. Ich muss malochen für mein Geld, Spaß macht mir das nicht, und ja, auch schlechte Sachen gehören dazu.«

»Rosi hat mir nichts gesagt von den Mietschulden.«

»Willy, du solltest vernünftig sein jetzt.«

»Herrgott, Horst, du bist Kolonnenführer. Pfeif deine Bande zurück und blas die Sache ab.«

»Das kann ich nicht machen. Ich hab keine Wahl. Wenn ihr nicht mitmacht, muss ich die Bullen holen.«

»Donnerkeil, schau dich an. Du hast es zu was gebracht, von ganz unten nach von oben herab. Nur zu, hol die Bullen.«

Horst blickte Willy an, doch Willy hatte nicht das Gefühl, von ihm gesehen zu werden. Dann nahm Horst das Funkgerät.

»Wenn du mit deiner Meute meiner Familie zu nahe kommst, dann knallt's, darauf hast du mein Wort.«

»Ich kann nichts dafür, Willy. Wenn ich das hier nicht mache, verlier ich meine Arbeit. Und angenommen, du bringst mich wirklich um. Dann werden sie dich lebenslang einsperren, deiner Familie wird's dreckiger gehen denn je, und ehe die Bullen dich in den Kerker geschmissen haben, sitzt hier ein anderer am Steuer und erledigt die Drecksarbeit.«

Die halbe Talstraße stand rund um das Haus beisammen. Mit Blaulicht rasten zwei Streifenwagen den Hügel herauf. Aus einem der Autos stieg Susanne. Willy ging an ihr vorbei, ihre Blicke fanden zueinander. Er trat vor seine Frauen, denen er nichts sagen musste. Sie gingen zur Seite, Susanne legte ihren Diensthut auf den Boden, lehnte den Rücken an den noch immer Blaulicht aussendenden Wagen, und die Packer taten ihre Arbeit.

TEIL III

Heldenzeit
–
1979

NEUNTES KAPITEL

Geld regiert die Welt

1

Dieser Tag im Juni neunundsiebzig war vergangen, wie die Tage stets vergingen, er hatte ihn herumgebracht, hatte ihn sanft umgebracht, mit seiner primitiven und schüchternen Art von Lebenskunst. Er hatte einige Stunden gearbeitet, hatte zwei Stunden lang Schmerzen gehabt, ein Pulver genommen und sich gefreut, dass die Schmerzen sich überlisten ließen, hatte seine Atembemühungen gemacht, die Gedankenübungen aber heute aus Bequemlichkeit weggelassen, war eine Stunde spazieren gewesen und hatte schöne, zarte, kostbare Federwölkchenmuster in den Himmel gezeichnet gefunden. Das war sehr hübsch, aber alles in allem war es nicht gerade ein Glücks- und Freudentag gewesen, sondern eben einer von diesen Tagen, wie sie für ihn nun seit langer Zeit die normalen und gewohnten sein sollten: maßvoll angenehme, durchaus erträgliche, leidliche, laue Tage eines noch nicht ganz alten, aber unzufriedenen Herrn.

Und in der Nacht begann, wie immer in diesem Jahr neunundsiebzig, der Terror. In einer Tour schrie Rosi, jedes Mal sprang Willy auf, lief hinüber in die Stube, damit die Mädchen ihren Schlaf fanden. Er hatte sich mit Mira und Juli ausquartiert, die beiden teilten sich eine vor dem Fernseher platzierte Matratze, achtzig Zentimeter breit und zwei

Meter lang, Willy lag auf dem Sofa, mit offenen Augen und immer bereit zum Rüberrennen.

Die Nachttischlampe flackerte, als Willy ins stickige Zimmer kam. Nicht wegen einer kaputten Birne, sondern weil eine Mücke unter den Lampenschirm gekrochen war. Der Raum bot kaum Platz zum Stehen. Rosi lag mit dem Hinterkopf auf dem Kissen und betrachtete ihn, als wäre er hohl im Kopf. »Willst du mich verrecken lassen? Warum kommst du nicht in die Puschen, wenn ich nach dir rufe? Ich brüll doch nicht zum Spaß.«

Der Kotbeutel war leer, das Wasserglas leider auch. Willy füllte es über der Spüle in der Küche, stellte es zurück und legte sich wieder hin. Später, es konnte noch keine halbe Stunde vergangen sein, riss ihn ein verdächtiger Geruch aus dem Dämmerschlaf. Er warf die Decke fort und stürzte in großen Schritten nach nebenan. Die Nachttischlampe hatte er vorhin ausgeknipst, sodass nur ein glühender Punkt zu sehen war. Er nahm Rosi die Fluppe aus dem Mund und schmiss sie aus dem Fenster, wobei er sich bei dem Wunsch ertappte, diese Frau hinterherzuwerfen. Erschöpft sank er in den Sessel, den er vor Wochen aus der Wohnstube hierhergeschoben hatte, damit er Anteil nehmen konnte am Leid seiner Rosi.

»Du fackelst uns noch die ganz Bude ab«, sagte er. »Wenn der Arzt das nächste Mal kommt und den Qualm riecht, weisen sie dich ein.«

»Ach, mir ist ganz knoddrig«, sagte sie, »Trinken lässt du mich nicht mehr. Wenn du mir noch die Kippen nimmst, kannst du mir gleich das Kissen aufs Gesicht drücken.«

Die Augen standen ihr tief im Schädel, der einst so prachtvolle Minipli war grau und schütter wie das Fell eines räudigen Hundes. Seit der Darmkrebsdiagnose war es schnell mit ihr bergab gegangen, viel zu schnell, was Willy ihrer Sauferei und der ewigen Nörgelei zuschrieb. Wäre sie gelassener gewesen, würde sie länger durchhalten, zwei Jahre mindestens, das war seine Schätzung, und er war nicht als Optimist bekannt. Der Arzt in der Klinik hatte Willy was von drei Monaten zugeflüstert, im schlechtesten Fall. Warum sie so spät gekommen sei, hatte er Rosi getadelt, und sie hatte geweint und ins Leere gestarrt.

Draußen wurde es hell, Willy musste Mira und Juli schulfertig machen. Im Wohnzimmer knipste er das Licht an, die Mädchen rieben sich die Augen, Willy gab ihnen zwei Minuten, dann würde er mit einem Eimer Wasser kommen, das rief er aus der Küche hinüber, wo er schon ihre Margarinestullen schmierte.

Er sah zur Wanduhr, die über der Tür tickte wie ein matter Herzschlag, da trabten die Kinder an ihm vorbei zur Spüle, wuschen sich die Gesichter und putzten die Zähne. Dusche und Badewanne gab es in keiner der Wohnungen hier, was den pubertierenden Mädchen gegen den Strich ging. Mira war sechzehn geworden, ging in die neunte Klasse der Gesamtschule auf dem Betzenberg und teilte sich daheim ein Zimmer mit ihrer Schwester und dem Vater. Ihr Haar war pechschwarz und glatt wie bei Susanne. Sie war klein wie Rosi, still wie Willy und schüchtern wie ein Reh. Doch was konnte sie strahlen! Wenn Willy seine Mira in der Berliner Straße über das Trottoir schreiten sah, wirkte sie wie von einem anderen Stern. So als warte sie nur darauf, dieses Viertel verlassen zu können.

Willy würde dieses Viertel gleich verlassen, wenn auch nur zur Schicht. Falls er nicht rechtzeitig abgelöst würde, müsste er Erna bitten auszuhelfen. Knappe zwei Jahre waren sie nun direkte Nachbarn von Horst und Erna, wogegen Willy sich anfangs, nach dem Rauswurf durch Horst und seine Leute, gesträubt hatte, doch nun hatte sich die Nachbarschaft als Segen erwiesen. Zwei Vormittage die Woche kümmerte Erna sich um Rosi, am Nachmittag übernahmen die Kinder, am Abend und nachts war Willy dran. Horst kam am frühen Abend von der Arbeit nach Hause und legte sich aufs Ohr. Wenn er gut drauf war und genug Bier im Haus hatte, leistete er Willy noch Gesellschaft.

Der hatte die Mädchen gerade zur Tür hinausgeschoben, da hörte er endlich die Schritte im Treppenhaus.

»Ella«, sagte er, als sie bei ihm ankam, »wie schön, dass du uns beehrst.«

Wie aus dem Nichts war sie nach jahrelanger Funkstille aufgetaucht, nachdem sie von irgendwelchen Nachbarn erfahren hatte, wie krank Rosi war. Willys älteste Tochter, plötzlich hatte sie vor der Tür gestanden. Dreiunddreißig war sie, und Willy mit seinen fünfzig Lenzen kam sich im Vergleich alt vor wie ein Baum.

Wortlos ging sie an ihm vorbei, was Willy ein müdes Lächeln abrang. Auch ihr Rücken wusste zu entzücken. Ella sah jünger aus, als sie war, was die Kinderlosigkeit aus einer Frau doch machen konnte. Sie trug eine schneeweiße Bluse mit großzügig ausgeschnittenem Dekolleté und einen dunkelblauen Rock über einer schwarzen Strumpfhose. Die braunen Haare waren zu einem Pferdeschwanz gebunden. Angezogen war sie wie die Tippmamsell, als die sie drei Mal die Woche ihre Haut zu Markte trug. Nicht weil sie es nötig gehabt hätte, sondern weil sie es wollte. Ihr Mann arbeitete als Statiker für die Amis, das gab gutes Geld. Willy wusste Bescheid, er war selbst aktuell für die Amis tätig, in der Polsterei auf der Eselsfürth.

Seit bald zehn Jahren lebten Ella und ihr Mann in einem dreigeschossigen Haus mit riesigem Garten in der hintersten Ecke der Erzhütten. Trotz der Nähe zur Talstraße hatten Willy und Rosi ihre Tochter kaum zu Gesicht bekommen. Offenbar hatten sie erst fortziehen müssen, um ihre älteste Tochter wiederzubekommen.

»Heißgetränk fertig?«, fragte sie, da war sie schon dabei, sich was von dem löslichen Kaffee einzugießen, den Willy aufgebrüht hatte.

»Wie geht es ihr heute?«, fragte sie, mit einer Hand hielt sie die Tasse am Mund, die andere stemmte sie in die Hüfte. Kerzengerade stand Ella da, ihr Kopf erhoben genug, um Würde auszustrahlen, die Augen weit genug geöffnet, um nicht arrogant rüberzukommen. Und doch, sie konnte sich gar nicht dagegen wehren: Dieser Körper war Ausdruck eines Selbstbewusstseins, von dem Willy sich nur zu gern einen kleinen Teil abzwacken würde.

»War keine gute Nacht«, sagte er.

Ella seufzte, dann steuerte sie auf Willy zu, stellte sich auf Zehenspitzen und gab ihm zwei dieser Franzosenküsschen. Willys Blick ging nach unten, und da erst sah er, dass sie silberne Pumps trug, auf denen sie nun hinüber Richtung Schlafzimmer stöckelte.

»Ella«, sagte Willy, und sie drehte sich um wie ein Wachsoldat. »Eins noch. Also, ich weiß gar nicht, wie ich es sagen soll …«

»Sprich dich aus, Willy.«

»Na ja, also … könntest du heute länger bleiben? Ich müsste noch was erledigen.«

Sie lächelte mokant. »Mir machst du nichts mehr vor, Willy. Von mir aus, geh in deine Kneipe oder Stehbierhalle und kipp ein paar Schoppen mit deinen Kumpanen, wenn's dir guttut. Aber oft sollte das nicht vorkommen. Irgendwann werd ich auch mal Nein sagen müssen. Weil, weißt du, wenn ich eins von Oma Hulda gelernt hab, dann, dass wir Frauen uns von euch Männern nicht behandeln lassen dürfen wie die Leibeigenen.«

»Ich bitte dich bloß um 'nen Gefallen«, sagte Willy, wobei sein Ton ihm dabei gar nicht gefiel. In dem Moment ging die Haustür auf, und Mira sauste in die Küche.

»Hab meine Stullen vergessen«, sagte sie und trat zögernd zurück in den Flur, ihr Blick ging zwischen Ella und Willy hin und her.

»Weißt du was«, sagte Ella, wobei sie zwei Schritte auf Willy zuging, der instinktiv zurückwich, »wieso fragst du nicht mal den Meister von nebenan, ob er dir hilft? Kein Mensch auf der Welt hat deiner Familie so viel Leid zugefügt, und nun könnte er sich revanchieren. Was er nicht tun wird, schon klar.«

»Was musst du den Horst da reinziehen? Der kann nichts für den Schlamassel.«

»Ach ja? Über eins musst du dir mal klar werden, Willy: Wenn einer die Schuld trägt an Mamas Krankheit, dann dieser Mensch. Jahrelang hat sie den Kummer in sich reingefressen, den Horst verursacht hat und gegen den du nichts unternommen hast.«

»Das ist nicht fair, Ella, du warst nicht da. Und jetzt, wo Rosi krank ist, kommst du plötzlich her und spielst dich auf.«

»Hör auf, so mit mir zu reden. Du bist nicht mal mein leiblicher Vater. Und überhaupt: Wer zahlt denn Mamas Pflegebett? Den Rollstuhl? Die Medikamente? Du etwa?«

Willy senkte den Kopf. Er konnte Ellas Blick nicht ertragen. Nicht bei diesem Thema. Mira stand noch immer im Flur.

»Dafür sind wir dir und deinem Mann auch sehr dankbar, das weißt du«, sagte Willy. »Und ich zahl euch jeden Pfennig zurück. Auch das weißt du.«

»Hör auf mit dem Quatsch, Willy, so hab ich das gar nicht gemeint. Wir helfen gern. Mama braucht dich. Und was machst du? Du gehst arbeiten! Für einen Lohn, den wir dir problemlos ausgleichen könnten von unserem Ersparten. Oder den dir auch die Kasse zahlen könnte, wenn du dich mal dorthin bequemen würdest. Mama liegt im Bett und hat wer weiß wie lange noch, und du solltest deine Zeit mit ihr verbringen.«

»Was soll ich denn machen, von irgendwas müssen wir leben!«

»Wenn du schon unser Geld nicht nehmen willst, dann geh zum Amt. Seit zehn Jahren haben wir die SPD an der Macht. Der Schmidt ist härter als der Brandt, aber ein Sozialdemokrat ist er. Der Sozialstaat hilft jedem, auch dir. Du musst aber hingehen und einen Antrag stellen, denn ob du es glaubst oder nicht, der Sozialstaat kann nicht riechen, dass du Geld brauchst.«

Nun schlug Willy die Faust auf den Esszimmertisch. »Eher soll mir der Arm abfaulen, als dass ich auch nur eine Mark vom Amt annehme! So einer bin ich nicht. Mira, hör mir gut zu …«

Er wandte sich ihr zu, packte ihre Schultern, sie sah ihn entsetzt an, und er sagte: »Niemals darfst du so tief sinken, dass du Almosen vom Amt annimmst. Niemals! Das musst du mir versprechen, Mira! Versprich es!«

2

Ausgerechnet beim Kochen überfiel Willy diese Müdigkeitsattacke. Heute waren Apfelpfannkuchen dran, da konnte er nicht viel falsch machen, aber gut aussehen sollten sie, das war er seinen Mädchen schuldig. Juli saß längst mit Geschirrhandtuch überm Kleid und Messer und Gabel in Händen am Küchentisch und rutschte auf ihrem Stapelstuhl hin und her. Der Frühsommer drehte richtig auf, den ganzen Juni über hatte es noch nicht ein einziges Mal geregnet, da konnte Willy von früh bis spät das Fenster offen stehen lassen und brauchte nicht zu fürchten, dass Rosi ihn wegen des angeblichen Gestanks zur Sau machte.

Mira kam zur Tür hereingefegt und schloss sich wie üblich erst einmal im Toilettenkabuff ein. Ein Klo in der Wohnung – das war der Luxus, um den sie in der Berliner Straße von manchen beneidet wurden. In der Talstraße hatten sie noch zur halben Treppe gehen müssen, um die Notdurft zu verrichten. Hier gab es beides – Etagen- und Wohnungsklo. Mira saß schon am Tisch, da fiel Willy ihr verheultes Gesicht auf. Er warf Juli einen Blick zu und servierte das Abendessen. Wie es wäre, fragte er Mira, wenn sie beide gleich mal eine Runde spazieren gingen? Er habe auf Arbeit heute die ganze Zeit gesessen, sie ja wohl auch, gell?

»Vater«, sagte Juli in ihrem Protestton, dabei die Stimme sofort senkend, auf dass sie nicht bis rüber in die Stube drang, »lass mich nicht mit Mama allein, bitte, die fängt wieder an zu saufen.« Dreizehn Jahre alt und unfähig, mal für eine Stunde auf die kranke Mutter aufzupassen. Aus der wird nie eine sorgende Frau, dachte Willy, als er nebenan klopfte. Die Tür ging auf, so langsam, als erwarte man dahinter den Gerichtsvollzieher. Hinter Horst lag eine finstere Wohnung, mit müden Augen zischte er: »Was ’n los?«

»Kann Erna für ’ne Stunde rüberkommen?«

Horst kratzte sich am Kopf uns sagte: »Ja, nä, also, ist grad eher schlecht.«

Er zog den Rotz hoch und wollte schon wieder die Tür zumachen, da stellte Willy den Fuß hinein.

»Dann komm du rüber. Ist ein Notfall.«

Horsts Hinterhand rieb den Rotz fort, womit die Sache klar war. Für die paar Minuten mit seiner Zweitjüngsten nahm Willy in Kauf, dass Horst und Prinz aneinandergeraten und der Saukerl mit Rosi ein, zwei Gläschen Korn kippen würde. Wobei er Prinz dann doch lieber mitnahm.

Draußen hätte Willy gerne erst ein bisschen mit Mira geplaudert, aber dann kam er doch direkt zum Punkt, sowie sie das Pfeifertälchen erreicht hatten und auf einer Bank saßen: »Willst du mir verraten, was dich heute so traurig gemacht hat?«

Sie gab keine Antwort, natürlich, er war ein Tölpel, so mit der Tür ins Haus zu fallen, das tat man nicht, wusste er alles, aber er konnte nicht aus seiner Haut. Die jungen Kerls auf Arbeit drehten manchmal ihre Discomusik auf und fingen an zu tanzen, mitten in der Fertigungshalle, an solchen Tagen kam Willy erschöpfter nach Hause als früher nach einer Doppelschicht auf dem Bau. Er kam sich aus der Zeit gefallen vor. Halbes Jahr noch, dann begännen die achtziger Jahre, spätestens dann zählte er wirklich zum alten Eisen.

Seine beiden Mädchen waren ihm in den vergangenen Jahren durch die Hände geglitten wie Kernseife. Wie Mira sich zu einer musisch interessierten Jugendlichen und Juli zu einer renitenten Seele entwickeln konnten, war Willy unerklärlich, trotzdem versuchte er, für sie da zu sein. Im vergangenen Jahr hatte ein Sportlehrer Mira gezwungen, auf den Stufenbarren zu steigen, was dem Kind einen Beinbruch beschert hatte. Zu Fuß war Willy zur Schule gestapft, und als er das Lehrerzimmer gefunden und den Kerl gesehen hatte in seiner Ballonseide, selbstzufrieden an einer Tasse Kaffee schlürfend und mit einer Ruhe im Sitzen, als würde ihm alles gehören, da hatte er dem Pauker an den Kragen gewollt, so fuchsteufelswild war Willy gewesen, und nur weil ihn Halbstarke aus dem Abiturjahrgang zurückgehalten hatten, war nichts Schlimmes geschehen. Der Gockel hatte jede Schuld von sich gewiesen und so entgeistert reagiert, als habe Willy ihn des Säuglingsmords bezichtigt.

Er legte seinen Arm um Mira und fragte: »Hat es was mit der Schule zu tun?«

Sie nickte. In der Deutschstunde habe sie eines ihrer Gedichte vorgetragen, und als sie fertig gewesen sei, habe zuerst der Lehrer und dann die ganze Klasse sie ausgelacht.

In Willy stieg wieder die Wut auf, die er nur im Zaum halten konnte, weil er an einer frischen Marlboro ziehen konnte.

»Wie heißt der noch mal, dein sogenannter Lehrer?«

Renninger. Und er werde es wieder tun, sobald sich die Gelegenheit biete. Sobald der eine der Schüchternen auf dem Kieker habe, mache er sich einen Spaß daraus.

»Das werden wir sehen«, sagte Willy.

Vater, sagte Mira, mehrmals, und dann bat sie ihn, in der Sache nichts zu unternehmen, weil das alles nur noch schlimmer machen würde. Diesmal nicht, bitte.

Willy fragte: »Haste das Gedicht zufällig dabei?«

Hatte sie nicht.

»Aber du hast es doch sicher im Köpfchen drin?«

Was er sie denn jetzt so quäle.

»Ich mag deine Gedichte, weißt du doch. Und wenn nicht, dann sag ich das ganz ehrlich. Versprochen. Und du auch, Prinz, nicht wahr?«

Der Hund hechelte, Mira sah um sich, und weil sie keine Menschenseele sah, legte sie los: »Sein wie ein Baum, das war schon oft mein Traum. Tief verwurzelt mit Mutter Erde, Heimstatt für Wichtel und Zwerge. Mit den Geschöpfen der Natur in Einklang leben, unzerstörbar zum Himmel streben. Ach, könnt ich sein wie der Baum.«

Niemand hatte Willy je den Umgang mit der Kunst beigebracht, und bei Miras Gedichten überfielen ihn die Gefühle wie eine plötzliche Krankheit. Er wischte sich eine Träne unter den Augen fort und sagte: »Wenn ich dir einen Rat geben darf: Das solltest du deiner Mutter vortragen. Du kannst dir nicht vorstellen, wie die sich freuen würde zu erfahren, dass ihre Tochter nicht nur Gedichte schreibt, sondern das auch noch so gut kann.«

»Aber der Renninger hat doch …«

»Eins musst du dir merken, Mira«, sagte er, und sie begriff es hoffentlich sofort, denn ihren Namen sprach er nur aus, wenn ihm etwas wirklich ernst war, »bloß weil einer sich Lehrer nennt, heißt das nicht, dass er Ahnung hat von Gedichten. Und erst recht nicht von Menschen.«

Sie spazierten zurück zur Berliner Straße, da sprang Mira ins Gebüsch und übergab sich. Prinz fing an zu jaulen. Ja, dachte Willy, wenn die Aufregung sich löst, will alles raus, ist doch klar. Er gab ihr sein Taschentuch, sie gingen weiter, und nach ein paar Metern hielt Mira an.

»Was denn, Kleines?«

Und was er dann zu hören bekam, traf Willy mit noch größerer Wucht als die Nachricht vom Krebs seiner Frau.

3

Eben noch hat er Deckung gesucht vor den Tieffliegern, da liegt dieses Tier mitten auf der Straße, mit offenen Augen, offenem Mund und offenen Wunden. Ein Pferdekadaver, aus dem sie Fleischstücke herausgeschnitten haben. Überall kreischen Männer und Frauen, aus den zertrümmerten Häusern hängen geschmolzene Menschenteile, besetzt von Fliegen und Maden. Im Volkspark hackt ein junger Mann wie verrückt auf den letzten Baumstumpf ein. Am Museumsplatz bei der Villa Jansohn kramen die Leute in den Trümmern, um ihr Hab und Gut zu retten. Vaterlose Buben und Mädchen kommen mit erhobenen Händen aus den Bunkern. An der Ecke Eisenbahn- und Rummelstraße sind von dem Gründerzeitgebäude nur Schutt und Asche übrig. Auf den Erzhütten warten sie schon auf ihn, winken, rufen seinen Namen, stehen um den Gaul herum, also geht er hin und nimmt die Axt, richtet die stumpfe Seite nach vorn, holt aus und schlägt mit aller Kraft zwischen die Augen des Tiers, das vor Schmerz wiehert, aber nicht umfällt, ganze vier Male muss er zuhauen, ehe das Vieh endlich zu Boden geht und er die scharfe Seite der Axt anlegen kann. Die Siedlung steht beisammen, das warme Blut fließt aus dem Pferdekörper, die im Gedränge einander schubsenden Menschen schmatzen schon, da fängt eine kleine Frau am Straßenrand zu schreien an wie am Spieß, ohne Luft zu holen brüllt sie.

Kerzengerade saß Willy auf dem Sofa, es musste zwischen sechs und sieben in der Früh sein. Die Mädchen erwachten murrend, da war er schon bei Rosi. Er solle den Fernseher lauter drehen, verlangte sie, man verstehe ja überhaupt nichts. Das liege daran, dass er ihn vor Stunden leiser drehen sollte, damit sie schlafen könne, antwortete er. Wolle er disputieren oder einer kranken Frau einen Wunsch erfüllen, vielleicht den letzten, sagte sie. Und dann brauche sie einen Kaffee mit Milch. Einen Kaffee mit was?, fragte Willy, das könne doch nicht ihr Ernst sein, wo sie wieder so einen Unsinn herhabe. Haben sie im Fernsehen getrunken, sagte sie, und wenn er ihr nicht augenblicklich einen Kaffee mit viel Milch bringe, dann werde sie so laut schreien, dass das ganze Haus dächte, er würde sie in vier Teile zersägen.

Ein paar Stunden saß Willy bei Rosi, ihrem verwelkenden Körper, und wie sie schwer atmend schlief, da ließ er die Tränen raus, lautlos und schwer kullerten sie ihm über die Wangen, blieben im Stoppelbart hängen, er schnäuzte sich und dachte an bessere Zeiten, ging hinüber und sah Mira und Juli mit unter den Kissen vergrabenen Köpfen ihren Schlaf nachholen. Er nahm seinen Tippschein aus der Schublade im Wandschrank und machte sich auf den Weg zum Sepp an der Kollwitzstraße. Willy spielte seit bald zehn Jahren wie bekloppt Lotto, jeden Samstag, und seinen höchsten Gewinn hatte er vergangenen Sommer eingesackt, drei Richtige, fünfzig Mark, was außer dem Sepp keinem Menschen zu Ohren gekommen war, weil Willy die Kohle schön im Bierfach seiner Brieftasche verwahrt hatte, damit vom Monatslohn mehr fürs Notwendige blieb.

Die Klingel war kaputt, also musste Willy gegen das Fenster klopfen. Das Knarzen des Dielenbodens im Verkaufsraum des Kiosks signalisierte ihm, dass der Sepp heute nicht seine Kinder eingespannt hatte, sondern persönlich Dienst schob. Er watschelte heran, was die Dielen dort drin klingen ließ, als würde ein Esel iahen, und das brachte Willy zum Lachen. Umsäumt von Süßigkeiten, Zeitschriften und anderem Tinnef war der Sepp kaum zu sehen, als er das Fensterchen aufschob, er musste sich runterbeugen und den Kopf in die Öffnung stecken, damit Willy ihm in die Augen blicken konnte.

»Was 'n so witzisch, loss misch mitlache«, nuschelte der Sepp, der ein sauberes kariertes Hemd trug, das den Eindruck, den die tiefen Ringe unter den Augen, das fettig verwuschelte Resthaupthaar und die Roth-Händle im Mundwinkel hinterließen, nicht übertünchen konnte.

Der Sepp reichte ihm eine *Sonntag Aktuell* aus dem Fenster: »Druckfrisch, mitm Wischtischsde vun geschtern, grad erscht geliefert.«

»Warst du aufm Betze?«, sagte Willy, der erst die Titelseite studieren musste, obwohl es diese neue Sonntagszeitung nun schon seit ein paar Wochen gab und er längst hätte wissen müssen, wo er die Lottozahlen fand. Er sah aber nur die Meldung vom eins zu eins des FCK gegen Bochum im letzten Saisonspiel.

»Kumm, geh fort«, sagte der Sepp abwinkend, »des war jo wohl oine Freschheit, was die gespielt han.«

»Es ging doch um nix mehr«, sagte Willy, »und Dritter in der Endabrechnung, drei Punkte vor der Bayern-Schickeria, das ist doch toll.«

»Babbel net so dumm Zeich daher. Eins saach isch dir, Willy, wer so was verzählt, der hat den Sport nie geliebt. Als Fußballer willsche doch immer gewinne, da gibt's so was net, vun weesche es geht um nix mehr. Do hat mer doch Ehre im Leib, sunscht brauchste gar net erscht ufs Feld laafe.«

Nur mit halbem Ohr hörte Willy hin, weil sein Hirn langsam verstand, was die Augen längst sahen. Mehrmals glich er die Zahlen auf dem Zettel mit denen auf der Zeitung ab, jede einzelne Ziffer aufs Neue, und spürte die Pumpe in der Brust. Das konnte nicht wahr sein.

»Das ist die Rettung«, flüsterte er, »die Rettung.«

»Hasche wieder fuffzisch Mark gewun'n?«

Der Sepp riss ihm den Zettel aus der Hand, setzte seine

Lesebrille auf. Verglich. Bestätigte. Fünf Richtige. Fünftausend Tacken gab das. So viel Geld. Wie es wohl sein mochte, es in den Händen zu halten? Willy bestellte zwei Flachmänner, der Sepp drehte das Radio auf, »Heart of Glass« von Blondie beschallte am frühen Morgen die Straße, und dann nahmen sie gleich noch einen.

»Hallo, Määschder«, sagte der Sepp zu jemandem in seinem Rücken, »willsche net mit uns en Frühschobbe trinke?«

»Bleib erst mal beim Kaffee«, kam es zurück, und noch ehe Willy sich umgedreht hatte, erkannte er an der Stimme, wer dort hinten am Bistrotisch stand. Was hatte Horst so früh hier verloren? Etwas zu abrupt wandte Willy sich zum Gehen. Er klopfte drei Mal auf den Verkaufstresen und zog an der Krempe seines Huts.

Den halben Hügel hinab zur Berliner Straße hatte er schon zurückgelegt, da vernahm er ein Schnaufen in seinem Nacken. Er solle doch mal warten, was habe er denn schon wieder, das gehöre sich doch nicht unter Freunden. Horst schloss keuchend auf, doch Willy tat ihm nicht den Gefallen, langsamer zu laufen.

»Wollt dir Glückwunsch sagen.«

»Danke, Horst.«

»Machste denn Schönes mit dem Zaster?«

»Was weiß ich.«

»Mir würd was einfallen.«

»Deine Sorgen hätt ich gern, Horst.«

»Bei der Pflege von der Rosi hast du doch Unterstützung von deiner Ältesten. Wie heißt die noch gleich? Die ist doch reich.«

Willy blieb stehen und sagte: »Hör mal, ich seh schon, wohin du unser Gespräch lenken willst, aber ich bitte dich: Bettel mich nicht auf offener Straße an.«

»So denkst du also von mir.«

»Erfahrung.«

»Hör auf, mir Sachen zu unterstellen. Ich will doch von dir kein Geld.«

»Ach nein?«

»Hab ich nicht nötig, mir so was sagen zu lassen.« Er ging voran, vorbei an der Laterne, von der ein Wahlplakat schief herunterhing. »Deutsche, wählt das freie und soziale Europa. Gegen ein sozialistisches Europa. CDU für Europa.«

»Weißte überhaupt schon, dass der Schulz mich suspendiert hat?«

»Ist mir entgangen.«

»Kein Wunder. Nicht mal die Erna weiß davon. Das darf sich auch nicht ändern. Du hältst doch dicht, Willy?«

»War dir das Saufen wieder wichtiger?«

»Albträume hab ich, das kannst du dir nicht vorstellen. Die Träume sind immer das Spiegelbild von dem, was der Körper erlebt. Mir geht's dreckig. Aber du hast bloß deine kleinen Sorgen im Kopf.«

»Meine kleinen Sorgen?«, sagte Willy, der ungehalten wurde. »Meine kleinen Sorgen? Lass mich einfach in Ruhe, du Faulenzer.«

»Das war wieder klar. Weil ich grad mal arbeitslos bin, beleidigst du mich. Hat ja schon unter Adolf Nazi gut funktioniert, warum nicht einfach so weitermachen.«

Wenn der nicht sofort verduftet, dachte Willy, dann explodier ich auf offener Straße. Seine Zündschnur hatte sich wegen der Gesamtscheiße mit Rosi und der neuen Lage mit Mira schlagartig verkürzt, und Horst spielte mit dem Feuer, ohne sich der Gefahr bewusst zu sein. Wortlos ging Willy an Horst vorbei, der an der Laterne lehnte und sich eine HB ansteckte.

»Wenn du mich bloß beschimpfst«, begann er, »dann weiß ich nicht, ob ich noch mal rüberkommen kann, um auf Rosi aufzupassen. Und ob Erna dafür Zeit finden wird, kann ich dir nicht sagen …«

4

Weder als Zimmerer noch als Nachtwächter oder Pförtner war Willy je mit den Amis in Kontakt gekommen, und das hatte ihm immer als Voraussetzung für ein gutes Leben gegolten. Seit er in der Polsterei auf der Eselsfürth arbeitete, war er dabei, seinen Frieden zu machen mit ihnen. Dabei hatten die Politiker es gerade so gar nicht mit dem Frieden. Noch diesen Monat würde Kanzler Schmidt in die Staaten fliegen und mit Jimmy Carter über die Nachrüstung sprechen. Für Gauner hielt Willy alle beide, doch dass die das Säbelrasseln nicht lassen konnten, hätte er vor ein paar Jahren auch noch nicht gedacht. Sosehr Willy den Schmidt für dessen Umgang mit den Terroristen von der RAF schätzte und so gern er den seit Jahrzehnten vor der Tür stehenden Russen vors Schienbein treten würde, Frieden schaffen mit Waffen war aussichtslos, in dieser Frage war Willy einer Meinung mit der alten Hulda. Die Politik hatte Mutter und Sohn früh entzweit, ausgerechnet die Politik führte sie jetzt wieder ein wenig zusammen. Willy hatte nicht einmal etwas gegen Huldas Plan einzuwenden, Mira zur großen Friedensdemonstration in Ramstein nächste Woche mitzunehmen. Sollte sie doch machen, hätte sie mal für eine Weile was anderes im Sinn als die Männer und das, was einer von ihnen ihr eingebrockt hatte. Wie viele Hektar vom Pfälzerwald die Amerikaner wohl schon gerodet hatten, um von ihrer Luftwaffenbasis aus Weltpolizei spielen zu können? Laut sagen würde Willy so was aber nicht, jetzt erst recht nicht mehr.

Die Amis hatten über ein paar Ecken erfahren, wie beliebt Willy damals als Polier auf dem Bau gewesen war, irgendwer musste ein mächtig gutes Wort eingelegt haben, und so war er die miesen Anstellungen als Nachtwächter an der Uni und als Portier bei Pfaff losgeworden. Hier auf der Eselsfürth stellten sie Sitzpolster her, und kaum ein Arbeiter war älter als vierzig. Da brauchte es einen, der die Schicht mit ruhiger Hand begleitete. Wer weniger als fünf Jahre im Betrieb war, durfte nur an die Maschinen, wenn Willy die Aufsicht führte. Für Disziplin musste er nicht sorgen, die jungen Kerls waren brav wie die Klosterknaben. Nicht mal eine Kippe rauchten die bei der Arbeit. Und anständig bezahlt wurde er, was sie allerdings auch dringend nötig hatten, denn Rosis Krankheit ging ins Geld, und Ella sollte sich bloß nicht noch mehr Mitspracherecht erkaufen können.

Ach, Rosi. Heute war so wenig los gewesen, dass Willy endlich mit dem Bilderrahmen für seine Frau fertig wurde, mit hellem Holz und Passepartout. Darin sah sie aus wie neu, die Fotografie vom Ausflug in die Eifel mit der strahlenden Rosi und dem gequält blickenden Willy. Wenn nicht mal mehr das ihre Laune heben könnte, dachte Willy, dann wäre kein Leben mehr in der Frau. Tagelang hatte er den Rahmen halb fertig liegen lassen, weil er Rosis Reaktion fürchtete.

Knapp anderthalb Stunden brauchte Willy für den Fußweg nach Hause. Weil er keine Zehnstundenschichten mehr schob und die Goldmine seit Monaten nicht betreten hatte, gab es keinen Grund zur Eile. Früher, wenn sie ihn im Winter auf Kurzarbeit hatten setzen müssen, war er manchmal beinahe wahnsinnig geworden. Einmal, noch in der Talstraße, ein Tierfilm im Ersten war gerade zu Ende gegangen, da hatte er sich sachte aus seinem Sessel erhoben, war zur Wand gegangen, hatte ausgeholt und ein Loch hineingeschlagen, die Mädchen und Rosi hatten einfach danebengestanden und zugesehen, bis Willy sich wieder beruhigt hatte und in seinen Fernsehsessel zurückgekehrt war.

Solche Erinnerungen blitzten auf, während Willy durch die Innenstadt ging mit ihren Schaufenstern voller Krempel und den vor den Cafés gestapelten Korbstühlen. Feierabendbehaglichkeit empfand er erst auf der Pariser Straße, dieser langen, geschwungenen, von Bäumen gesäumten Magistrale. Oben sah er die Positionslichter der Flugzeuge, der Juni ließ sich Zeit mit dem Dunkelwerden. Es kam Willy vor, als hätten die Wolken sich ein tiefblaues Bad eingelassen, das jedem das Gefühl geben sollte, in Einklang mit sich selbst und überhaupt der ganzen Welt zu leben.

Im Korridor der Wohnung lehnte Huldas Spazierstock, durch die angelehnte Küchentür hörte er Rosis Stimme aus dem dahinterliegenden Wohnzimmer, wahrscheinlich hatte Hulda sie mit Ellas Hilfe hinübergehievt. Rosi lachte auf, Willy stellte sich neben die Türöffnung.

»Obwohl, witzig ist das wirklich nicht.« Rosis Stimme klang heller als je zuvor seit der Krebsdiagnose.

»Sei doch nicht so missgünstig«, erwiderte Hulda. »Wirste endlich Oma, was ist denn dabei?«

»Bis dahin hat der liebe Gott mich schon zu sich geholt, und dann muss der arme Willy sich mit dem Säugling rumschlagen.«

»Jetzt mach mal halblang, Rosi, die Mira ist zäh, die wird als Mutter über sich hinauswachsen. Und wer weiß, vielleicht kümmert der Vater sich auch, warum denn nicht?«

»Weil die Italiener ein Volk von Schürzenjägern sind. Der wird bereits die Nächste geschwängert haben.«

»Die sind doch nicht alle so. Weißt du was, lad ihn doch einfach ein mit seiner Familie, das wär doch was.«

»Ich pfeif aus dem letzten Loch, da werd ich mir keine fremden Leute in die Wohnung holen«, sagte Rosi.

»Und wenn ich dir helfe? Bei der Partei gibt es ein paar, die kochen jeden Mittwoch für die Kinder vom Kalkofen, die könnte ich herholen, und dann zaubern wir euch ein Menü, dass die gar nicht mehr nach Hause wollen.«

»So weit kommt's noch, Hulda, dass ich einen Kommunistenkochabend mache. Bei den Italienern weiß man nie, mit wem man's zu tun hat, am Ende sind's Faschisten, und wir kriegen hier Partisanenkrieg.«

Hulda kicherte wie ein kleines Kind, das nichts vom Leben weiß. Wieder beschlich Willy das Gefühl, dass diese Frau mit ihren achtundsiebzig Jahren sich vom Erwachsenenalter zurück in die Adoleszenz und direkt weiter in die Kindheitsphase entwickelte.

»Lach nur, Hulda, aber bei dir ist es nicht anders. Du bist eine Sympathisantin, da mach ich mich bei den Nachbarn doch schon jetzt unmöglich, wo du hier bei mir sitzt, als wär nix.«

Wie schnell diese alte Frau noch auf Ernst umschalten konnte, das beruhigte Willy dann doch wieder. Im Kasernenhofton sagte sie: »Sympathisantin? Das ist denunziatorisch, Rosi, so was hab ich in der Nazibarbarei genug ertragen müssen. Dass dieser Staat, der sich so viel auf seine Demokratie einbildet, das Volk derart gegen Andersdenkende aufhetzt, das hätte nicht mal ich für möglich gehalten.«

»Ist auch 'ne Aussage, Terroristen als Andersdenkende zu bezeichnen, muss ich schon sagen.«

»Ich red doch nicht von den Holzköpfen. Mir geht's um Leute wie mich, und sogar um einen wie den Heinrich Böll, den sie fertigmachen, weil er dem Rechtsstaat sagt, dass er sich auch gegenüber seinen Feinden als Rechtsstaat aufführen muss, denn sonst wäre er kein Rechtsstaat mehr. Der Böll, stell dir mal vor! Ein katholischer Reformist, mehr ist der doch nicht. Der gehört ins Priesterseminar, nicht auf die Barrikaden. Wenn wir Kommunisten morgen die Revolution machen, schlägt der Kerl sich seitwärts in die Büsche.«

»Hättest du die Meinhof reingelassen, wenn sie in der Häberlestraße geschellt hätte?«, fragte Rosi.

»Ja, das hätte ich, und dein Ehemann hätte es ebenso getan, glaub mir, auch wenn er es nach Kräften abstreiten würde, wenn er jetzt hier wäre. Weißt du eigentlich, dass er allen Ernstes damit gedroht hat, mich ins Altersheim zu stecken?«

»Das hat er nicht gewagt!«

»Für meine Pflege könne er nicht auch noch aufkommen, hat er gesagt. Und so ein Heim wäre doch was Feines. Da wäre für mich gesorgt, sogar den Arsch würden sie mir abwischen, wenn ich es wolle. Das hat er wirklich so ausgedrückt.«

Willy ließ die Frauen geifern, doch als er Gläser klirren hörte, da hatte er die Faxen dicke. Er ging zu ihnen ins Wohnzimmer, als wäre er gerade erst angekommen, grüßte und fragte, was das für ein Gelage sei. Den Bilderrahmen platzierte er hinter dem Sofa, in das er sich etwas zu auffällig stöhnend fallen ließ.

Hulda begaffte ihn von ihrem Klappstuhl aus und sagte nach einer Wirkungspause: »Wie schön, dass ich auch mal erfahre, dass meine Enkelin schwanger ist. Das Mädchen darf sich seine Zukunft nicht kaputt machen. Drüben in der DDR, die ihr so verabscheut, ist Abtreibung seit Jahren legal. Aber nun ist es ohnehin zu spät, und ihr solltet euch drauf freuen.«

Nach mehr als einem Brummen stand Willy nicht der Sinn.

»Und denk ja nicht, mir wäre entgangen, dass du uns die ganze Zeit belauscht hast. Wärst du doch reingekommen und hättest deiner Frau erklärt, warum du mich abschieben willst in ein Loch mit altersschwachen Nazis.«

Sie drückte auf die Tränendrüse. Was auch sonst. Er beugte sich vor und sagte: »Na gut, Mutter, na gut. Eigentlich wollte ich es mir für Samstag aufheben, das wär schön feierlich gewesen, aber nun sag ich es dir mit schlechter Laune und in Arbeitsklamotten.«

Er nahm den Zettel aus der Brusttasche seines Hemdes und hielt ihn Hulda hin: »Da, schau her, Mutter. Ich hab im Lotto gewonnen. Fünf Richtige. Und rat mal, was wir mit dem Geld machen. Wir sorgen dafür, dass du in deiner Wohnung bleiben kannst.«

Beiden Frauen standen die Münder offen. Rosi, die genauso ahnungslos war wie Hulda, warf ihm einen tödlichen Blick zu.

»Und damit nicht genug, Mutter«, sagte er und kramte in seinem Portemonnaie, »das hier geb ich dir in bar, und damit das klar ist: Das bleibt unter uns dreien.«

Mit noch immer offen stehendem Mund nahm Hulda das Scheinbündel in Augenschein, drehte es mehrmals, als suche sie eine geheime Markierung, aber es war bloß Geld, und es anzunehmen fiel ihr leicht.

5

Horst verlangte erst mal einen Schluck aus der Lambruscoflasche.

»Mensch, Willy, was 'n los? Lässte jetzt die Araber in die Familie einheiraten?«

Horst war schon betrunken, als er anklopfte, aber Nino sah er sofort dort an der Stirnseite des Küchentisches sitzen, mit seinen schwarzen, gescheitelten Haaren und dem Schnurrbärtchen, das ihn älter wirken ließ als seine angeblich neunzehn Jahre. Wie ein Gangster sah der aus, fand Willy, und wie ein Lügner obendrein. Am liebsten hätte er den Kerl rausgeschmissen.

Gestern noch waren er und Rosi sich einig gewesen, diese Affäre nicht zu unterstützen, heute hatte Rosi mit beinahe alter Inbrunst gebrüllt, das sei längst mehr als eine Affäre, wie Miras Bauch beweise, Willy solle sich mal zusammenreißen und die Situation annehmen wie ein Mann.

Als Mira ein Glas auf den Tisch stellte und den Fusel eingießen wollte, klatschte Horst ihr die flache Hand auf den Hintern und sagte, in ein paar Jahren könnte das vielleicht ja noch was werden mit ihm und ihr. Im Wohnzimmer klingelte das Telefon. Willy stand auf, doch Rosi hielt ihn zurück, nahm ihre Krücken, humpelte langsam hinüber und drückte die Wohnzimmertür von innen zu, ehe das Bimmeln aufhörte und Rosis dumpfes Plappern zu hören war. Horst sackte am Küchentisch auf einen freien Stuhl, legte beide Arme auf die karierte Wachstischdecke und stierte mit halb geschlossenen Augen zu Juli hinüber, die seelenruhig dasaß und Zigaretten stopfte. Willy behielt ihn im Auge wie eine Katze die Maus.

»Gibste mir auch eine, biddebidde?«, lallte Horst.

Ohne ein Wort und ohne ihn eines Blickes zu würdigen, reichte Juli ihm eine frisch Gestopfte.

»Geht's 'n der Erna?«, fragte Mira.

»Netten Fang haste da gemacht. Netten Fang«, sagte Horst. Er steckte sich die Zigarette an. »Kannste mal in deinem Familienstammbaum nachsehen, ob du polnische Wurzeln hast?«

»Wenn du hier provozieren willst, kannste gleich wieder gehen«, sagte Willy. »Benimm dich!«

»Reg dich ab, mein Gutster«, sagte Horst. »Würdeste mir erst mal deinen Schwiegertürken vorstellen?«

»Italiener«, sagte Mira, die auf Ninos Schoß saß und ihm über den Kopf strich wie einem verängstigten Kater, und genauso sah der Junge aus, Willy überkam fast Mitleid. Mira musste sich was einfallen lassen, damit Horst ihn nicht auf die Palme brachte. Ein Volk von Heißspornen, Willy hatte auf dem Bau zur Genüge mit ihnen zu tun gehabt, da konnte dieses Exemplar so schüchtern tun, wie es wollte.

Nino schob Mira sanft beiseite, ging zu Horst und streckte ihm die Hand entgegen: »Nino.«

Horst hüstelte und wandte sich Willy zu: »Was ich eben sagen wollte: Wenn Mira vielleicht doch von 'nem Polen abstammt, solltet ihr sie und ihren Morgenlandmann zum Tischtennis anmelden. Dann spielen die gegeneinander, und es hört sich so an: Kanak – Polak, Kanak – Polak, Kanak – Polak.«

Jetzt musste sogar Nino lachen, worüber Horst sich so sehr freute, dass er ihn an sich drückte und sagte: »Willkommen in der Familie, Jungchen.«

Er kniff Nino in die Wange und sprach betont langsam, so als sei Nino des Deutschen nicht mächtig: »Und dass du mir ja gut auf die kleine Mira aufpasst. Wenn ihr jemand wehtut, da macht der gute Willy keine Gefangenen. Und euren Mischlingsbraten, den du der Mira in die Röhre geschoben hast, der wird euch Kummer machen. Vater werden ist nicht schwer, Vater sein dagegen sehr, gell?«

»Willste noch was trinken?«, fragte Rosi, die zurückgehumpelt kam.

»Du, weißte was: Gib mir mal 'ne Cola, ich will meine Leber überraschen.«

Alle lachten. Nur Rosi nicht, die Willy nickend erlaubte, die Sache zu übernehmen. Er nahm das Glas und füllte es mit Leitungswasser.

»Ich muss mich zusammenreißen, Leute«, sagte Horst. »Wo war ich? Mira, du wolltest doch irgendwas wissen.«

»Wie es der Erna geht, das wollt ich wissen.«

»Ah ja. Wie nett, dass du fragst. Das sag ich ihr nachher als Erstes. Da freut sie sich. Ihr geht's, wie man so sagt: den Umständen entsprechend.«

Nino stand noch immer neben Horst und betrachtete ihn, als hinge er in Form eines Porträts in Öl auf Leinwand in der Pfalzgalerie.

»Weißte was, mein bester Türkenmann«, sagte Horst, und wieder wies Mira ihn darauf hin, dass Nino kein Türke sei, sondern Italiener.

»Papperlapapp«, sagte Horst, »wir sind alle bloß Menschen, da ist doch egal, welcher Landsmann es ist. Aber gut, dann eben Italiener. Jedenfalls, mein Freund, ich hab bei dir ein gutes Gefühl. Wer über meine Witze lacht, der kann kein schlechter Mensch sein. Einen Witz über deine Leute hab ich auch auf Lager. Klingelt ein Spaghettifresser an der Haustür von seiner Freundin. Sagen wir, sie heißt Mira. Der Vater, sagen wir, der heißt Willy, schaut ausm Fenster, sieht den Italiener und fragt: Wer sind Sie denn? Darauf der: Ciao, ich bin Umberto und ich bin gekommen, um Ihre Tochter zu schwängern! Vater Willy: Um waaas? Sagt der Italiener: Umberto!«

Horst lachte donnergrollend, und nachdem er sich aus strategischen Gründen lange zurückgehalten hatte, aber auch wegen seines recht hohen Alkoholpegels, stimmte Willy in die Heiterkeit ein, dann stand er auf.

»Jetzt machen wir Musik«, rief er und schob eine Kassette in den Rekorder. Aus den Lautsprechern kam Udo Jürgens. Wenn das Rosi nicht auftauen lässt, dachte Willy, dann weiß ich auch nicht. Beim vierten Titel, es war eines von ihren Lieblingsliedern, gab sie nach und trällerte mit. An ihrer Lieblingsstelle verstummten alle, und Rosi presste tapfer die richtigen Worte aus ihrem kranken Körper: »Sie meinen, du und ich, wir passen nicht in dieses ehrenwerte Haus.«

Dann schaltete Rosi die Musik aus, womit sie alle Blicke auf sich zog, was offenbar genau das war, was sie wollte. Sie sah einen nach dem anderen an, dann heftete sie ihren Blick auf Nino.

»Hast du mir was zu sagen, Junge?«, fragte sie.

»Weiß nicht, was Sie meinen, Frau Wagner«, sagte Nino, beinahe pispernd.

»Lügner«, schrie Horst. »Du wirst ja sogar rot, verdammter Bengel, haha!«

»Wissen deine Eltern, dass du bei uns bist?«

»Äh … ja, das hab ich doch gesagt.«

»Und sind sie einverstanden, dass Mira heute mit zu dir nach Hause kommt?«

Mira blickte ihn unverwandt an, und Nino schien zu wissen, dass es keinen Zweck mehr hatte.

»Weißt du, wer vorhin bei uns angerufen hat?«, fragte Rosi.

Nino schluckte.

»Na los, Junge, lass dir nicht alles aus der Nase ziehen«, sagte Willy.

»Meine … meine Eltern?«, sagte Nino.

»Ganz recht, Junge, deine Eltern.«

»Mama«, rief Mira, »du hast ihnen doch nicht etwa gesagt, dass ich …«

»Was hattet ihr vor?«, rief Rosi, und mit jedem Wort wurde sie lauter. »Wolltet ihr durchbrennen? Mira, du bist schwanger, verdammt noch mal!«

»Mama, ich …«, fing Mira an.

»Du bist sechzehn Jahre alt, wirst bald Mutter und benimmst dich wie ein Kleinkind. Eine Schande ist das, Mira! Und du, Nino! Herrgott, deine Eltern wussten ja noch nicht einmal, dass du Vater wirst. Was bist du bloß für einer? Wenn du heute nicht bis zehn zu Hause bist, holt deine Mutter die Polizei. Also sieh zu, dass du verschwindest, bevor ich die Bullen selbst anrufe.«

Willy spürte das Bedürfnis, sein Mädchen in Schutz zu nehmen, aber das würde alles nur schlimmer machen. Er schwieg und hoffte, dieser ganze Mist möge glimpflich ausgehen.

Eine Weile blieb es still, nur Miras Schluchzen war zu hören. Horst schaltete das Radio ein, was Willy in Alarmbereitschaft versetzte, doch Rosi schien zu schwach, um sich nun auch noch über Horst zu ärgern. Ein Sprecher verlas die Nachrichten. Als er zu den Staumeldungen kam, stand Nino auf, nahm Miras Hand, lief mit ihr in die Schlafstube und schloss die Tür. Horst wollte aufstehen, doch Willy schubste ihn zurück auf den Stuhl. Er half Rosi beim

Aufstehen und ging mit ihr zur Stubentür. Nino redete leise, aber bestimmt auf Mira ein. Was er sagte, war durch die geschlossene Tür nicht zu verstehen. Es dauerte, drei Minuten, fünf Minuten, zehn Minuten. Willy wollte schon anklopfen, da kam Nino heraus. Er schüttelte Rosi und Willy die Hände, ging wortlos an ihnen vorbei, reichte auch Horst die Hand, der bloß kicherte. Nino ging hinaus, die Wohnungstür fuhr zu, Schritte hallten im Flur, wurden leiser, bis sie verstummten.

ZEHNTES KAPITEL

Lerne nur das Glück ergreifen

1

»Du hast Arme wie ein vierzehnjähriges Mädchen.«

»So mager?«

»Nein, so lieb, so zart. Du bist überhaupt vierzehn.«

»Geistig zurückgeblieben, wie?«

»Ja, mein geliebtes Schaf.«

»Ich bin gern dein geliebtes Schaf.«

»Das freut mich.«

Er nahm die Arme, die hübschen Arme eines vierzehnjährigen Mädchens, und schlang sie um seinen Hals. Hübsch sah sie aus, wenn ihre Wangen rot waren von seinen Küssen; aber am nettesten ist die Gestalt, ihre kleine Gestalt. Er musste immer lächeln, wenn sie sich an ihn presste. So eine kleine Frau! Kleine Frauen hatten was Rührendes, Erna besonders. Sie schnurrte wie eine Katze unter seinen Liebkosungen, und sie verkroch sich an seine Schulter, als wäre er der liebe Gott und könnte durch seine Nähe alles Böse dieser Welt von ihr fernhalten.

»Na, Turteltäubchen«, sagte Helga, stellte zwei Schaggadulli auf den Tisch und setzte sich zu Horst, Erna und Peter, der heute mal wieder Goldminen-Luft schnuppern durfte. »Ich stör euch nicht lang. Wollt nur noch mal sagen, bevor ich's im Sonntagstrubel vergess, wie froh ich bin, dass ihr wieder als Familie bei mir reinschaut. Wenn ihr's jetzt noch auf die Reihe bekommt, den Willy herzuschaffen, stopf ich euren Deckel in den Müllkübel.«

»Verlang lieber was Leichteres«, sagte Horst, »zum Beispiel, dass wir unseren Peter zum Doktor der Atomphysik machen.«

»Wo habt ihr 'n den Ottes gelassen?«

»Hör mir auf mit dem Saubengel. Der ist wieder beim Bund. Den Wehrdienst zieht er durch, sonst kommen die Feldjäger. Aber er meldet sich fast nie. Und wenn ich ihn frag, ob er am Wochenende zu uns kommt, heißt es nur: Ich penn bei 'nem Freund. Bei 'nem Freund! Was soll denn das heißen?«

Helga zog die Luft durch die Lücke im Gebiss ein. Zwischen ihren Schneidezähnen hing ein Fleischfaden. »Letztens waren neue Studenten da«, sagte sie. »Wahrscheinlich wieder zur Mutprobe hergeschickt. Auf einmal fangen zwei von den Kerls an zu knutschen. Hinten am Flipper. Da war ich das erste Mal seit Jahren froh, dich nicht hier zu haben, Horst. Mir ist das ja egal, was die Leut in ihren Betten treiben. Aber in meinem Lokal ...«

»Die breiten sich aus wie die Römer in Gallien. Mir läge da nix dran, wenn die den Halbstarken nicht solche Flöhe ins Ohr setzen würden. Die Kleine von Willy lernt in der Schule, dass es ganz natürlich ist, wenn Männer sich lieben. Und mein Ottes wohnt mit irgendeinem Kerl beisammen.«

»Wie alt ist der jetzt eigentlich, neunzehn? Da kannste dem Jungen eh nix mehr sagen.«

»Dann muss ich mich eben auf meinen anderen Jungen konzentrieren. Der ist sogar schon einundzwanzig und hört auf mich wie ein dressierter Hund, nicht wahr, Peter?«

Horst lehnte sich rüber zum Fensterplatz, wo Peter nicht

erschrak oder schrie, sondern in freudiger Erwartung der Kitzelattacke quiekte.

»Pass auf, dass mir der Junge nicht erstickt«, sagte Erna, die ihren Trübsinn seit Tagen so gut im Griff hatte wie seit Jahren nicht. So gut sogar, dass sie was zu essen bestellte. Seit einiger Zeit gab es bei Helga was Warmes. Einfache, gute Gerichte, Knackwurst mit Senf, Leberwurstbrot mit Sauerkraut, Schnitzel mit Pommes, Kartoffelstampf mit Spiegelei. Für Erna sollte es heute was Gesundes sein. Also entschied sie sich für Frikadellen mit Buttergemüse.

Es war eine Wonne, sie spachteln zu sehen. Sie konnte nur links kauen, weil ihr rechts im Backenzahn ein riesiges Loch stand, aber was tat Horst dieser Anblick gut, er konnte sich gar nicht sattsehen. Kurz vor dem letzten Bissen verschluckte Erna sich an einem Stück Frikadelle. Sie würgte, Helga klopfte ihr den Rücken ab, und alles lachte. Von jetzt auf gleich war Ernas Schwermut verschwunden gewesen, so als hätte sich in ihrem Köpfchen ein Schalter umgelegt. Alles in allem ging es steil bergauf. Ein Dreivierteljahr lang hatte Horst keinen Fuß mehr in die Roulettenburg gesetzt, Peter strahlte wie die Sonne überm Schwanenweiher, Erna glänzte um die Augen wie ein verliebtes Schulmädchen, und Willy spürte endlich mal, wie anstrengend das Leben sein kann.

Hinten am Flipper lungerten die Dauerarbeitslosen vom Kotten herum, kein einziger Student zu sehen heute, sonntags waren sowieso selten welche von denen hier, da schliefen sie bis zum Abend ihren Rausch aus, weil sie nix gewohnt waren, in der Goldmine aber regelmäßig den dicken Max markierten und gegen die Alteingesessenen zum Kampftrinken und Armdrücken antraten. Helga deutete mit dem Daumen über die Schulter. Der S-Bahn-Dirk war zur Chefvisite am Tresen erschienen. Als gute Wirtin flitzte sie zu ihm hinüber, er flüsterte ihr was zu, und dann legte sie eine Musik ein, die sogar die Arbeitslosen am Flipper zum Tanzen brachte: »Moskau, Moskau, wirf die Gläser an die Wand, Russland ist ein schönes Land.«

Um Horst herum stieg die Stimmung, in ihm aber gewann der Kummer wieder die Oberhand. Bei Schulz & Kuhnert hatten sie ihn fristlos entlassen, nur weil er mal was hatte mitgehen lassen, sie waren mit ihm umgegangen, als wäre er ein Krimineller, da zählte plötzlich nicht mehr, wie er sich um die Firma verdient gemacht hatte. Nun hatte er keine Stellung, und das mitten im August, wo die Umzugsfirmen auf Hochbetrieb geschaltet hatten. Stempeln gehen konnte er nicht, die Sozialhilfe ließ auf sich warten. Und Erna wusste von alldem noch nichts. Das sollte auch so bleiben, sonst würde sie ihm wieder in ihre Schleife aus schlechter Laune und Antriebslosigkeit fallen, was die Sache auch nicht leichter machte. Seit mehr als acht Wochen verließ er früh das Haus, stieg am Bahnhof ohne Fahrkarte in den Zug und fuhr raus nach Hochspeyer, wo ihn niemand kannte und wo es keine Spielbank gab. Bis Punkt fünf Uhr lief er durch den Wald, da war es schön einsam und kühl, dann kehrte er zum Zug zurück und fuhr nach der Ankunft am Bahnhof mit dem Bus nach Hause, weil die Bullen ihn zu allem Überfluss nach einer durchzechten Goldminen-Nacht im Auto angehalten hatten, tja, und daheim gab Horst dann Tag für Tag seine vorbereiteten Geschichten zum Besten und spielte den sterbenden Schwan.

Von der Arbeitslosigkeit wusste außer Willy nur der S-Bahn-Dirk, dem hatte er sich anvertraut, weil der noch nie ein Wort mit Erna gewechselt hatte und es hoffentlich auch nie tun würde. Und wenn der S-Bahn-Dirk eingeweiht war, durfte er Helga nicht ignorieren, deshalb hatte er es ihr auch gebeichtet, heute Vormittag, als Erna noch zu Hause war, um Peter ausgehfertig zu machen. Und Helga hatte direkt angefangen, sich seiner Stellensuche anzunehmen, nicht nur wegen des Deckels, auf dem Horst immer weiter Schulden ansammelte. Nach all den Jahren war er ihr ans Herz gewachsen, das merkte er, auch wenn sie es nicht zugeben würde. Allein, wie sie ihn jetzt hektisch zu sich winkte, mit Lesebrille auf der Nase.

»Schau mal, hier in der Zeitung steht was für dich. Keine Vorkenntnisse nötig.«

Der S-Bahn-Dirk kam gleich hinterhergestiefelt und brüllte: »Zum Teufel, du willst doch keine Arbeit.«

»Nein, aber ich brauch Geld«, sagte Horst, »und nun halt dein Maul, oder willst du, dass Erna alles mitbekommt?«

Gesucht wurden Putzkräfte für die Bank am Stiftsplatz. Frühmorgens sollte man antanzen, die Büros sauber machen und um neun zum Dienstbeginn der Schreibtischtäter verschwunden sein. Er sah Helga böse an. Eine Weiberarbeit wollte sie ihm andrehen! Was fiel dieser blöden Kuh ein? Sie fing an zu lachen. Lachte sie ihn aus?

»Nun hör schon auf, mich anzusehen, als hätt ich dir vorgeschlagen, als Stricher anzufangen. Reinigungskraft ist ein ehrbarer Beruf, und bloß weil das nur Frauen machen, musst du es nicht gleich ablehnen. Sei mal bisschen modern. Du gehst voran, und irgendwann stehst du in den Geschichtsbüchern als der Kerl, der die Gleichberechtigung erkämpft hat. Mit Feudel in der Hand. Alice Schwarzer wird stolz sein auf dich.«

Horst stieg darauf ein. Gegen Helga musste er sich mit Worten zur Wehr setzen, half ja alles nichts: »Es gibt kein Zeichen dafür, dass Frauen unterdrückt sind. In Wahrheit ist es umgekehrt. Männer leben im Schnitt sechseinhalb Jahre kürzer als Frauen. Wusstest du nicht, was? Und putzen und kochen und die Kinder erziehen, das tu ich daheim schon lang, da muss mir keine Emanze wie die Schwarzer für applaudieren.«

Helga sagte: »Wenn du das alles zu Hause schon machst, warum nicht für Geld? Wäre leicht verdient, nach Feierabend haste noch den ganzen Tag und den ganzen Abend zur Verfügung. Kannste morgens direkt von der Kneipe rüberlaufen zur Arbeit.«

Da hatte sie ein gutes Argument, das musste Horst zugeben. »Ich denk mal drüber nach. Aber nicht wegen deinem Emanzenquatsch. Wenn, dann weil kühle Büros hundertmal besser sind, als in der Bullenhitze auf der Baustelle oder als Packer zu schuften.«

Mehrmals musste Helga an diesem Nachmittag noch dieses Moskau-Lied abspielen, dann war Erna endlich bereit, nach Hause zu gehen. Unten vor der Haustür in der Berliner Straße war kein Mensch zu sehen, der Kinderlärm schallte aus dem Hinterhof herüber. Auf der Straße standen ein dicker BMW und zwei Polizeiwagen.

»Was' denn nun schon wieder los hier«, knurrte Horst.

»Vielleicht was mit Rosi?«, sagte Erna.

Ein Mann, der trotz der Sommerhitze einen grauen Anzug trug, kam mit bierernster Miene aus dem Haus, hinter ihm trotteten mehrere Bullen her wie die Entenkinder hinter ihrer Mama.

»Guten Tag«, sagte der Bierernste, »wie gut, dass wir Sie doch noch antreffen.«

»Was willst 'n du«, lallte Erna, die sich kaum mehr auf den Beinen halten konnte.

»Was ist hier los?«, fragte Horst, »was wollen Sie von uns?«

Der Bierernste tat so, als sei Horst nicht anwesend, und wandte sich Erna zu: »Sie sind Frau Becker? Mein Name ist Schmalfuß, ich komme vom Referat für Soziales der Stadt Kaiserslautern. Wir müssen Ihren Jungen vorerst in Obhut nehmen.«

»Sie müssen was?«, schrie Horst, denn Erna schien entweder noch nicht verstanden zu haben, was hier vor sich ging, oder sie hatte die Fassung schon verloren.

»Sie sind der Lebensgefährte?«, sagte der Mann vom Amt. Er blätterte in einer Akte und sagte, ohne aufzublicken: »Herr Bar*on*, nehme ich an?«

»*Ba*ron«, sagte Horst, »man betont die erste Silbe. Bin doch kein Aristokrat.«

»Nun gut, Herr *Ba*ron. Sie sind seit einiger Zeit arbeitssuchend und haben vor dreizehn Tagen Sozialhilfe beantragt, die wir noch nicht bewilligen konnten, weil wir uns erst ein Bild von der Situation vor Ort machen müssen.«

»Wer ist arbeitssuchend?«, fragte Erna, und Horst legte gleich eine Frage nach: »Was für ein Bild? Redet doch endlich Klartext!«

»Sie sollten Ruhe bewahren, denn Ihr Verhalten wird eine Rolle spielen, wenn das Familiengericht zu entscheiden hat, wie es mit dem Jungen weitergeht.«

Horst war kurz davor, den Geck bei der Krawatte zu packen und ihn am nächsten Baum aufzuhängen.

Der wandte sich Erna zu: »Sie haben mehrere Termine verpasst. Angesichts Ihres aktenkundig labilen psychischen Zustands müssen wir von einer Fremdgefährdung ausgehen. Wenn Sie möchten, dass Ihr Junge bei Ihnen bleibt, dann müssen Sie künftig Ihrer Mitwirkungspflicht nachkommen. Sie sehen doch, welche Scherereien das verursacht. Nun haben wir Nachforschungen angestellt und sind darauf gestoßen, dass weder Sie noch Ihr Lebensgefährte einer Arbeit nachgehen. Wenn sich Ihre Wohnsituation nun als problematisch herausstellen sollte, bleibt uns keine Wahl, als den Jungen fürs Erste in einem Heim unterzubringen.«

»Ihr seid doch nicht ganz knusper«, sagte Horst, und Erna fing an zu flennen, natürlich, Erna liefert zuverlässig die schlechteste Reaktion in einer solchen Lage, danke auch.

»Ihr geht nirgendwo rein«, sagte er, »ihr habt kein Recht, uns an einem Sonntagnachmittag zu überfallen.«

»Ja nun, würden wir uns ankündigen, dann wissen wir doch alle, was passiert, nicht wahr?«

Schon stand der Anzugdepp oben in der Wohnung, er ging die beiden Räume ab, öffnete sämtliche Schränke, lief in die Küche, zog den Kühlschrank auf, gab den Bullen ein Handzeichen, worauf sie Peter ergriffen, der sofort nach Leibeskräften brüllte, strampelte, sich wehrte, vier Mann nahmen sich des Jungen an, sie schleppten Peter die Treppen hinunter, Horst brüllte jeden Kraftausdruck, der ihm einfiel, Erna kauerte wimmernd auf dem Küchenboden, und es war nicht etwa die Polizei, die Horst zurückhielt, sondern Willy, der endlich von nebenan herübergestapft kam, aber nicht mal Manns genug war, seinem Freund zu helfen, wenn ihm die Staatsmacht das Kind wegnahm.

2

Als Kolonnenführer war sein monatlicher Nettolohn deutlich vierstellig gewesen, als Putzmann bei der Bank war Horst wieder ganz unten angekommen. Kurz vor Schichtende ging in seinem letzten Büro für heute von außen die

Tür auf. Zwei Männer in Anzügen, mit Krawatten und schwarzen Aktenkoffern kamen herein.

»Ei, was machsch 'n du? Müscht du net längscht fertisch sin?«, sagte der eine, der auf seine silbern glänzende Armbanduhr sah. Er war einen Kopf kleiner als der zweite Typ. Manschettenknöpfe trug er nicht, wahrscheinlich demonstrativ, dachte Horst, der sich auf keinen Fall provozieren lassen wollte von diesen Parvenüs. Stoisch fegte er den Boden, der Staub wirbelte auf, klebte auf seiner verschwitzten Haut, verstopfte ihm die Nase und brachte ihn zum Niesen.

»Gesundheit, junger Mann«, sagte der andere Anzugmann, der dünn und groß war wie eine Bohnenstange und dessen Gesicht glänzte. »Was biste denn noch am Schaffen hier? Zu spät angefangen? Hast heut Nacht in der Kneipe wieder nicht den Ausgang gefunden, was?«

Er machte eine Handbewegung, als würde er eine Flasche an seine Lippen führen und trinken. Seine Zähne waren zu groß für den Mund, sodass er zu grinsen schien, auch wenn er gar nicht grinste. Die wollten nicht schäkern, die wollten prügeln, das spürte Horst. Sie hatten Stunk von zu Hause mitgebracht, die reinsten Pantoffelhelden mussten das sein, und nun dachten sie, an 'nem kleinen Putzmann könnten sie sich abreagieren, weil der Pöbel doch am liebsten die Fäuste fliegen lässt. Aber da waren sie schiefgewickelt. Klar, die Sache mit Peter hatte ihn zornig gemacht, und noch vor ein paar Wochen wäre das für Horst ein Grund gewesen, sich abzureagieren und diesen Gestalten eine Lektion zu erteilen. Aber damit war er durch, diesmal endgültig.

Der Dürre ging zu einem der beiden Schreibtische. Mit verschlagenem Blick ließ er den Koffer aufschnappen und nahm einen Stapel loser Blätter heraus. Kurz noch blieb der Kleinere auf der Türschwelle stehen, ehe auch er eintrat. Er nahm eine Schnupftabakdose aus der Innentasche seines Anzugs, streute sich eine Prise auf den Handrücken und zog das Zeug in die Nase. Horst nahm Feudel und Wischzeug und bewegte sich in Richtung Tür, da stand ein langes Bein vor ihm zwischen den Türrahmen.

»Wo wollen wir denn hin«, sagte der dünne Große.

»Ich hab Feierabend«, sagte Horst.

Der Kleine sagte: »Was mache mer dann jetzert? Hosch du ürgendoine Idee?«

»Weiß nicht. Was wollt ihr denn machen?«, sagte Horst, der froh war, dass er den Stirnschweiß auf die brütende Hitze schieben konnte.

»Was weiß ich«, sagte der Dünne. »Wie wär's denn, wenn du uns was zu essen holst? So ein zweites Frühstück wär jetzt was Feines. Was meinste, Henne?«

»Lasst mich in Frieden«, sagte Horst so gebieterisch, dass die beiden Anzugmänner es bei einem dummen Lachen beließen. Er nahm seinen Krempel und machte, dass er nach Hause kam. Hulda kam zu Besuch, er hatte sie eingeladen. Mit ihr und Erna würde Horst bis zum Abend bei dem einen oder anderen Schnäpschen den Schmerz runterspülen und dann *Ein Herz und eine Seele* im Fernsehen einschalten.

Zuerst wollte sie ihm aber wieder eines ihrer Bücher andrehen. Als er seine Wohnungstür öffnete, wedelte Hulda schon damit, ein postgelbes, zerfleddertes Taschenbüchlein, dessen Titel so klein geschrieben war, dass Horst es sich direkt vor die Linse halten musste: »Bertolt Brecht. *Der gute Mensch von Sezuan*. Ach, Hulda, wie oft soll ich es noch sagen. Mit Büchern bewirkst du bei mir nichts, das ist hoffnungslos.«

»So, hoffnungslos? Na, dann will ich dir mal was sagen, mein lieber Horst.«

Keuchend humpelte sie am Krückstock herein, grüßte kurz die vor einer Schnapsflasche am Küchentisch sitzende Erna und sprach erst weiter, als sie endlich im Wohnzimmer saß: »Im Januar vierundvierzig, da gab es den ersten großen Luftangriff auf unsere Stadt. Damals sind meine Nachbarn durch eine Bombe umgekommen. Und weißt du was? Ich bin danach nicht mehr in den Bunker gegangen. Wenn die Nachbarn bei einem Befreiungsversuch der Alliierten sterben, und diese Nachbarn waren wirklich keine Nazis, wenn die also sterben und die Parteibonzen im Bunker überleben, hab ich gedacht, dann geh ich nicht mehr runter. Da gab es ja bis zur Kapitulation noch mehrere schwere Luftangriffe, und immer hab ich draußen im Vorgarten gesessen auf meinem Stühlchen, und dort hab ich die Klassiker gelesen, wie besessen, bei jedem Fliegeralarm.«

Horst konnte sich keinen Reim darauf machen, weshalb Hulda ihm diese Geschichte erzählte, zumal er sie nicht zum ersten Mal hörte. Er winkte Erna herbei, goss allen dreien was von seinem liebsten Weinbrand ein und trank sein Gläschen aus. Erna blieb beim Schnaps. Hulda rührte ihr Glas nicht an.

»Du musst deinen Brecht lesen. Gerade jetzt, wo es dir dreckig geht«, sagte sie.

»Ich bin auch ohne deine Bücher gut durchs Leben gekommen.«

»Lies dieses hier, dann begreifst du, warum es dir so dreckig geht. Und vielleicht trittst du dann endlich der Gewerkschaft bei.«

»Pah, Gewerkschaft«, lachte Horst. »Für die Gewerkschaften ist die Arbeit doch heilig. Die kapieren nicht, dass es ein Recht auf Faulheit braucht anstatt einer Pflicht zur Maloche. Sozialhilfe rauf und Löhne runter, das wär mein Vorschlag.

Aber zu allem Überfluss sind diese Gewerkschaften auch noch schuld daran, dass Betriebe pleitegehen und Leute wie ich nur noch von Putzfirmen eingestellt werden, bei den absurden Lohnforderungen, die denen so einfallen.«

»Früher hättest du nicht so dummes Zeug geredet. Worüber sprecht ihr Kerle eigentlich den ganzen Abend in der Kneipe?«

»Jedenfalls lesen wir uns nicht irgendwelche Stücke vom Brecht vor.«

Erna quiekte wie zur Bestätigung.

»Dann erklär ich es dir«, sagte Hulda. »Hör gut zu! Der Arbeiter, das bist zum Beispiel du, der schafft einen Wert. Den steckt sich aber der Chef in die Tasche, und zwar komplett. Erst danach gibt er dem Arbeiter einen kleinen Teil von dem Wert, den der Arbeiter allein geschaffen hat, zurück. Lohnforderungen sind also nie zu hoch. Wenn, dann sind die Profitforderungen der Chefs zu hoch. So ist es und nicht anders.«

Horst winkte ab, leerte das nächste Gläschen und ließ die alte Frau zetern, die erst Ruhe gab, als Horst endlich das Fernsehgerät einschalten konnte und Alfred Tetzlaff auf der Mattscheibe erschien.

3

Peter lebte jetzt im Altersheim der Arbeiterwohlfahrt auf dem Sonnenberg. Er musste sich vorkommen wie ein Knacki, der unschuldig war und von dem alle wussten, dass er unschuldig war. Herrgott, er konnte sich nicht mal allein die Schuhe zubinden, wie unschuldig sollte er denn noch sein? Immerhin saßen sie beim Spielen zusammen, das hatten sie noch nicht verboten. Der Bub war am Zug, hatte eine Fünf gewürfelt. Er musterte das Spielbrett, als gelte es, einen Banküberfall zu planen. Dann entspannte sein Gesicht sich schlagartig, der Sabber tropfte vom Mund, er setzte einen seiner drei im Feld befindlichen roten Spielsteine fünf Felder nach vorn und stellte einen der blauen Steine in Horsts Gehäuse zurück.

»Ach, das ist ja ärgerlich«, sagte Horst. »Ich mag nicht mehr, du bist einfach zu schlau für mich.«

»Mensch ä…, ä…, äääërger disch nisch heißt es«, stammelte Peter in den Lärm der Deckenventilatoren hinein, da stand schon einer der Handlanger des Bösen in der Tür und räusperte sich.

»Es wäre dann wieder mal an der Zeit«, sagte der Pfleger, »gleich ist Abendbrot, da müssten Sie das Haus verlassen, sonst krieg ich Ärger mit der Leitung.«

Jeden Tag das Gleiche. Der junge Mann mit dem weißen Kittel wählte sogar täglich dieselben Worte, wenn er Horst rauswarf. In gewohnter Manier prügelte Peter auf seinen Monty ein und begann zu weinen. Horst nahm sein Kind in die Arme und streichelte ihm über den Rücken.

»Morgen ist Papa wieder da, weißte doch«, flüsterte er, »und jetzt musst du lieb sein zu Monty, der passt nämlich so lang auf dich auf.«

Wie jeden Abend hörte Peter auch heute nicht auf zu heulen. Hätte es ihm nicht das Herz gebrochen, Horst würde Schadenfreude empfinden darüber, dass die Penner sich mit Peter rumärgern mussten. Ein Einundzwanzigjähriger im Altersheim. Dass so was erlaubt war, sagte für Horst alles aus über diesen Staat, der kaum zu unterscheiden war vom Dritten Reich, wenn's um die Behinderten ging. Saßen ja auch noch jede Menge alte Nazis in den Ämtern und Banken und Betrieben, ganz zu schweigen von den Ministerien.

Einen kleinen Goldminen-Abstecher später war Horst auf dem Weg zum Siebener. Das Dunkel hatte die Stadt weicher als sonst überflutet, da begann es zu regnen, vom Himmel stürzte das Licht, der Donner wirbelte die Abendstille fort, die Luft war blau und rein, Horst sprang in den Omnibus. Er ließ sich auf einen Sitz in der hintersten Reihe fallen und zerbrach sich den Kopf. Wie würde er sein Kind zurück nach Hause kriegen? Wenn Erna in eine geschlossene Abteilung käme, wäre immerhin das Problem mit der Schwermut gelöst, andererseits war er nicht Peters leiblicher Vater, es ging nur mit Erna, zudem zählte er nicht zu den Gutverdienern, das würde auch nicht gleich anders sein, wenn sie ihn bei Schulz & Kuhnert wieder einstellten, er würde neu starten müssen, ganz unten. Dennoch empfand er keine Spur von Resignation, da war nichts als Trotz in ihm, im Oktober würde er seinen Führerschein wiederbekommen, und dann würden Erna und er sich gegenseitig aus dem Sumpf ziehen.

Kurz vor der Alten Brücke hielt der Bus an, obwohl es dort keine Haltestelle gab. Die Straße war komplett gesperrt, von beiden Seiten kam niemand durch. Na gut, dachte Horst, sind ja bloß noch ein paar Meter, die kann ich ausnahmsweise zu Fuß gehen. Er bat den Fahrer, die Vordertür aufzumachen, was der auch tat, und Horst folgte gleich der halbe Bus, ein paar von ihnen wohnten drüben in der Berliner Straße, manch anderer droben in der Feuerbachstraße, die Gesichter kannte Horst von seinen Saufrunden beim Sepp, das waren Wermutbrüder, die Horst besser nicht zu seinen Bekannten rechnen wollte, weshalb er seinen Schritt beschleunigte. Er wollte nur heim, doch da vorn bei der Absperrung und den Blaulichtern stand ein Kerl mit über der Birne zusammengeschlagenen Händen, der aussah wie … Moment, dachte Horst, das ist ja wirklich Willy.

»Alter Freund und Kupferstecher«, rief Horst.

Er sah Willys erbarmungswürdigen Blick. Der Regen peitschte Horst ins Gesicht, es blitzte und polterte, Willy rief herüber, er solle fortbleiben, einfach nach Hause gehen.

So ein Trottel, dachte Horst. Da hatte der Kerl so viele Kinder und verstand noch immer nichts. Nun würde Horst sich erst recht nicht davon abbringen lassen, den Grund für das Gedränge in Augenschein zu nehmen. Bis zur Brüstung quetschte er sich durch die Menschenmenge, erst da wollten ihn ein paar Bullen zurückdrängen, aber nicht mit Horst, der war ganz andere Kaliber gewohnt, er wollte wissen, was sich da an seiner Lieblingsbrücke abspielte.

Als er am Abhang ein weiteres vertrautes Gesicht sah und dann gleich noch eines, da erschrak Horst wie ein Schlafender beim Feueralarm. Ottes und Mira standen da und starrten aufs Bahngleis, wo Trenchcoats, Sanitäterjacken und Feuerwehrhelme um etwas herumwuselten, das unter einem weißen Tuch auf dem Boden lag. Ihm schossen tausend Gedanken zugleich durch den Kopf, ganz automatisch setzte er sich in Bewegung, ging unter dem rotweißen Absperrband hindurch, zwei Polizisten zwangen ihn zum Stehenbleiben, und ehe sie richtig grob werden konnten, war Willy schon da, der auf die Bullen einredete, er übernehme das, bitte, sie sollten loslassen, ein bisschen Verständnis, das sei ein Angehöriger.

»Was redest du da?«, sagte Horst. »Was verdammt noch mal redest du da, Willy?«, er schrie es jetzt, und dann lief er los, vorbei an den überrumpelten Wächtern sprang er durch die Böschung bis zur Leitplanke am anderen Ende der Straße und rutschte den schlammigen Abhang die gerade mal zwölf, fünfzehn Meter hinab, völlig durchnässt und verdreckt trat er aufs Gleis, wo ihn die Trenchcoats, Sanitäterjacken und Feuerwehrhelme als Mauer empfingen, sie sollten ihn durchlassen, brüllte Horst, der zwei Feuerwehrmännern gegen die Brust boxte, der Regen spritzte ihm in die Augen, aber er sah es klar, das weiße Tuch war nass vom Regen und rot vom Blut, diese Leute mussten ihn endlich vorbeilassen, damit er Erna retten konnte, die den Verstand verloren hatte und jetzt niemanden mehr brauchte als ihren Horst, doch sie hielten ihn zurück, er kam keinen Millimeter voran und sank wimmernd zu Boden, und alles, was Horst später von dieser Nacht noch in Erinnerung stehen würde, war das *Tut mir leid* des Trenchcoats, der ihm eine Decke überwarf.

4

Zumindest am Anfang wollte Horst jeden Tag beim Friedhof vorbeischauen, gleich morgens nach der Arbeit, ein paar Wochen lang musste er so tun, als wäre er ein ganz normaler Witwer. Nie hatte Horst Schnittblumen dabei, er hasste den Gestank, das Zeug roch nach Tod und Teufel. Ernas Grab war nicht mehr als eine verpisste Primel, als hätte man eine Katze verscharrt. Aber so war das, wenn sie einem ein gutes Leben vorenthielten, gab's auch im Tod keine Menschenwürde.

Er kniete vor der Ruhestätte seiner Geliebten und dachte an Dora, an die er seit Jahren nur noch selten dachte, doch wie er hier kniete und an Dora dachte, überkam ihn unbändige Lust nach einem schnellen Fick, am liebsten an Ort und

Stelle, ohne Geplänkel, und wie Horst sich über den weitläufigen Gottesacker zum Ausgang begab, stand ihm das lüsterne Grinsen so breit im Gesicht, dass eine am Wegesrand stehende Frau mit Altfrauendutt und vertrockneter Miene Muffensausen bekam.

Die Hitze flirrte, der Teer unter den Sohlen wurde weich wie Gummi. Entsprechend kraftlos kam er bei Rosi an. Auf dem Küchenboden lag der Köter, knurrend und bereit zum Aufspringen. Ellas Blick, als er in Rosis Zimmer kam, war immerhin neutral. Sie drückte ihrer Mutter einen Kuss auf den dünnen Schopf und tänzelte davon.

»Wüsste zu gern mal, was ich der Frau getan hab«, sagte er.

»Manche Leut können einen nicht riechen, ohne jeden Grund«, sagte Rosi.

»Und manche Leut haben ihren Kopf bloß, weil Friseure auch von was leben müssen«, sagte er.

Rosi nahm seine Hand. »Sag mal, Horst, wie geht's dir so?«

»Meinen Peter, den hätt ich so gern bei mir. Da werd ich drum kämpfen, und wenn's das Letzte ist, was ich tu.«

»Greif mal unter mein Bett«, sagte sie. »Da findeste was, das wird dir gefallen.«

Seine Hand wanderte unter das Gestell. »Meine Herren!«, rief er, auf dem goldgelben Etikett der Flasche, die er hervorzog, war ein grinsender Wurm zu sehen, im aufrechten Gang mit einem runden Tonkrug in der Hand und einem weiteren im Hitzetuch, das um den Kopf gebunden hing. In der Flasche schwamm eine Raupe, was in Horst keinen Ekel erzeugte, nein, die rote Aufschrift »Gusano Rojo Mezcal« ließ ihm das Wasser im Mund zusammenlaufen.

»Das ist die Mottenraupe von einem Dickkopffalter.

Wenn sie nicht zerfällt, ist die Qualität von dem Gesöff erstklassig. Schmeckt schön rauchig. Man sagt, wer das Tier isst, dem verleiht es magische Kräfte.«

»Wo haste so ’nen edlen Tropfen her?«

»Tja, Horst, man stirbt nur einmal.«

»Red keinen Stuss.«

»Mein Lebtag hab ich mir von einem Mann nicht sagen lassen, was ich denken oder tun oder reden soll, und auf der Zielgeraden meines beschissenen Lebens fang ich damit nicht an.«

»Biste nicht stolz drauf, so viele Kinder durchgebracht zu haben, obwohl du ’nen Holzkopf hast als Mann? Der hat nie gewusst, was er an dir hat.«

»Mit deinen Avancen kommste zu spät«, sagte Rosi, deren Lachen rasch überging in ein Kollern. Horst half ihr, sich aufrecht hinzusetzen, und küsste ihre Hand.

Zwei Gläschen waren ebenso rasch gefüllt wie geleert, da schenkte Horst auch schon nach. So warm war ihm seit Monaten nicht gewesen, und das hatte er ausgerechnet der am Krebs dahinsiechenden Frau seines besten Freundes zu verdanken. Aus dem Wohnzimmerschrank kramte er die Udo-Jürgens-Kassette und wollte sie in den Rekorder legen, aber Rosi klopfte mit der Hand neben sich aufs Bett. Die wird doch nicht, dachte Horst, der keine Ahnung hatte, wie es um die Libido der Sterbenden stand. Er setzte sich neben sie. Sein Blick fiel auf das Foto auf dem Nachttisch, das Willy und Rosi in jungen Jahren zeigte. Ihr Blick fiel auf die Beule in seiner Hose, und schon fing sie wieder an zu kichern, diesmal vermischten sich Lachen und Husten so ausdauernd, dass er den Notarzt rufen wollte.

»Du bist ein Schatz, Horst«, keuchte Rosi, als sie wieder halbwegs sprechen konnte. »So ein Kompliment hab ich seit langer Zeit nicht bekommen. Jetzt muss ich aber leider noch ein ernstes Wörtchen reden mit dir.«

Sie deutete auf den Mezcal, und natürlich ließ Horst sich nicht lumpen, er schenkte nach, gurgelte das Zeug wie Mundwasser und ließ Rosi den Wurm schlucken.

»Hast du gewusst, dass ich ganz schön oft fremdgegangen bin?«, fragte Rosi.

»Hat Willy sich zumindest nie anmerken lassen«, sagte Horst.

»Wir haben auch nie darüber gesprochen«, sagte Rosi. »Aber er wusste es.«

Sie ließ sich von Horst eine HB geben und sah zum Fenster hinaus, wo der Sommer fröhliche Urständ feierte. »Vor ein paar Jahren«, sagte sie, »hab ich's auf die Spitze getrieben, und stolz drauf bin ich nicht. Hab Juli mitgenommen, da war die vielleicht fünf oder sechs, um diesen Kerl zu treffen, der mir monatelang nachgestellt hatte, im Tante-Emma-Laden und auf der Straße, sogar beim Arzt saß der mal im Wartezimmer. Der gab nicht auf, bis er mich hatte. In der letzten Absteige haben wir uns getroffen, mehrmals in der Woche, einmal eben auch am Sonntag. Juli musste vom Badezimmer aus mit anhören, wie ihre Mama mit so 'nem Stelzbock vögelt, die Tür war nur angelehnt, und wer weiß, vielleicht hat sie sogar 'nen Blick riskiert. Es war mir egal damals, weil ich so verzweifelt war, verstehst du das, Horst? Ich wollte endlich mal wieder spüren, dass ich existiere. Dass ich mehr wert bin, als die Putze und die Köchin und das Kindermädchen zu spielen. Raus aus dem Hausfrauenkäfig. Und als ich heimkam, saß Willy im dunklen Wohnzimmer in seinem bescheuerten Fernsehsessel und sah mich an, als hätt ich ihm ein Messer ins Herz gerammt. Was ich ja auch getan hatte, irgendwie, aber Himmel noch mal, ich konnte halt nicht anders.«

Ihr kamen die Tränen. Horst sagte kein Wort. Eine Frau legte die Beichte ab, und er durfte ihr Pater sein.

»Mir wär's auch lieber gewesen, wenn's mit uns noch mal geworden wäre wie früher, als wir im Regen übers Stadtfest baldowert sind, so wie in dem Lied vom Michael Holm, Willy ist dabei in die Scherben der zerbrochenen Weinschorlegläser getreten, doch er hat mich einfach hochgehoben mit seinen starken Armen, und dann hat er mich minutenlang geküsst, einfach nur geküsst und nichts weiter.«

Sie musste sich hinlegen. Ihr Atem war flach und ruhig. Horst hörte die Stille, die sich nicht einmal vom aggressiven Ticken der Wanduhr vertreiben ließ.

»Warum ich dir den Schmonzes erzähl, Horst«, flüsterte Rosi, die noch immer aus dem Fenster sah, »ich hab eine Bitte an dich. Eine große sogar.«

Er legte eine Hand auf ihre über dem Bauch gefalteten Hände und kam sich vor wie in einem Vorabendfernsehspiel. Sie drehte den Kopf, sah Horst fest in die Augen und sagte: »Wenn ich nicht mehr da bin, musst du dich um Willy kümmern. Du musst da sein für ihn, bedingungslos. Damit er nicht kaputtgeht daran, dass ich fort bin für immer.«

Ohne zu zögern, sagte er: »Ich verspreche es dir, Rosi. Falls ich dich überleben sollte, woran ich noch immer stark zweifle.«

Binnen weniger Minuten schlief sie ein, und Horst brauchte frische Luft. Er nahm die Mezcalflasche, ging in die Küche, öffnete das Fenster und brannte sich eine Kippe an. Unten standen zwei junge Leute, die Horst erst auf den zweiten Blick erkannte. Mira und Ottes. Das stank doch wieder zum Himmel. Seit wann gab's im Wehrdienst verfrühten Ausgang?

Einen halben Schritt trat Horst zurück, damit die beiden

ihn nicht sahen. Wie ein Westentaschen-Elvis sah Ottes aus, mit seltsam frisiertem Kopf, hochgestelltem Lederjackenkragen, dünnem Oberlippenbart und schneeweißen Tretern lehnte er an der Hauswand. Mira hielt ihren Schulordner vors Bäuchlein und wirkte wie ein leichtes Mädchen, und dann lehnte sie ihren Kopf an seine Schulter.

Horst erschrak. Ein Kuckuckskind an der Backe zu haben, das war so ziemlich das Letzte, was der Junge jetzt brauchte. Erst die sichere Anstellung, dann die Familienplanung, so hatte er es dem Knaben von klein auf eingetrichtert. Außerdem war dieser Italiener der Vater des Ungeborenen, da hatte Ottes kein Recht, sich einzumischen.

5

Am Montag fing Horst um vier Uhr morgens an. Wenn er sich eine halbe Stunde vorher auf den Weg machte, traf er im Bus und auf der Straße nur die Rausmüsser und die Rauswoller. Die Rausmüsser waren Frauen und Männer wie er, deren Arbeit ihnen keine Wahl ließ, als zu dieser Stunde auf den Beinen zu sein. Die Rauswoller waren Greise, die spazieren gingen und ihre angeblich robuste Gesundheit dieser seltsamen Angewohnheit zuschrieben.

Ein komplettes Stockwerk hatte Horst zu säubern. Allein. Im Leben hätte er nicht gedacht, dass diese Wischerei und Fegerei so anstrengend sein würde. Und damit meinte er nicht nur die körperliche Plackerei, die einem in Rekordzeit die Schulter und den Rücken zerstörte. Solchen Schlickefängern hinterherzuputzen, während zu Hause die Wohnung vergammelte, das kostete ihn beinahe noch mehr Kraft. Horst vermutete, dass die sich einen Spaß daraus machten, ihren Schweinekram den Putzleuten zu hinterlassen. Ein paar Male hatte Horst schon die Luft anhalten müssen, weil der aus dem Mülleimer kommende Mief nicht zu ertragen war. Und noch schlimmer waren die Toiletten, die Horst sich gleich zu Beginn vornahm, damit er es hinter sich hatte. Wer noch einen letzten Rest Glauben an die Menschheit in sich trug, verlor ihn, wenn er morgens einen ungeputzten Abort in der Bank sah. Da waren die Manager nicht besser als die Arbeitslosen. Letzte Woche hatte er einen in der Männerkabine erwischt, der war dabei, sich Koks reinzuziehen, morgens kurz nach fünf, und anstatt sich zu schämen, war der Kerl aufgestanden, hatte seine neben der Klobürste stehende Bierflasche geschnappt, sie gegen die Wandfliesen geschleudert und Horst angeschnauzt: »Mach das sofort weg!«

Den meisten Leuten fielen die Putzkräfte gar nicht auf, das war bei der Bank genauso wie auf der Straße. Und wenn Horst doch einem auffiel, dann wurde ihm sprunghaft ausgewichen, was er dann auch wieder verstand, denn man stelle sich vor, man kommt zur Arbeit, womöglich mit einer Semmel in der Hand, und dann schlurft Horst über den Flur, der gerade Kotze und Pisse weggewischt hat. Und das alles für die paar Kröten in der Stunde. Du gewöhnst dir ab, Wünsche zu haben, hatte ihm Frau Kowalski gesagt, die schon über siebzig war und nicht nur hier in der Bank, sondern auch noch in der Kantine einer Fabrik putzte, um ihre mickrige Rente aufzubessern.

Anspruch auf zwei Pausen hatten sie hier. Eine kurze um sechs und eine noch kürzere um acht. Auf dem Bau und auf Tour waren die Pausen die Glanzzeiten der Drückeberger und Kippenschnorrer, die es hier aber nicht gab, denn die Putzfrauen waren fleißig, zu fleißig für Horsts Geschmack, er hätte ein paar Minuten mehr gebrauchen können, allein schon um sich die schmerzenden Hände zu kühlen, die Putzmittel verätzten ihm die Haut durch die Gummihandschuhe hindurch, doch die Damen trieben einander an, weil sie alle gemeinsam exakt um neun in der Kaffeeküche die Gläschen erheben wollten, da war es dem einzigen Mann in der Kolonne nicht erlaubt, aus der Reihe zu tanzen. Also zählte neben Mopp und Mellerud auch Alka Seltzer zu seiner Grundausstattung. Seit einiger Zeit nahm er fast jeden Tag am Kaffeeküchenpicheln teil, um sich abzureagieren von den Idioten, mit denen er es zuvor zu tun gehabt hatte.

Solche hochgestochenen, auf Krawall gebürsteten Dandys wie diesen Dürren und den Kleinen von neulich gab es hier viele, selten traf Horst mal auf nette Leute, und wenn, dann waren es stets die Zuspätkommer, denen man ansah, dass ihnen im Leben anderes wichtiger war als diese Arbeit, die darin bestand, den schuftenden Teil der Menschheit über den Tisch zu ziehen. Manchmal, wenn Horst nach neun mit seinen Mädels in der Kaffeeküche den Vormittagssekt vom Plus becherte, kam einer von denen bei ihnen vorbei und genehmigte sich einen Schluck. Die Kaffeeküche war ein enger, wenige Meter langer Schlauch, in dem ein kleines Regal mit Tellern und Tassen und ein Wasserkocher standen. Vielleicht war es gerade die Enge, die diese Kerle im Maßanzug anlockte. So viele einfache Menschen auf kleinem Raum bekamen sie sonst nie zu Gesicht.

Horsts Favorit war ein blonder Lulatsch mit Wuschelkopf namens Bernd, der Bernie genannt werden wollte. Er war der Erste gewesen, der ihn nicht verarschen, sondern wirklich wissen wollte, wie Horst dazu gekommen war, hier zu putzen. Und heute wollte er wissen, bei wem genau sie eigentlich angestellt seien, und war nicht überrascht, als er hörte, dass das niemand von ihnen so genau wusste. Er schlürfte seinen Zweimarksekt wie ein warmer Bruder, aber bei Bernie fand Horst das stilvoll, er mochte den Kerl einfach. Eine Altgediente mit Witwe-Bolte-Tuch auf dem Kopf sagte, die Firma, für die sie seit bald zwanzig Jahren arbeite, sei verschachert worden an ein Dienstleistungskonsortium, dessen Struktur kein normaler Mensch überblicke. Vier Mal in zwei Jahren schon hätten sie ihr die Stunden gekürzt, das habe irgendwas mit dem neuen Gesetz für geringfügige Beschäftigung zu tun. Jaja, sagte Bernie, seit sie den Brandt vor fünf Jahren aus dem Kanzleramt geputscht hätten, würden sie den Arbeitsmarkt immer stärker liberalisieren, und dann formulierte er es noch einmal so, dass Horst es verstand: Die Regierung erlasse ein Gesetz nach dem anderen, das die Arbeitnehmer belaste und die Arbeitgeber entlaste. Überhaupt, sagte Bernie wild gestikulierend, müsse man mal manche Begrifflichkeit überdenken. Arbeitnehmer, also Leute wie sie und auch er, seien doch in Wahrheit die Arbeitgeber, weil sie die Arbeit gäben, und zwar denen, die aktuell Arbeitgeber hießen, realiter aber Arbeitnehmer seien, weil sie doch die Arbeit der Arbeiter nähmen und sie sich einverleibten, ohne dafür einen angemessenen Lohn zu entrichten. Er sagt tatsächlich »realiter«, dachte Horst, der solche Ausdrücke sonst nur von Politikern im Fernsehen oder Radio hörte. Bernie kam jetzt richtig in Fahrt, aufgekratzt wie ein Kind vorm Kettenkarussell fragte er in die Runde, wer schon mal über das Wort »Entlohnung« nachgedacht habe. Na? Niemand? Wörtlich bedeute es nichts anderes als *jemanden um den Lohn bringen.* Wie treffend unsere Sprache zuweilen doch sei.

Er müsse ihm mal eine alte Frau vorstellen, sagte Horst, eine beinharte Kommunistin, die sei schon zu Zeiten des

Dritten Reichs gegen Hitler gewesen und wisse alles über Geschichte und Politik, von der könne sogar Bernie noch was lernen. Und Bernie schob den Ärmel seines Jacketts hoch, die Rolex glänzte, nun müsse er aber fix zur Arbeit, sonst raste sein Abteilungsleiter noch aus, der Alte verachte ihn wegen seiner politischen Ansichten, aber der Oberboss liebe nun mal sein mathematisches Talent, also suche der Abteilungsleiter permanent nach einer Möglichkeit, ihn aus disziplinarischen Gründen zu suspendieren, also dann, sagte er, bis morgen, und wie er die Türschwelle zum Gang überschritten hatte, schaltete Bernie von feuchtfröhlich auf furztrocken, ein echter Profi, der Mann, musste man ihm lassen, und wie er diesen Bernie selbstsicher davonschreiten sah und sich nach einem gepflegten Bierchen mit diesem selbstsicheren Kerl sehnte, war Horst zugleich schon klar, dass es dazu niemals kommen würde, zumindest nicht in dieser Welt.

ELFTES KAPITEL

Der Mensch lebt durch den Kopf

1

Was tat Willy an einem Samstagnachmittag im Oktober in der Goldmine? Was er dort auch schon getan hatte, als die Spelunke noch sein zweites Wohnzimmer gewesen war. Er ließ Horst seine Wortkaskaden abfeuern und hörte mit einem Ohr auf die Fußballübertragung. »Und bereits früh in diesem Spitzenspiel zwischen dem FC Bayern München und dem 1. FC Kaiserslautern zeigt der Schiedsrichter dem Lauterer Hannes Bongartz nach einem groben Foulspiel die Gelbe Karte. Die Pfälzer setzen sich tapfer zur Wehr, bleiben aber ansonsten ideenlos.«

Nach einer halben Stunde stand es unentschieden, das war die kleine Sensation des Tages, die nicht anstinken konnte gegen die große: Willy hatte vorhin sein Bier abgelehnt. Er habe das Saufen aufgegeben. Helga, der nicht anzusehen war, ob sie Willy gleich wieder rausschmeißen oder ihm zu seinem vorläufig gelungenen Entzug gratulieren wollte, hatte ihre liebe Mühe, den Kerl an seinem Colabecher nippen zu sehen.

»Meine Erna hat auch gern Cola getrunken«, sagte Horst, »Coca Cola musste es sein, was vom Billigheimer rührte die nicht an. Wenn ich der was eingeschenkt hab, dann hat sie sich das Glas an den Mund gedrückt und den Schaum rausgesaugt. Den Colaschaum hat die mehr geliebt als ihr Leben.«

»Halt dein Maul, ich will was vom Spiel mitkriegen«, sagte der S-Bahn-Dirk.

Offenbar waren die Bayern stärker. Hans-Peter Briegel kriegte mit seiner Abwehr die gegnerische Sturmreihe nicht in den Griff. Dann plärrte er los, der Reporter, wunderschönes Tor vom Kurt Niedermayer, sogar der Lauterer Weltklassetormann Ronnie Hellström konnte es nicht verhindern. Horsts Augen verharrten auf Willys Glas.

»Vor drei Tagen hat er schon bei mir gesessen und sein Bier abgelehnt«, sagte er, »ich wär bald vom Stuhl gekippt, glaub mir, Helga. Aber unser Willy neigt zu so was. Von heut auf morgen gibt der seine Gewohnheiten auf. Ein Extremist vor dem Herrn. Da fragt man sich schon, warum er überhaupt zurückgekehrt ist in die Goldmine.«

»Du brauchst nicht von mir in der dritten Person schwätzen, wenn ich direkt neben dir sitz, so was machen nur Wichtigtuer«, sagte Willy.

»Sag doch wenigstens, warum du nix mehr trinkst.«

»Bin ich endlich den Dünnflitsch los«, sagte Willy.

»Dafür leiden Biertrinker selten unter Verstopfung«, sagte Horst.

»Könnt ihr mal aufhören, euren Stuhlgang zu besprechen, verdammt«, sagte der S-Bahn-Dirk. »Ich esse. Außerdem versuch ich, was mitzukriegen vom Spiel.«

Ein junger Kerl mit Streichholzbeinen kam hereinstolziert. Er trug langes, blondes, wehendes Haar und war mit Ketten und Ringen behängt. In seinem Kamelhaarmantel sah er aus wie einer, der den Unangepassten spielen wollte. Und zum Tresen ging er hin in einer Selbstverständlichkeit, als hätte hier irgendwer auf ihn gewartet. Willy traute seinen Augen nicht, als der Bursche hinter die Theke trat und Helga mit einem Küsschen auf die Wange begrüßte.

»Wer is 'n der Gockel?«, fragte er.

»Was haste grad gesagt über Leute, die von Anwesenden in der dritten Person reden?«, sagte Helga.

Willy winkte ab.

»Der Jäcki ist das«, sagte Helga.

»Welcher Jäcki?«

»Sag bloß, der Horst hat dir nix vom Jäcki erzählt.«

Horst hob entschuldigend die Hände und sagte: »Meinste, dann hätt unser Willy sich noch mal hergeschafft in die Goldmine? Als Abstinenzler unter Genussmenschen, und dann kommt so ein Student rein. Kannste doch keinem erzählen, so was.«

»Was andeuten können hätteste«, sagte Helga, »armer Willy. Biste dich grad am Wiedereingewöhnen, nippst an 'ner jämmerlichen Cola rum, und dann fliegste so ins kalte Wasser.«

»Was macht der Jäcki nun hier? Ist der dein verlorener Sohn?«

»Mensch, Willy, hat dich das Zuckerwasser schon hohl gemacht im Kopf, oder was?«, rief der S-Bahn-Dirk mit vollem Mund, »der Bub schafft seit ein paar Monaten hier.«

»Seit wann hast du Angestellte, Helga?«, sagte Willy.

»Schön, wie du dich für mich freust, dass der Laden so gut läuft und ich Unterstützung brauche«, sagte Helga.

Jäcki stand neben Helga und zog an einer Stuyvesant, die er zwischen Mittel- und Ringfinger hielt. Der Duft der großen weiten Welt. Willy hatte keine weiteren Fragen. Dafür hörte Horst mit dem Maulen nicht auf.

»Da holste dir einen von draußen rein, obwohl du die Besten seit Jahren hier vor dir sitzen hast. Nix gegen den Jäcki, der is 'n dufter Kerl, aber das find ich nicht in Ordnung, Helga, wirklich nicht.«

Jäcki nahm einen Hocker vom Tresen, setzte sich drauf und tat so, als gehe ihn das Gezeter nichts an.

»Fängst du damit wieder an?«, sagte Helga. »Seit Sommer biete ich dir in einer Tour an, dass du bei mir anfangen kannst, und was haben wir jetzt? Oktober!«

»Ich bin keine Putze«, brüllte Horst.

Helga sah Willy an, bei dem sie Bestätigung suchte: »Ständig jammert der mir rum, er hat zu wenig Geld. Und wenn ich ihm hier was anbiete, hält er sich für was Besseres. Könnte er doch ein, zwei Stunden morgens bei mir was dazuverdienen, bevor er zur Bank weiterzieht. Undankbare Bande. Da sind mir sogar die Studenten lieber. Vor allem, wenn so ein Guter wie der Jäcki bei mir reinrutscht.«

»Bei dir reinrutscht? Wie darf ich das jetzt verstehen, Helga?«, rief der S-Bahn-Dirk lachend, wobei das Lachen ihm gleich wieder verging, denn im Radio überschlug der Reporter sich vor Begeisterung über diese Bayern, die gut und gerne höher als eins zu null führen könnten. Der FCK gebe auf fremdem Platz mal wieder ein klägliches Bild ab.

»Wieso soll ich nicht hinterm Tresen arbeiten können?«, sagte Horst, »ich bin seit Jahren dein bester Kunde, und du behandelst mich wie 'ne Wanze, die dich gebissen hat.«

»Pass auf, Horst!«, sagte Helga. Endlich erhob sie mal die Stimme, fand Willy, das war nicht mehr auszuhalten. Ihr schien es zu langen, sie schnappte sich den Putzeimer.

»Ich geh jetzt rüber und wisch das Klo. Wenn ich wieder herkomm, frag ich dich noch mal. Einmal noch, dann nicht mehr. Überleg's dir.«

Doch da gab es offenbar nichts mehr zu überlegen. Horst

zog sich schmollend an den runden Tisch hinten zurück, und da saß er wie der Bengel, den sie zum Direktor gerufen haben, mehr liegend als sitzend mit seiner Schlechtwetterschnute.

Halbzeitpause in München. Weil der S-Bahn-Dirk sich am Flipper abkühlen musste, hockte Willy nun allein mit diesem Jäcki vorn am Tresen. Peinliche Stille. Wieso hatte der S-Bahn-Dirk das Radio ausgemacht? Jäcki begaffte ihn von der Seite, was Willy ganz nervös machte. Er klopfte sich ab, als wäre er in einen Ameisenhaufen getreten.

»Du brauchst vor mir keine Furcht haben«, sagte Jäcki mit überraschend tiefer Stimme.

»Meinste mich, Jungspund?«

Theatralisch drehte Jäcki sich um und zuckte mit den Achseln. Das ging unter Studenten wohl als Eisbrecher durch.

»So schließt du mit mir keine Freundschaft. Bisschen Respekt vor dem Älteren musst du schon aufbringen, da bin ich altmodisch, so hat man mich erzogen.«

»Hab schon viel von dir gehört. Hier berichten sie nur Gutes über dich. Wirklich alle. Das hab ich noch nie erlebt«, sagte Jäcki.

»Kennste dich bisschen aus mit der Geschichte von dem Laden hier?«, fragte Willy, und Jäcki schüttelte artig den Langhaarkopf, während er Qualm an die Decke blies.

»Seit über dreißig Jahren führt Helga die Spelunke, gleich nach dem Krieg hat sie aufgemacht. Als sie uns noch Durchhalteparolen in die Volksempfänger gejagt hatten, wusste sie: Wenn wir den Krieg gewinnen, müssen die Männer feiern. Und als die Kapitulation kam, wusste sie: Wir haben verloren, jetzt müssen die sich in den Suff flüchten, und die alliierten Soldaten wollten ihren Sieg feiern. Also hat sie die

Trümmer im Erdgeschoss hier im Haus beiseitegeschafft. Waschechte Trümmerfrau, unsere Helga. An die Lizenz ist sie schnell gekommen, aber das Geschäft lief richtig mies am Anfang. Die Franzosen haben den eigenen Leuten verboten, in deutsche Bierstuben einzukehren. Sogar 'ne Plakette hatten sie Helga neben die Eingangstür geschraubt, die hängt heut überm Herrenklo, kannste mal gucken gehn. Das Fraternisierungsverbot, auf Französisch. Zum Glück sind wir in den Fünfzigern dann amerikanische Garnison geworden. Die Amis sind blöd, aber saufen können sie, das hat der Helga den Arsch gerettet. Für mich ist das bis heute der Erbfeind, der Franzos. Was studierst du denn überhaupt?«

»Englisch, Lehramt«, sagte Jäcki, der die Fluppe in den Aschenbecher schnippte und grinsend hinzufügte: »Und Französisch. Das studier ich auch. Oben in Mainz.«

»Niemand ist perfekt«, sagte Willy. »Zum Glück ist meine Zweitjüngste schon vergeben. Mira mag solche wie dich, sind genau ihr Ding. Und Juli auch, meine Jüngste, aber die ist gottlob viel zu jung für dich mit ihren dreizehn Jahren.«

Sie prosteten einander zu, Willy mit seiner Cola, Jäcki mit einem Bitter Lemon, und Willy sagte: »Guck mal nach draußen, durchs Fenster, dort, wo die Gardine nicht ganz zu ist. Wenn du aufmerksam hinsiehst, merkst du, dass manchmal fein angezogene Herren und Damen auf dem Trottoir stehen bleiben und zu uns reinglotzen. Die denken sich ihren Teil, ohne je mit einem hier gesprochen zu haben. Für die sind wir nichts als Gesocks, bloß weil wir nicht studiert haben und gern mal ein Bierchen trinken.«

Jäcki lachte, und Willy geriet so richtig in Plauderlaune: »So, da wir nun Freunde sind, sag ich dir mal, wie die normalerweise läuft, so 'ne Goldminen-Woche. Am Freitag ist viel los. Die Putzen und die Packer können am Samstag ausschlafen. Am Samstag ist noch mehr los. Am Sonntag ist gar nix los. Da macht Helga manchmal schon um eins in der Nacht zu. Am Montag ist schon wieder viel los, denn die meisten sind über Sonntag ungeduldig geworden. Der Dienstag ist nicht der Freitag und nicht der Montag. Der Mittwoch ist wenigstens der Mittwoch. Und der Donnerstag ist der Tag vor dem Freitag.«

»Mensch, Willy, als wenn der Jäcki das nicht lang schon wüsste«, sagte Horst, der fertig war mit Schmollen und wieder an seinem Stammplatz an der Theke saß. Auch der S-Bahn-Dirk war retour, die zweite Halbzeit hatte begonnen, das Radio war laut.

»Und wo du dein Mädchen bei diesem Italiener so sicher verwahrt glaubst, Willy …«

»Wer sagt denn, dass ich die dort bei dem sicher verwahrt glaub?«

»Haste nicht eben grad gesagt, die wär vergeben?«

»Ist sie auch. Sie hat sich nur noch nicht entschieden, wen von den beiden Kandidaten sie nimmt.«

Einem Laien wäre es nicht aufgefallen, weil Horst schon gut dabei war für die Nachmittagsstunde, aber Willy sah genau, wie das Gesicht seines Freundes ein noch tieferes Rot annahm.

»Das heißt, du weißt Bescheid, was da läuft mit Ottes?«, sagte Horst.

»Was ich weiß oder nicht weiß, spielt keine Rolle. Das müssen die unter sich ausmachen. Sind alt genug.«

»Was babbelst du da?«, rief Horst, so durchdringend, dass der S-Bahn-Dirk wieder kreischend um Ruhe bat.

»Oh, das klingt herzzerreißend«, sagte Jäcki, der sich postwendend einen Drohfinger von Horst einhandelte.

»Denk nach, Willy, du darfst nicht zulassen, dass unsere Kinder sich zusammentun.«

»Warum denn nicht?«

»Weil … das wär Inzucht so quasi.«

»Wir sind wie Brüder, Horst, das sieht ein Blinder mit Krückstock. Aber eben nur wie, nicht so richtig. Lass die jungen Dinger mal machen. Die wissen, was sie tun. Meine Mira vor allem. Die ist schon sechzehn.«

»Hmm«, brummte Horst, da schrie der S-Bahn-Dirk wie am Spieß, und mit ihm fing die halbe Goldmine an zu palavern. Denen fehle der Toppmöller, an allen Ecken und Enden. Und der Hellström sei ein Fliegenfänger geworden! Kein Wunder, da stünden fast bloß noch Amateure in der Mannschaft. Die würden abrutschen in die Zweite Liga, ganz sicher. Und wenn die einmal abstiegen, dann kämen die nie wieder hoch. Überhaupt lebe dieser Verein viel zu sehr in der Vergangenheit. Der Krach verklang, die Gläser waren gefüllt, der letzte Satz des Radioreporters drang in Willys Gehörgänge. »Über dem Betzenberg kreist von nun an das Abstiegsgespenst.«

2

Für jeden Tag, an dem sie nicht getrunken hatte, malte Rosi mit dem Bleistift einen Strich an die Wand. Da war schon einiges zusammengekommen. Willy saß in seinem Sessel, streichelte den neben ihm dösenden Hund, sah zum Fenster, lauschte dem rasselnden Atem seiner Frau, die im Bett lag und drauf und dran war, schon wieder einen Tag halbwegs lebend rumzukriegen.

Wo Mira sich rumtrieb, wusste Willy nicht. Das Mädchen musste auf sich selbst achten lernen, sonst würde ihr Kind im Heim landen. Juli verbrachte seit einiger Zeit die Wochenenden bei Oma Hulda. So war die alte Frau bewacht, und das pubertierende Kind konnte keinen Unfug treiben. Es war an Willy, dafür zu sorgen, dass die Stille in der Wohnung seiner Rosi nicht die Seele zerriss. Er las ihr aus der Zeitung vor, sie stritt mit ihm über das Fernsehprogramm, und beide dachten sie an früher, besonders jetzt in der Dämmerung, wenn sie in die hereinbrechende Nacht hineinstaunten.

»Mach mir den Neger«, wisperte Rosi, worüber Willy erschrak. Er begriff erst, als sie kurz darauf sagte: »So wie damals, als wir uns immer Mut angetrunken und danach zusammen die Kappensitzung geentert haben.«

Sie wollte Willy trällern hören wie Ernst Neger, den singenden Dachdecker aus der Mainzer Fastnacht, dem Willy auch äußerlich immer mehr ähnelte. Seine Hemden spannten über dem Bäuchlein, und die Haare auf dem Kopf wussten nicht recht, ob sie zuerst grau werden oder gleich ausfallen sollten.

»Wie meinste das?«, fragte Willy. »Ohne Schallplatte, nur meine Grabesstimme?«

»Klar, was sonst?«

»Da werden die Nachbarn sich beschweren.«

»Ja, das treibt mich grade am meisten um, was Horst wohl denken könnte.«

»Und der Hund wird jaulen.«

»Umso besser.«

Prinz folgte Willy mit hochgestelltem Schwanz ans Fenster. Gegenüber sah Willy das ergrauende Grün der Bäume, die bald schon kahl sein und den Blick freigeben würden auf Restaurant und Bowlingbahn, damit den Bewohnern des

Blocks deutlicher vor Augen stünde, welches Vergnügen ihnen verwehrt blieb. Noch einmal drehte Willy sich um. Rosi hatte die Augen geschlossen.

Willy holte Luft und sah aus dem Fenster: »Heile, heile Gänsje, es is bald widder gut. Es Kätzje hot e Schwänzje, es is bald widder gut. Heile, heile, Mausespeck, in hunnert Jahr is alles weg.«

Und schon war sie eingenickt. Er fütterte den Hund, nahm die Leine und schlich mit ihm hinaus. Drüben an der Alten Brücke sprangen die Straßenlaternen an, begannen zu leuchten wie Sonnenblumen in der Dämmerung. Willy sah zum Himmel und vergaß die Krankheit seiner Frau, die Gebrechen seiner Mutter und die Schwangerschaft seines Mädchens. Tagsüber in der Polsterei fühlte er diese unselige Dreifaltigkeit wie ein dumpf schmerzendes Geschwür in sich, nach Einbruch der Dunkelheit sah er nach oben, sah in klaren Nächten wie dieser den Mond und die Sterne und spürte Demut ob des Unbegreiflichen, des Ewigen, das auch seiner Rosi auf den letzten Metern einen Hauch von Trost spenden mochte.

Nach der Abendrunde mit Prinz stand Willy noch lange am Fenster. Auf dem Brett saß eine Meise, die vielleicht ihr Nachtlager nicht gefunden hatte oder einfach noch nicht müde war. Sie richtete ihre Äuglein auf Willy und hielt das Köpfchen schief, so als verlange sie umgehend was zu futtern, und nach einer Weile breitete sie ihre Flügelchen aus und flog davon, empört ob des fehlenden Meisenknödels. Rosi mochte alle Vögel, aber Meisen, die verehrte sie. Sommers wie winters hängte sie frische Meisenknödel draußen ans Wohnzimmerfenster.

Einmal hatte sie Willy erwischt, das war vielleicht ein Dreivierteljahr her. Er hatte sich über das Fensterbrett gebeugt, da war Rosi reingekommen. Sie setzte sich aufs Bett und feilte ihre Fingernägel, dann bemerkte sie, dass Willy mit einem Messer fuhrwerkte. Was er da mache, fragte sie, Willy drehte sich um und verbarg das Messer hinter dem Rücken. Nix, gar nix mache er da.

Er solle zur Seite gehen, hatte Rosi gesagt. Willy war stehen geblieben. Er solle gefälligst zur Seite gehen, das sei kein Spaß mehr. Ihn fortgeschoben und das Messer genommen hatte sie, auf dem pulvrige Rückstände zu sehen gewesen waren. Sie hatte daran geschnüffelt. Was er getan habe. Da hatte Willy die Waffen gestreckt. Er habe mit dem Messer den Meisenknödel abgekratzt. Die Vögel seien länger nicht mehr rangegangen und da habe Willy gedacht, er müsse was tun, weil Rosi sich immer so freute, wenn die Meisen was abgenagt hatten. Also habe er das Messer genommen, es durch das Netz gesteckt und ein Stückchen abgerubbelt, schon eine Zeit lang hatte er das immer wieder unbemerkt so gemacht.

Herrje, was liebte er Rosi. Seine Liebe zu dieser Frau nahm in dem Maße zu, in dem sie sich ihm gegenüber verhielt wie ein Drachen. Das war schon so, bevor der Krebs ihr den Verstand geraubt hatte.

Seufzend sank er zurück in den Sessel, sein Blick wanderte im kerzenlichtschimmernden Raum umher, da fiel ihm dieser Gegenstand ins Auge, der ganz knapp über dem Bücherstapel in der Zimmerecke hinausragte. Das war – ein Flaschenhals! Nicht irgendein Flaschenhals, sondern der Hals einer Buddel Wodka. Er drehte den Verschluss auf, roch an dem Zeug, nahm einen Schluck.

Sein Rütteln weckte Rosi nicht auf, er musste seine Frau beinahe schleudern, ehe sie die Augenlider hob.

»Was zum Kuckuck …«, murmelte sie.

»Genau das wollte ich auch grade sagen«, motzte Willy. »Was hat das zu bedeuten? Erklär's mir, los!«

Sie rieb sich die Augen und kam langsam zu sich.

»Ich lass aus Mitleid die Griffel von der Flasche, und du zwitscherst dir einen, wenn ich fort bin. Warum machst du es uns allen so schwer?«

»Was?«, sagte Rosi, »die Flasche ist uralt. Die steht seit Monaten in der Ecke.«

»Hör auf, mir ins Gesicht zu lügen, hör auf«, schrie Willy.

»Glaub doch, was du willst, aber lass mich in Ruhe«, sagte sie und drehte sich zur Wand um.

Das konnte doch nicht wahr sein. Willy sah zu, wie dieser Frau die Tassen aus dem Schrank fielen. Die Wechselwirkungen der Tabletten kannte er auswendig.

»Wer beschafft dir das Gesöff? Wer?«, fragte er.

Mit letzter Kraft wandte Rosi sich um und krächzte: »Ich trink nichts mehr. Das kannste mir glauben oder nicht. Jetzt lass mich schlafen, sonst verreck ich schneller an deinem Geschwätz als an zehn Flaschen Schnaps.«

Kopfschüttelnd und schimpfend ging er hinaus, knallte die Tür zu und legte sich auf die Matratze im Wohnzimmer. Was fragte er überhaupt noch? War doch sonnenklar, wer Rosi den Stoff besorgte. Morgen früh würde Willy als Erstes bei Horst klopfen, hämmern würde er gegen diese verdammte Tür, er würde ihm eine Standpauke halten, für den Wiederholungsfall eine Anzeige wegen fahrlässiger Tötung androhen, und er würde Horst endlich Hausverbot erteilen. Auf Lebenszeit.

3

Als Willy ein kleiner Junge gewesen war, hatte er sich kaum etwas mehr gewünscht als einen echten Kühlschrank. Im Krieg waren die Geräte natürlich zu teuer und zu sperrig gewesen, außerdem hatte in Huldas Bude damals die Elektrizität gefehlt. Wahrscheinlich wäre es Willy jeden Tag die liebste Beschäftigung gewesen, dieses Ding zu bestaunen, vielleicht hätte er sogar eine Laufbahn als Elektriker oder Küchenfachverkäufer in Betracht gezogen. Dann wäre er nicht vom Dach gestürzt und müsste nun nicht als Maskottchen der Polsterei diese jungen Kerle anleiten, was ihn derart langweilte, dass sich die Arbeitstage endlos hinzogen. Also stand Willy, wenn nicht viel los war, im Pausenraum der Fabrik am Kühlschrank. Diese neumodischen Apparate der Amis hatten es ihm angetan, mannshoch waren die und geräumiger als andernorts die Küchenschränke. Das weinrote Exemplar hier glänzte wie ein Neuwagen, immer wieder öffnete und schloss Willy langsam die Tür, um das Licht an- und ausgehen zu sehen. Auch das kurze Luftgeräusch beim Ziehen an der Kühlschranktür bereitete ihm eine kindliche Freude.

Seine Zeit verlor Willy trotzdem nie aus den Augen, das war ihm schon auf dem Bau nicht passiert. Heute sollte er zum Chef kommen, dessen verglastes Büro direkt über der Halle hing. Willys Blick auf die Maschinenarbeiter beim Durchschreiten der Fertigungssaals quittierten einige der Bengel mit einem Kichern, das Willy ignorierte, für Knirpsscharmützel fehlte ihm der Nerv.

»Morgen, Meister«, sagte Willy beim Eintreten. Der Chef trug eine gestutzte braune Lockenpracht auf dem Kopf und einen buschigen Schnäuzer unter der Nase, auf deren Rücken seine schwere Hippiebrille mit getönten Gläsern lag. Seinen dunkelblauen Meisterkittel hatte er bis obenhin zugeknöpft und war in die Lektüre irgendwelcher Papiere vertieft, von denen er erst aufsah, als Willy sich unaufgefordert hingesetzt hatte.

»Ah, Willy, mein Guter. Was kann ich für dich tun?«

»Nun, also, wir sind verabredet zum Gespräch, dessen Inhalt ich aber nicht kenne. Noch nicht.«

Eine Weile betrachtete er Willy, als habe er sich in Esperanto ausgedrückt.

»Ach so, ja, sag das doch gleich.«

Der Meister kramte in seinen Papieren, als suche er dort ein Mittel, das seinen Sprung in der Schüssel kitten konnte. In seinem Berufsleben waren Willy schon einige Knallchargen vorgesetzt worden, vom Streuselkuchenphlegmatiker bis zum Kaltwassercholeriker hatte er das gesamte Persönlichkeitsspektrum erlebt. Ein derart verpeilter und verrannter Kerl wie dieser Kollege aber war ihm noch nicht untergekommen. Wie der den Überblick behalten oder sich mit den Oberbossen und den Kunden in halbwegs brauchbarem Englisch verständigen konnte, mochte Willy sich nicht ausmalen.

»Also, mein Guter, da war ein Mann hier bei uns gestern Abend, als du schon im Feierabend warst«, sagte der Chef in geschwollenem Ton, »und weißt du, der war ganz aufgekratzt und hat ein paar seltsame Dinge gesagt über dich, da wollte ich dich gleich heute mal fragen, was es damit auf sich hat und wie sich das erklärt.«

»Was denn für ein Mann? Und wie kann ein Fremder einfach so in Ihrem Büro auftauchen?«

»Jaja, das sag ich auch, wir sind hier auf der Eselsfürth

leider nicht so gesichert wie die Kollegen drüben auf der Vogelweh, das sollten die mal überdenken bei den amerikanischen Behörden, da kann ja was weiß ich wer einfach reinspazieren und was weiß ich was verzapfen, da machen die sich gar keinen Begriff von, das muss ich unbedingt ansprechen beim nächsten Termin, das schreib ich mir gleich mal auf …«, und der Meister schrieb es sich gleich mal auf, der Stift wollte nicht so recht, sodass er beschwörend auf das Ding einzureden anfing, »na, wirst du wohl«, sagte er und »wir wollen doch nicht«, ehe ihm das erlösende »na bitte!« entfuhr. Auf dem runden Gesicht erschien ein Lächeln, dann lehnte er sich in seinem Stuhl zurück, klickte unablässig mit dem Kugelschreiber und zog eine Miene, die wohl wirken sollte wie der prüfende Meisterblick, tatsächlich aber offenbarte, dass er mal wieder den Faden verloren hatte, der alte Dabbschädel.

»Sie wollten mir von dem Kerl erzählen, der gestern hier aufgekreuzt ist.«

»Ah ja, richtig«, sagte der Meister, der ruckzuck aufrecht saß, die Ellbogen auf den Tisch stützte und die Hände faltete. »Da war also dieser Mann, der sich ziemlich despektierlich geäußert hat über dich, mein Guter. Bisschen abgehackt und gehetzt hat der gesprochen, ihm ging es offenbar darum, dir eins reinzuwürgen.«

»Wer denn? Und was sollte der mir reinwürgen?«

»Das frag ich dich! Bislang bist du mir nicht vorgekommen wie einer, der offene Rechnungen hat. So gut, wie du die Buben dort unten beaufsichtigst. Aber der hat schon ein paar Sachen gesagt, die haben mich aufhorchen lassen. Zum Beispiel, dass du schon vor deinem Unfall deine Stellung als Polier beim Habbelrath verloren hast. Stimmt denn das?«

»Was spielt das für eine Rolle?«

»Oh, keine kleine, mein Guter. Denn als du dich bei uns vorgestellt hast, da haben wir dich danach gefragt, warum du nicht mehr der Polier vom Habbelrath bist, und du hast geantwortet, Moment …«

Wieder kramte er in den Blättern und zog einen Zettel aus dem Stapel: »Du hast gesagt: weil ich vom Dach gefallen bin. Oder hab ich das falsch notiert?«

»Das kann schon sein, dass ich das gesagt hab.«

»Tja, und so eine Lüge spielt keine kleine Rolle, wenn sie verunmöglichen soll, dass wir uns ein Bild von dir machen können.«

»Bin doch nun 'ne ganze Weile hier. Gab's für Sie mal Anlass zu Klagen?«

»Das nicht, mein Guter, das nicht. Der Mann hat dann aber weiter ausgeführt, warum du deine Stellung wirklich verloren hast beim Habbelrath. Weil du deine Leute nicht mehr im Griff hattest. Aufgemuckt haben die, sagte der Mann. Stimmt denn das?«

»Und wenn schon«, sagte Willy, »das ist Jahre her. Bin reifer geworden, und hier in der Halle sind keine Aufrührer am Werk, so wie ich das sehe.«

Der Meister lehnte sich zurück und formte ein Dreieck mit den Händen: »Natürlich nicht. Wir wählen unser Personal gewissenhaft aus. Umso enttäuschender, wenn uns ein Mitarbeiter belügt.«

»Vielleicht hat der Kerl bloß Mist erzählt?«

Der Meister lächelte und deutete auf das mintgrüne Telefon, das auf seinem Tisch stand. »Weißt du, die Stadt ist nicht besonders groß. Den Habbelrath kenne ich schon ewig. Anruf genügt.«

»Gelogen hab ich nicht. Höchstens was weggelassen. Mehr aber auch nicht.«

Aus seiner Schublade nahm der Chef eine Schachtel Gitanes ohne Filter. Er bot Willy eine an, der lehnte ab. »Wie geht es denn generell so, gesundheitlich?«, fragte der Meister, der aufstand und zur Glaswand ging. »In letzter Zeit wirkst du von hier oben aus betrachtet ein bisschen abwesend, manchmal regelrecht fahrig.«

»Sie wissen doch, dass meine Frau krank ist.«

»Und du weißt, dass ich das weiß und dass es mir außerordentlich leidtut. Aber während der Dienstzeit darf das keine Rolle spielen. Im Gegensatz zu dem, was du uns verschwiegen hast von deiner Vergangenheit auf dem Bau, mein Guter. Wenn du eine Pause brauchen solltest, dann können wir das problemlos …«

Da sprang Willy auf und sagte: »Nein, Meister, auf keinen Fall. Fragen Sie sich doch mal durch die Reihen dort unten, kein Einziger wird ein schlechtes Wort über mich verlieren. Diese Stellung muss ich halten, sonst gehe ich unter.«

Schmauchend sah der Chef hinunter in die Halle und sagte: »In Ordnung, mein Guter. Dann vertagen wir das fürs Erste. Komm jederzeit wieder zu mir, wenn du Sorgen hast. Mir musst du nichts verschweigen.«

An der Tür blieb Willy noch mal stehen, mit der Klinke in der Hand fragte er: »Sagen Sie, hat dieser Kerl eine Batschkapp getragen? War einen Kopf kleiner als ich und rund wie ein Fass?«

»Daran kann ich mich beim besten Willen nicht erinnern, tut mir leid, aber klein und rund war er«, sagte der Meister.

4

Im siebten Monat befand Mira sich, doch war sie so schmächtig, dass ihr Bauch einer gewaltigen Kugel glich. Zu Hulda latschte sie, als müssten sie und Willy mit Prinz durch tiefen Schnee stapfen, der Weg durch die Mannheimer Straße zog sich wie die Wartezeit zwischen zwei Zügen im Winter. Rechts die lange Reihe niedriger Mietskasernen, links fegten die Autos und Omnibusse an ihnen vorbei, und noch weiter links gedieh endloses Gestrüpp, an dem sich das bunte Blattwerk kaum mehr halten konnte. Willys Zweitjüngste trug eine Haarklemme über der Stirn und ein Umstandskleid über dem Bauch, von Zeit zu Zeit stöhnte sie. Fast waren sie bei der Metzgerei Hamann angekommen, vor der Prinz jedes Mal ganz wuschig wurde, da erschien Willy seine alte Mutter vor dem geistigen Auge. Wie er dem armen Mädchen den Gewaltmarsch von der Berliner bis zur Häberlestraße habe aufzwingen können, wo doch der Einser-Bus direkt hierherfahre? Er sei eben ein Geizkragen, schon immer gewesen, und mit fünfzig Lenzen ändere sich ein Mann nicht mehr, aber einer Schwangeren die vier Kilometer zuzumuten, das grenze an Barbarei, und Willy musste lachen, als ihm die »Barbarei« durch den Sinn schoss, Huldas Lieblingswort, zu dem sie jederzeit griff, wenn es was auszusetzen gab am Verhalten anderer.

Diesmal stand Hulda ausnahmsweise nicht ungeduldig wippend auf dem Balkon, als die drei in die Straße einbogen. Und als sie in ihre Wohnung kamen, hörte Willy schon, warum: Hulda und Juli saßen vor der *Rappelkiste*, die sie seit Jahren fast jede Woche zusammen sahen, eine Kindersendung ganz nach Huldas Geschmack. Willy hielt die *Rappelkiste* für von Moskau finanzierte Propaganda, vor ein paar Jahren hatte er Juli deswegen eine Weile nicht mehr sonntags zu Hulda gehen lassen. Damals hatte er mitbekommen, wie die beiden eine Ausgabe der Sendung sahen, in der ein Kind seinen Vater fragte, warum sie Miete zahlen müssten. Und was antwortete der Kerl? Damit der Vermieter seiner Frau einen schönen Nerzmantel kaufen könne!

»Tach«, rief Willy vom engen Korridor aus, Hulda und Juli grüßten nicht zurück, weil die Flimmerkiste auf voller Lautstärke lief und sie sich ohnehin nie stören ließen, wenn die Glotze eingeschaltet war. Prinz legte sich auf den Teppichboden neben Kater Iljitsch, der zu schnurren anfing wie ein kleiner Traktor und den müffelnden Hund mit seiner Zunge bearbeitete. Mira nahm neben Hulda und Juli auf dem Klappbett Platz, Willy legte Mantel und Hut ab und setzte sich auf den Holzstuhl.

Auf der Mattscheibe waren Ratz und Rübe zu sehen, ein Junge und ein Mädchen mit Knopfaugen, gestreiften Pullovern und breiten Klappmündern. Rübe schrie aus dem Fenster und beschrieb, was sie sah: Dort, wo der Nachbar gestorben war, zogen neue Nachbarn ein. Dann sangen die Stoffviehcher ein Lied, das den Kindern den Wert der Gastfreundschaft nahebringen und die Angst vor dem Fremden nehmen sollte. Gar nicht schlecht, dachte Willy, der seit Jahren keine *Rappelkiste* mehr gesehen hatte. Möglicherweise waren die Senderchefs endlich zu der Erkenntnis gelangt, was für einen Humbug sie lange Zeit verzapft hatten. War der Terrorismus doch zu was nütze gewesen.

Mit ihren dreizehn Jahren war Juli eigentlich zu alt für die Sendung, aber sie liebte Rituale mit der Oma, und Willy wusste um die Klugheit seiner Tochter, die würde er demnächst definitiv nicht auf Fahndungsplakaten bei der Post erkennen, da konnten Hulda und Ratz und Rübe aufwiegeln, wie sie wollten. Die Kamera hob sich über den grauen Wohnblock, die Abspannmelodie erklang, und Hulda drehte sich um.

»Mira, mein Schätzchen«, rief sie, als hätte sie ihre Enkelin lang nicht gesehen, »gib deiner Oma einen Kuss. Wie geht's meiner werdenden Mutti?«

Sie stand auf und ging am Krückstock die zwei Meter rüber zu Mira ans Fußende des Bettes. Achtundsiebzig war Hulda inzwischen, was Willy den Schrecken in die Glieder fahren ließ, wenn er es sich bewusst machte. Ihr Gesicht war runzelig wie ein trockenes Blatt. Die Augen schienen aus einem Abgrund der Schmerzen herauszublicken. Sie war buckelig und zitterig. Ihre Hand, die Mira sanft über die Wangen fuhr, war ein mit faltiger Haut überzogenes Skelett.

»Mutter, was zeigst du dem Kind immer noch diesen Mist? Die Zeit der Revolution ist vorbei, weißt du doch«, fing Willy gleich mal an, die Stimmung zu drücken, damit die drei ohne viel Aufhebens abdampfen konnten. Zu Hause lag eine kranke Frau und wartete.

Schnaufend stemmte Hulda die krückenfreie Hand in die Hüfte: »Das ist ja wieder eine Begrüßung, mein Söhnchen.« Sie humpelte hinüber zur Küchenzeile, wo sie Leckerchen für Kater und Hund aus einem Schubfach zog, Kaffee in eine Tasse schüttete und sie Willy in die Hand drückte: »Hier, trink erst mal was. Ihr seid doch wieder per pedes hergekommen, weil du zu geizig warst, eine Busfahrkarte zu spendieren. Und meine Mira bekommt 'ne Cola.«

»So 'ne kapitalistische Plörre haste zu Hause?«, stichelte Willy, doch es half alles nichts, die Alte war nicht zum Streiten aufgelegt.

»Du bist doch immer so stolz auf deine kleine Juli«, sagte Hulda, »meinste, die wäre so aufgeweckt, wenn sie immer nur *Dalli Dalli* und *Biene Maja* sehen würde?«

»Mutter, warum ist das Tablettenkästchen noch voll?«

Willy schüttelte die Pillendose, in der es klapperte.

»Wer lässt sich hier denn immer über Ärzte und Apotheker aus? Wenn's um mich geht, bist du plötzlich anderer Meinung, oder was? Mir ging's jahrzehntelang wunderbar ohne diese Quacksalber. Die füttern mich mit Chemie, damit die Medikamentenwirtschaft sich bereichert. Kann ich drauf verzichten. Nun setz dich hin und trink deinen Kaffee. Immer hast du Hummeln im Hintern, wenn du dein altes Muttchen besuchst.«

Er schaltete den Fernseher aus, steckte sich eine Marlboro an und tat wie befohlen. Hulda wandte sich Mira zu: »Liebes, wo haste deinen Herzensmann gelassen? Der soll mal wieder vorbeikommen bei mir.«

Mira wurde rot, Willy winkte ab und sagte: »Da musst du sie erst mal fragen, welcher Kerl gerade ihr Herzensmann ist. Das ändert sich bei den jungen Mädchen beinahe jede Woche.«

»Stimmt gar nicht«, sagte Mira.

»Ist halt nicht immer so einfach mit der Liebe«, sagte Hulda, »anstatt zu meckern, solltest du dich freuen, dass deine Tochter so emanzipiert ist, sich ihren Mann selber auszusuchen. Du kannst den Nino gerne mitbringen. Der ist immer so manierlich. Und der andere Bub ist mir auch willkommen.«

»Das ist ein Gauner wie sein Vater«, sagte Willy. »Der einzige Grund, warum der Ottes noch nicht an der Flasche hängt, ist, weil der Horst ihm alles wegtrinkt. Bleib lieber bei deinem Italiener.«

»Vater, Ninos Eltern erlauben das immer noch nicht. Die werden ihn verstoßen, wenn er bei mir bleibt«, sagte Mira.

»So ein stures Volk«, sagte Willy. »Aber sag mal, Mutter, wo wir beim Horst sind. Kommt der hin und wieder bei dir vorbei?«

»Was ist denn das für ein Ton, Junge? Den kenn ich. Willst mir wieder was vorschreiben.«

»Antworte doch einfach auf meine Frage, Mutter.«

»Und wenn schon. Was geht's dich an?«

»Dir ist klar, warum ich mit dem Saukerl kein Wort mehr red?«

»Weißte, Junge, im Gegensatz zu dir kenne ich beide Perspektiven. Und keine überzeugt mich so richtig. Also halt ich mich raus aus eurem Bubenstreit.«

»Ich frag ja nur, weil du mir letztens gesagt hast, du hättest kein Geld mehr im Sparstrumpf.«

»Ja, und?«

»Ich hab nachgerechnet. Rollstuhl, Umbau vom Bad, Zahnarztrechnung, Pflegebett, Brille, Hörgerät. Das alles hat viel weniger gekostet, als ich dir vom Lottogeld gegeben hab.«

»Willst du mir vorschreiben, was ich mir für Sachen kaufe? Ich dachte, geschenkt ist geschenkt.«

»Du weißt, worauf ich hinauswill.«

»Nä, weiß ich nicht. Musst dich schon klar ausdrücken, Junge.«

»Ist dir aufgefallen, dass der Horst ein neues Auto gefahren ist, sowie sie ihm seinen Führerschein zurückgegeben hatten?«

Hulda zuckte mit den Schultern.

»Nicht irgendein Auto. Einen apfelgrünen Ford Capri. Das Dreiermodell, das erst letztes Jahr auf den Markt gekommen ist. Weißt du, was die Dinger kosten? Selbst wenn die Karre gebraucht ist? Darin braust der täglich durch die Stadt.«

»Was juckt mich das denn, Junge? Und nun ist Schluss mit der Räuberpistole.«

»Ich zähl bloß eins und eins zusammen.«

»Hast du nix gelernt von dem, was Ratz und Rübe uns grade gezeigt haben?«

»Mutter, bitte …«

»Man muss anderen aufgeschlossen begegnen. Ohne falsche Verdächtigungen. Ein Mensch ist immer so lange unschuldig, bis das Gegenteil bewiesen ist. Und überhaupt verdient jeder eine neue Chance. Egal, was er früher mal getan haben mag.«

»Ach so. Dann würdest du auch den Hitler betüddeln, wenn er vor deiner Tür steht?«

»Benimm dich nicht wie ein Kleinkind. Du weißt, dass ich das nicht leiden mag.«

»Wer guckt denn Kleinkindsendungen im Rotfunk?«

»Hör mir auf mit deinem Gesabbel vom Rotfunk! Als wenn der Schmidt die *Rappelkiste* gut fände. Der ist ein Gauner wie alle in der SPD. Und die Schwarzen haben den Strauß als Kandidaten. Was das bedeutet, wenn so ein Hannebambel an die Macht kommt, weiß ich genau. Dann müssen Leute wie ich wieder leiden wie vor fünfundvierzig.«

»Hast du den Horst mal gefragt, wo er den Schotter für so ein Auto herhat?«, fragte Willy.

»Nä, das hab ich nicht. Weißt du, warum? Weil's mich nichts angeht! Musst ihn also selber fragen.«

»Kann ich drauf verzichten«, sagte Willy.

»Und jetzt halt den Rand und lass das Palaver. Denk an deine Tochter, die soll ein gesundes Kind austragen.«

Willy winkte ab, ging zum Fenster. Draußen riss der Wind

die Wäsche von der Leine, da spürte Willy seinen Hass auf Horst. Er schmauchte noch eine Marlboro und dachte an die Frau, mit der er am liebsten sein Leberwurstbrot teilte.

5

Rosi starb an einem Dienstag Ende Oktober. Nichts hatte akut darauf hingedeutet, Willy war bloß eine weitere halb leere Flasche Wodka hinterm Bett aufgefallen, vor der Wand mit den Strichen. Vielleicht wollte sie sich totsaufen, damit nicht der Krebs sie zur Strecke brachte.

Alle waren sie da. Ella und ihr Mann. Mira und Juli. Ottes. Hulda. Sogar Susanne. Und Helga und der S-Bahn-Dirk, der mit Prinz schäkerte, als befände er sich auf einem Kindergeburtstag. Nur die anderen Kinder, die hatte Willy nicht benachrichtigt. Wer jahrelang nicht nach der Mutter fragt, dachte Willy, der darf ihr auch nicht die letzte Ehre erweisen, so einfach war das, und vor allem war es im Sinne der Verblichenen. Horst betrat den Raum nur kurz, er warf Rosis Leiche von der Wohnstube aus einen flüchtigen und Willy einen flehenden Blick zu, den der nicht erwiderte, und dann verschwand Horst wieder.

Es gab Verluste, da blieb einem die Luft weg. Doch Willy wusste, was Rosi sagen würde: Vergesst es und erledigt eure Arbeit. Einer nach dem anderen ging hinein ins Sterbezimmer, allein, mancher blieb lange drin, andere kamen nach Sekunden wieder heraus. Willy war als Letzter dran. Er schloss die Tür, setzte sich auf den Sessel, legte den Kopf schief und betrachtete die Frau, mit der er den Großteil seines Erwachsenenlebens verbracht hatte. Er sah ein gelbes, plattgedrücktes, fremdes Gesicht, auf dem Willy immerhin die Andeutung eines Lächelns erkennen konnte. Die toten Hände hatte er schon am Morgen über der abgemagerten Brust gefaltet. Beim Waschen hatte er sich dabei ertappt, Rosi das kalte Wasser nicht zumuten zu wollen, obwohl sie natürlich da schon längst nichts mehr spüren konnte. Die Haut war von weißlicher Schwammigkeit, ihre Scham hatte Willy ausgespart, so als könne die Berührung des Lappens den Schoß der Mutter seiner Kinder entweihen.

Auf der Kommode an der Tür lag die Platte von Fips Asmussen. *Eine Mütze voller Witze.* Er legte sie auf den Plattenteller, den er erst vor ein paar Tagen wieder vom Nebenraum hierhergebracht hatte, und ließ sie laufen, bis seine liebsten Stellen zu hören waren. Die erste kam gleich am Anfang: »Die ist mal zum Chirurgen gegangen, hat gesacht: Herr Dokter, könnense mich verschönern? Sacht der: Tut mir leid, Enthauptungen nehmen wir nich vor!«, das hysterische Lachen des Publikums drückte Willy aufs Trommelfell, doch er hielt durch, nach zwanzig Minuten kam Rosis Favorit: »Die Tankstellenbesitzer will man jetzt ja aufwerten, nich? Die von Aral, die heißen jetzt die Aralisten, die von Shell heißen die Shellisten, die von Esso die Essoisten, und nur die von BP, die wollen da nich mitmachen.« Willy lachte. Ganz sicher zerrissen sie sich nebenan das Maul über ihn.

»Lest mal widder Zeitung«, sagte Fips Asmussen. »Ich hab eben erst gelesen, so 'ne schöne Mitteilung: Der jugoslawische Gastarbeiter Mirko Petrovic wurde von seinem Polier bei der Arbeit überrascht.«

Einsame Spitze, der Kerl. Willy hörte nicht auf zu lachen. Ich habe sie sterben lassen, dachte er. Hab ihrem Verfall hilflos zugesehen und sie belogen mit der Hoffnung auf Besserung. Dabei hatte er die nie empfunden, sondern sich arrangiert mit der Lüge. Er hatte es einfach nicht wahrhaben wollen, und nur manchmal, wenn er ihr heiseres Röcheln vernommen und sich ein Lachen über ihre misslungenen Witze abgerungen hatte, war ihm der Schmerz unerträglich geworden, und er war hinausgerannt zum Flennen.

Fips Asmussen machte weiter, und Willy wusste nicht mehr, ob er gerade weinte oder lachte: »Wie der Filmproduzent seinem Starlet so ganz zart über den Po streicht und sacht: Wenn du das alles im Kopf hättest …« Auf dem Nachttischchen thronte der selbst gemachte Bilderrahmen, die Menge lachte sich mit Willy kaputt. Er schaltete den Witzemacher aus, ging im Raum auf und ab, sang in Gedanken »Froh zu sein bedarf es wenig« und meinte zu spüren, wie der Frost des toten Körpers herüberwehte. Und dann war er im Krieg, wo ihn im kältesten Winter seines Lebens die Leichen angestarrt hatten und er über warme, reglose, weiche Körper gestiegen war, bis die Eiszapfen geweint hatten und das Kämpfen vorüber gewesen war, das Morden aber noch nicht, denn sechsundvierzig hatte auf den Erzhütten einer von Willys Onkeln einen Hausierer mit einer Henne erschlagen, vor den Augen der achtzehnjährigen Rosi, die nebenan am Waschbrett gestanden war, im Wahn hatte der Onkel auf den eingedroschen, bis von der Henne nur noch die Krallen übrig gewesen waren und Rosi einen entsetzten Ausdruck hatte, bei dessen Anblick Willy seine Lebensaufgabe klar geworden war.

Aus dem Regal nahm er eine andere Platte, legte sie auf und setzte sich wieder in den Sessel. Die Tangoklänge erfüllten den Raum. »Schön ist die Nacht, die lauschige Nacht, es leuchten die Sterne, ich hab dich gerne, nur diiich, diiich allaaain.« Rosi lag da, ihren tief in den Höhlen liegenden Augen war längst jeder Ausdruck entwichen. »Schön ist die Nacht, am Himmel erwacht der strahlende Mond, die Liebe sich lohnt für ein Glück nuuur zu zwaaait.« Willy stand auf, öffnete das Fenster und schrie hinaus.

Dann riss er die Tür auf, sah Hulda und Mira und Juli mit ihren verheulten Gesichtern, er spurtete zum Waschbecken, spritzte sich kaltes Wasser ins Gesicht und war froh, dass darüber kein Spiegel hing. Das laufende Wasser schläferte seine Gedanken ein. Jetzt brauchte er nicht mehr an den Tod zu denken. Seine Gedanken kreisten um ein Bier wie die Funken um das Feuer in der Finsternis. Bloß ein Schwein säuft allein, dachte er und ging mit dem Hund fort.

»Ei guggemol do«, rief der Sepp, nachdem er sein Fensterchen aufgeschoben hatte.

»Du hosch jo noch dei Neischlubbschlabbe an!«

Willy sah hinunter. Tatsächlich trug er seine Pantoffeln.

»Stehscht bissje näbe dir, is doch klar. Bei dem Stress. Wie ihr euch all miteinanner um die Rosi kümmert, als Familie, des verdient Reschpekt, muss ich zugebbe. Aber, mol so e Frage …« Der Sepp tippte mit dem Zeigefinger auf seine Armbanduhr: »… Guggemol uf die Uhr. Bische um die Zeit net als schun längscht uff de Schaff?«

Er hatte keine Ahnung. Weder von Willys Freistellung noch von Rosis Tod. Woher auch, Willy war seit Tagen hier nicht aufgekreuzt, und der Leichnam war noch nicht mal richtig kalt.

»Hanse dich nausgeschmiss drobbe bei de Polschderei vun de Amis?«

»Suspendiert nennt sich das heutzutage. Seit 'ner Woche schon. Keine Vertrauensbasis mehr oder so was. Bis zur Klärung von Vorwürfen, die sich irgendwer ausgedacht hat. Hab ich wenigstens wieder mehr Zeit für den Hund und die Kinder.«

»Die Amis widder mol. Alles nix als Forzathlete. Um was 'n fer Vorwürf geht's 'n do bei der Sach?«

Willy winkte ab: »Egal. Gib mir ein Bier.«

»Mensch, do brat mer doch enner en Storsch. Seit wann trinksche widder Bier?«

»Wird mein erstes nach langer Zeit.«

Aus dem kleinen Kühlschrank unter der Verkaufstheke nahm der Sepp eine Flasche BBK, legte sie in seine Armbeuge wie einen Säugling und fragte: »Wie kummt's, dass du nimmi abstinent bisch?«

»Heut ist was mit meiner Frau passiert, und da dachte ich, nun kannste auch wieder anfangen zu picheln.«

Der Sepp warf Prinz ein Stück Salami hin, nahm ein weiteres Bier und ploppte es auf: »Des is en großer Moment fer misch, was für en Freudetag für uns beide, was? Hopp, Schobbegewitter!«

Sie stießen die Flaschen gegeneinander und tranken beide ihre Pullen auf einen Zug halb leer.

»Die Fraa hat en guter Influss uf disch, Willy. Scheint en gudes Weib zu sin, so wie ihr euch all um die kümmert. Die musche mir mol vorstelle bei Gelegenheit.«

»Nicht dass du sie mir ausspannst, Sepp, dann käm ich mit 'ner Henne und tät dich totschlagen«, sagte Willy, der so laut lachte, wie er nur konnte.

»Schad, dass du de Horscht net mitgebrung hosch. Der tät mit uns trinke jetzert, moine Herrn! Seit Tage hot der än Flasch nach de anner bei mir gekaaft. Net so Fusel, gutes Zeusch, die beschte Schnäpse, die ich uf Lager hab.«

Beinahe hätte Willy sich am Bier verschluckt. »War da zufällig auch eine Flasche Wodka dabei?«, fragte er.

»Ajo, des kann sinn, so genau wääß ich des nimmi. Kann awwer gut sinn, is möglich, du, möglich isses uf jeden Fall.«

»Na, dann tu mir bitte den Gefallen und sieh in deinen Unterlagen oder im Lager oder was weiß ich wo nach, ob du in den letzten paar Tagen eine Flasche Wodka Smirnoff verkauft hast.«

ZWÖLFTES KAPITEL

Was die Axt erspart

1

Am liebsten würde Ottes sich wohl die Hand aufschneiden, Schnaps drüberkippen und drei Wochen lang simulieren. Fünfzig Meter gegen den Wind roch Horst an dem Bengel die Faulheit. Neunzehn Jahre alt und nicht fähig, auf eigenen Beinen zu stehen. Jedem Mädel lief der Strolch hinterher, und ausgerechnet an der vermaledeiten Mira hatte er sich festgebissen, einer Schwangeren. Dagegen half nur Arbeit, weshalb Horst den alten Dubbes gebeten hatte, den Jungen bei Schulz & Kuhnert unterzubringen. Bereits am fünften Arbeitstag hatte Ottes ohne Erklärung gefehlt. Also war Horst ihm aufgelauert, hatte ihn dort gefunden, wo man junge Kerls in einer Freitagnacht fand, vor dieser Diskothek beim Bunten Block, er hatte sich am Türsteher vorbeigemogelt, war hineingegangen, hatte Ottes am Ohr rausgezogen, ihm vor den Augen der in der Schlange zum Einlass wartenden Mädchen eine gescheuert und in alter Manier befohlen, am Montag früh bei der Arbeit aufzutauchen.

Am Montag hatte Horst dann nicht nachgefragt, das wäre zu einfach gewesen. Am Dienstag aber ließ er das Picheln in der Kaffeeküche ausfallen, eilte gleich nach Feierabend zur Telefonzelle am Stiftsplatz und klingelte bei der Zentrale in Rockenhausen durch. Kostete ein Heidengeld, der Spaß, aber er musste es wissen. Ob der Ottes pünktlich zur Tagestour gekommen sei? Gut. Nein, weiter sei nichts. Oder doch: Vielleicht ließe sich ja ein Termin mit dem Herrn Schulz vereinbaren? Jaja, klar, jeder sei ungeheuer beschäftigt, gerade der Chef einer so erfolgreichen Firma. Sie solle ihn doch mal bitte auf ihn ansprechen, dann erinnere er sich, ganz sicher sogar. Er sei tagsüber erreichbar, ob sie denn eben noch seine Nummer notieren könne? Besten Dank auch, gute Frau!

Wenn Horsts Plan aufgehen sollte, dann wäre das der erste Schritt. Vater und Sohn zusammen als Packer bei Schulz & Kuhnert. Ottes, der noch immer nicht wieder zu Hause in der Berliner Straße eingezogen war, würde unter Aufsicht die Disziplin lernen, die es brauchte, um später mal bei der Bundeswehr als Zeitsoldat aufgenommen zu werden. Nachdem er es gepackt hatte, den Wehrdienst so gerade eben vernünftig zu Ende zu bringen, standen ihm die Türen dort halbwegs offen. Da mochte die alte Hulda noch so garstig auf den NATO-Doppelbeschluss schimpfen, es blieb, wie es war: Je größer die Kriegsgefahr, desto mehr Leute brauchten sie beim Militär.

Am Schillerplatz leuchtete die Festtagsdekoration, in den Holzbuden dudelten Christnachtlieder, es roch nach Wein und gebrannten Mandeln. Keine zwei Wochen waren es bis zum Beginn der Achtzigerjahre, und endlich war Horst mit sich im Reinen. Der FCK hatte am Samstag verloren, zwei zu sechs in Dortmund, aber das war Horst so was von wurst. Nicht einmal das nasskalte Wetter trübte seine Laune, er hatte den Tiefpunkt seines Lebens überstanden und wusste, dass es nur noch bergauf gehen konnte. Im Siebener-Bus zwinkerte er von seinem Platz auf der hintersten Bank einem Weib zu, das sich zwei Reihen vor ihm niederließ und kein Kissen unterm Hintern brauchte, um es auf den harten Schalensitzen gemütlich zu finden. Hatte also auch seine guten Seiten, dass Horst schon wieder das Spritgeld ausgegangen war.

Zu Hause öffnete er das achtzehnte Türchen des Adventskalenders, den ihm der Sepp geschenkt hatte. Sein Räuchermännchen verströmte Weihrauchduft, er summte »Alle Jahre wieder« und »Ihr Kinderlein kommet«, und dann kochte er ein Menü für zwei. Das Klopfen an der Tür war sein erstes Weihnachtsgeschenk.

Mit umgebundener Schürze verbeugte Horst sich vor Ottes und bat ihn mit näselnder Stimme einzutreten. Der Junge blickte misstrauisch wie ein junges Wildtier und trabte zögerlich zum kleinen runden Küchentisch, über den Horst eine rote Decke gelegt hatte.

»Hab ich irgendwas verpasst?«, fragte er.

»Hopp, sei brav«, befahl Horst, der zwei Flaschen BBK auf den Tisch stellte und die Bratpfanne mit dem brutzelnden Saumagen vom Herd nahm.

Fassungslos blickte Ottes ihn an und sagte: »Die haben meinen Vater gegen 'nen Doppelgänger eingetauscht.«

Horst lachte: »Noch vor zwei Wochen hätt ich dir für den blöden Spruch eine geklebt. Und für den hochgestellten Kragen bei Tisch hätt ich dir noch eine aus der Kalten hinterhergegeben. Aber weißte was, mein Gutster? Irgendwo haste recht. Wo wir doch genau aufm richtigen Weg zusammen sind.«

»Worauf willst du hinaus?«

»Komm, ess dich erst mal satt.«

Schmatzend saßen die beiden beisammen, der Ältere bekam das Grinsen nicht aus der Fresse, und der Jüngere schien nicht zu begreifen, was vor sich ging.

»Was 'n los, Junge, schmeckt die Soße nicht?«

Ottes schluckte ein Saumagenstück hinunter, öffnete den Mund, sagte dann aber doch nichts.

»Ist dir nicht aufgefallen, dass dein alter Herr sich Schritt für Schritt gewandelt hat?«

»Meine letzte Erinnerung ist, wie du mich vor der Disko verdroschen und blamiert hast.«

»Jaja«, sagte Horst, »in der Erziehung hab ich nie viel falsch gemacht. Warum sollte ich da was ändern? Nee, ich denk eher an meine Stimmung. Wann war die schon mal so gut?«

»Ja, das tät ich auch gern wissen.«

»Und weißte, warum ich so gut drauf bin? Weil unsere Zukunft rosig ist.«

Ottes nickte ungläubig.

»Dann erzähl mal, wie war's auf Arbeit?«

»Gut.«

»Wie gefällt's dir?«

»Gut.«

»Und wie sind die Kollegen?«

»Gut.«

»Das dachte ich mir. Wenn alles läuft, wie ich mir das vorstelle, dann buckeln wir bald zusammen dort in der Firma. Da sind wir ein echtes Bollwerk. Kriegt uns keiner mehr raus.«

»Gut.«

»Komm, darauf trinken wir. Hoch die Flaschen!«

Beim Prosten schob sich Ottes' Jackenärmel zurück. Auf dem Unterarm wurde etwas sichtbar, das Horst zu Tode erschreckte.

»Was ist das?«

»Was ist was?«

»Na, das da. Was ist das da?«

Er deutete auf den Arm, griff zu, zog den Ärmel fort, und tatsächlich sprang ihn das Bild einer züngelnden Schlange an.

»Seit wann bist du tätowiert?«

»Noch ganz frisch«, sagte Ottes.

Die roten Stellen rund um die Schlange waren Beweise genug, dass er nicht log. Grob zerrte Horst den Ärmel wieder herunter. Er räusperte sich, schloss die Augen, atmete durch und sagte: »Sehr schön, mein Junge ist tätowiert. Machen die jungen Kerls heut alle so.«

Sein Blick wandte sich Ottes zu. Ohne den früher unverzichtbaren Drohfinger zu erheben, sagte er: »Pass auf, dass der Schulz dieses Ding nicht sieht. Zumindest in nächster Zeit. Zieh dir also bei der Arbeit was Langärmliges an.«

»Vater, es ist zwar Dezember, aber du weißt genau, dass wir auch im Winter schwitzen bei der Arbeit.«

»Tu ein einziges Mal etwas deinem Vater zuliebe. Der Schulz kann jederzeit auftauchen. Wenn er dich so sieht, wird er dir kündigen. Mit so was kommen alte Knochen wie der nicht klar. Hast du verstanden? Ob du verstanden hast?«

Ottes stand auf und fummelte sich an der roten Tolle herum, als gehe er gleich zum Vorsprechen beim Film.

»Willst du schon wieder los?«, fragte Horst. »Da kommst du nach Monaten mal wieder vorbei und bleibst nicht mal über Nacht?«

»Hab noch was vor«, sagte Ottes. »Und ich übernachte heute hier, keine Sorge. Wird nicht spät. Und weit ist es auch nicht.«

Ottes stiefelte in den Flur und nestelte an seiner Jacke. Horst kam hinterher, im Dunkel sah er, wie der Junge den Blumenstrauß von der Kommode nahm, den er vorhin verschämt dort abgelegt hatte.

»Wo haste das Kraut überhaupt her?«

Der Junge drehte sich um, sah seinen Vater an wie einen Geisteskranken und zog sich kopfschüttelnd den Lederjackenkragen zurecht.

»Ottes«, sagte Horst, »du weißt, wie ich über die Sache denk. Es wär doch am besten, wenn du heut hierbleiben und mit mir noch mal darüber –«

»Vater, ich bin ein erwachsener Mann. Lass mich bitte selber entscheiden, was ich mache.«

Er ging hinaus in den Hausflur. Horst ging rüber in die Schlafstube und schlug mehrmals eine Faust gegen die Wand. Die Schmerzen spürte er erst, als die Wut abflaute. Er ging zur Tür. Hörte Stimmen und dass sein Sohn offenbar noch immer dort draußen stand. Sachte schob er die Tür auf und sah gerade noch, wie sich im Flur gegenüber doch noch die Tür hinter ihm schloss.

2

Wenn er könnte, dann würde Horst jede Werbung im Fußball verbieten. Andererseits war er selbst schuld. Hätte er gestern Abend die *Sportschau* sausen lassen, wäre er nun nicht auf dem Weg zum Sepp. Im Ersten hatten sie eine Zusammenfassung der vergangenen Bundesligaspielzeit gesendet. Dritter war Kaiserslautern geworden. Kein Vergleich zur laufenden Saison, in der es nur gegen den Abstieg ging. Und was hatte Horst da auf der Mattscheibe von den Trikots der Betzespieler angelacht? Campari! Schon war sie da gewesen, die Likörlust. Das Picheln mit Bernie und den Damen nach getaner Arbeit hatte er heute wieder kurz gehalten. Nach nur einem Gläschen Sekt war Horst zum Einser-Bus gesprintet und am Lothringer Eck ausgestiegen, nun kraxelte er den Hügel hinauf, als ihm sein alter Freund und Kupferstecher entgegenkam, so eilig, als wäre irgendwo ein Startschuss gefallen, und augenscheinlich so in Gedanken, dass er um sich herum wohl kaum irgendwas wahrnahm.

Horst steckte Daumen und Zeigefinger in den Mund und stieß einen lauten Pfiff aus. Wie ein Reh im Lichtkegel blieb Willy stehen und sah Horst mit großen Augen an. Erst jetzt fiel dem auf, was Willy inzwischen für ein Greisengesicht hatte. Seit einer Weile schon trug er keinen Hut mehr. Mit dem weißen Resthaar auf dem Kopf und dem Zigarettenstümpchen im Mundwinkel wirkte er wie ein Überbleibsel aus einer anderen Zeit.

»Was willst du von mir?«, sagte Willy.

»Was soll ich schon von dir wollen. Gar nix will ich von dir. Müsstest du nicht auf Arbeit sein?«

»Müsstest du nicht in deiner Karre sitzen und sinnlos durch die Gegend gurken?«

»Du hast die Zeichen der Zeit nicht erkannt, Willy. Wer heutzutage vorankommen will, muss sich von der Masse abheben, was Besonderes sein.«

Willy zuckte mit den Schultern und wollte weitergehen, da nahm Horst aus der Innentasche seiner Jeansjacke eine Schachtel HB und hielt sie ihm hin, was den armen Tropf zusammenzucken ließ, als stünde ihm ein Monstrum gegenüber. Willy nahm eine Kippe, ließ sie sich von Horst anzünden und trat drei Schritte zurück.

»Noch mal, was willst du?«

»Ich bin mit dir genauso fertig wie du mit mir«, sagte Horst, »aber das, was unsre Kinder miteinander treiben, das geht uns beide an.«

»Wie oft soll ich's dir noch sagen«, sagte Willy, »die Einzigen, die das was angeht, sind Mira und Ottes. Da haben wir uns rauszuhalten.«

»Wach auf, Willy. Mein Ottes ist im Kopf noch längst nicht erwachsen. Der kriegt das niemals hin mit so 'nem Balg.«

»Herrgott, lebst du hinterm Mond, du Sauhund?«, schrie Willy. »Mira hat ihr Kind vor zwei Tagen verloren! Eine Sechzehnjährige mit 'ner Totgeburt. Und da ist keine Rosi mehr, die mir helfen könnte, bloß der Ottes, der ist da und kümmert sich, und das ist auch gut so.«

Die halb aufgerauchte HB fiel Horst aus dem Mundwinkel. Er hob sie nicht auf, sondern fasste sich an die Stirn. »Das … also, das tut mir …«, stammelte er, und dabei durchströmte ihn ein Gefühl tiefer Befriedigung. Eine Sorge weniger. Doch auf lange Sicht würde das nichts ändern, das war Horst klar, diese Mira würde seinen Ottes reinziehen in ihr Versagerleben, im Nu wäre die wieder schwanger, aus der Nummer käme Ottes nicht mehr raus, und das wär's dann mit der Laufbahn beim Bund.

»Wenn ich irgendwas tun kann«, sagte Horst.

»Komm, lass gut sein. Ich halt dich nicht weiter auf. Geh hoch zum Sepp und lass dich volllaufen.«

Wie aus dem Nichts fing es an zu kübeln. Zwischen den beiden entstand ein Rinnsal, das sich seinen Weg den Hügel hinab bahnte und durch die Öffnung der Eisendeckel, die in den Bürgersteig eingelassen war, in der Kanalisation verschwand.

»Weißt du noch, wie wir Kanälchers gespielt haben als Buben? Mit Tennisbällen? Diese alten Kanaldeckel waren unsere Tore. Ich hatte nie eine Chance gegen dich.«

»Schleim dich nicht ein. Dafür ist es zu spät«, sagte Willy.

»Willst du deine einzig echte Kameradschaft wegwerfen

wegen Kalamitäten, die leicht aus der Welt zu schaffen sind? Warum kommsten nicht endlich mal wieder in die Goldmine, da sprechen wir uns bei 'nem frisch Gezapften aus und beenden den kleinen Zwist.«

Willy lachte verächtlich und sagte: »Kleiner Zwist? Unsere Freundschaft war immer eine Einbahnstraße. Du hast mich ausgenommen, das war nie anders, und ich hab's mit mir machen lassen. Aber irgendwann ist halt Schicht im Schacht. Was du mir in den letzten Monaten alles angetan hast, mir und meiner Familie, das kann ich nicht verzeihen. Du bist ein böser Mensch, und ich will mit dir nichts mehr zu schaffen haben.«

Willy wollte davonlaufen, aber das konnte Horst nicht auf sich sitzen lassen, er stellte sich ihm in den Weg und sprach gegen den Regen an: »Ich bin ein böser Mensch? Seit Jahren bist immer du das Opfer, der brave Willy mit seiner perfekten Familie. So leicht kann man sich sein Leben zurechtlügen. Hast du mal drüber nachgedacht, was du mir so alles angetan hast und meiner Familie? Nä, hast du nicht, weil sich bei dir immer alles nur um dich dreht, um dich und deine Luxusprobleme.«

»Geh mir aus dem Weg«, sagte Willy.

»Nein, das tu ich nicht«, sagte Horst, »wir schaffen das jetzt aus der Welt. Was haste mir vorzuwerfen? Komm, sprich dich aus.«

»Ich sag's dir ein letztes Mal im Guten, Horst. Geh mir aus dem Weg. Ich muss zur Beerdigung. Wenn du mir den Abschied von meinem Enkel auch noch vermasselst, dann kann ich für nichts garantieren.«

»Drohst du mir?«, brüllte Horst, »du drohst mir? Dein Gör macht meinem Jungen die Zukunft kaputt, und du stehst hier und drohst mir? Ich fass es nicht, das darf doch –«

Auf das, was nun kam, war Horst nicht gefasst gewesen. Willy packte ihn mit seiner rechten Pranke am Hals, schnürte ihm die Luft ab, zog eine irre Fratze und sagte: »Du hältst dich von meiner Familie fern. Kommst du einem meiner Kinder oder mir noch mal zu nah, dann reiß ich dir den Kopf ab.«

3

Sie saßen um den Plattenspieler wie die Pfadfinder ums Lagerfeuer und lauschten der Musik, als berge sie die Weltformel. Horst hörte nichts als Geplärre. Der Gitarrenlärm wurde leiser, ein kleines Wunder, denn bislang war noch jedes Lied nahtlos ins andere übergegangen, ein Freizeichen wie beim Telefonieren erklang, und Horst nutzte die Pause für einen Vorschlag, der ihm wirklich am Herzen lag: »Hopp, stellt den Krach mal ab jetzt.«

Hulda hob nur die Hand, um ihn zum Schweigen zu gemahnen. Neben ihr auf dem Sofa saß Jäcki, dessen leerer Blick aus Horsts Sicht auf zwei Möglichkeiten hinwies: Entweder hatten sie dem Jungen das Hirn herausoperiert, oder sein jüngster Drogencocktail könnte sich für ihn als letzter erweisen.

»Damit solltest du der Helga lieber nicht kommen. Wisst ihr, wie wir das bei uns in der Goldmine nennen? Studentenrock.«

»Das ist Blues«, sagte Hulda.

»Was?«

»Dieses eine Lied da, das ist keine Rockmusik, sondern Blues. Du musst hinhören. Nun sei still.«

»So was hören sich die Hippies und die Hochgestochenen

an. Leg lieber mal was Besinnliches ein. Morgen kommt das Christkind.«

Ein tiefer Ton brummte. Dann dieser Kerl mit der Fiepstimme.

»Der holt bloß Luft zum Schreien, das weiß ich genau«, sagte Horst.

Statt Hulda reagierte der aus dem Delirium erwachte Jäcki: »Kannst du nicht mal eine Stunde still dasitzen und der Kunst Einlass gewähren in dein Innerstes?«

Theatralisch warf er seine blonde Tolle zurück.

»Herzlichen Dank für den wertvollen Hinweis, Jäcki. Was ist eigentlich dein richtiger Name?«

»Das ist mein richtiger Name.«

»Hör mir auf. Falsche Vornamen haben nur die Stricher.«

»Woher weißt du über die Stricher Bescheid?«

Huldas Hand schnellte wieder nach oben, also blieb Horst fortan still. Nach zehn Minuten klang es, als würde jemand mit einer Flinte auf Fensterglas schießen, dann begann eine weitere Variation eines Liedes, das sie schon mindestens zwei Mal gehört hatten. Das war wirklich was für Leute, die sich für oberschlau hielten, große Klappe und nix dahinter wie Jäcki. Horst ertrug ein paar weitere Lieder, rauchte zwei Kippen, ging in Huldas Wohnung auf und ab, scheuchte den Kater vom Holzstuhl, setzte sich hin und wartete, bis ein aggressives Gitarrensolo ihn erneut auf die Palme brachte. Er rief in den Radau der heulenden Klampfe hinein: »Was soll das? Musik muss einen froh machen. Aber bei dem Krawall will man bloß alles abfackeln.«

Mit ungeahntem Schwung sprang Hulda auf und nahm die Nadel von der Platte. »Was willst du, Horst? Wieso kommst du her und schreibst mir vor, was ich für Musik zu hören hab?«

»Gar nix schreib ich dir vor. Ich sag nur meine Meinung. Das werd ich ja wohl noch tun dürfen.«

Sie ging am Krückstock zu Horst rüber und kniff ihm in die Wange: »Du bist eifersüchtig, weil du deine geliebte Oma Hulda nicht mehr nur mit 'nem alten Kater teilen musst, sondern auch mit einem anständigen jungen Mann. Dabei hast du doch den Jäcki mitgebracht. Also reiß dich zusammen und mach mir keinen Kummer.«

Jäcki rollte die Augen. Horst raste der Puls.

»Wir bleiben Freunde, mach dir keinen Kopf, Horst. Aber du musst dich auch mal auf was Neues einlassen. Hör mal auf die Texte. Pink Floyd sind revolutionär, das kannste mir glauben.«

»Revolutionär? Eher steinreich. Mit uns Proleten haben die nix am Hut.«

»Das ist zu kurz gedacht«, sagte Jäcki. »*The Wall* ist ein Konzeptalbum. Die Lieder erzählen eine Geschichte. Das ist voll subversiv. Deshalb ist es so wichtig, genau hinzuhören. Die sind stinksauer auf den Konformismus und den Konsumterror, und das verwandeln sie in richtig gute Musik.«

»Hör auf zu dozieren und geh zurück in den Sandkasten«, sagte Horst. »Oder mal was Nützliches tun, statt immer nur vorm Spiegel rumzustehen.«

Ohne ein weiteres Wort nahm Jäcki seinen Mantel und räumte das Feld. Alle liefen sie vor Horst davon.

»Was machst du uns das Leben so schwer«, sagte Hulda, die sich ins Bett legte. »Einen nach dem anderen machst du dir spinnefeind.«

»Ich hab mich lang genug über den Tisch ziehen lassen, Hulda. Das ist aber vorbei, endgültig. Vielleicht war ich früher manchmal ein Idiot, aber doch bloß, weil ich keine Wahl hatte. Immer hab ich den Frust mit nach Haus genommen, und abgekriegt haben ihn die Falschen. Nä, mit meiner Meinung halt ich nicht mehr hinterm Berg.«

»Jäcki ist ein guter Junge«, sagte Hulda merklich ermüdet. »Und jetzt leg mal den Hannes Wader auf.«

Horst nickte artig und ging zum Plattenspieler. Und dann saß er bei Hulda, sie hörten Waders Arbeiterlieder, einen Titel nach dem anderen. Irgendwann war die Platte bei den »Moorsoldaten« angekommen.

Hulda bemerkte, wie Horst trauriger wurde. »Nun sag, was dich bedrückt. Ist es die Sache mit Willy? Das renkt sich schon wieder ein. Und er wird nicht erfahren, dass du mich besuchst. Schweigen hab ich unter der Naziknute gelernt.«

»Bleib mir fort mit dem. Für Willy hab ich keinen Respekt mehr übrig. Da ist zu viel passiert.«

»Er denkt, ich hätte dir was von seinem Lottogeld gegeben, damit du dir dieses Auto kaufen kannst.«

»Für Willy bin ich der Gottseibeiuns, der sich den ganzen Tag überlegt, wie er die Leut verarschen kann.«

»Grund dazu haste ihm ja gegeben.«

»Habt ihr euch jetzt alle gegen mich verschworen, oder was?«

Hannes Wader sang, und Horst kamen die Tränen: »Wir sind die Moorsoldatäään und ziehen mit dem Spatäään ins Moor.«

Mit Mühe richtete Hulda sich im Bett auf und legte eine Hand auf Horsts Schulter: »Nun beruhig dich doch, Junge. Ich mein ja nur, dass du dir schon auch einiges an Gaunereien geleistet hast gegenüber meinem Willy.«

»Soll ich mal aufzählen, ja? Er hat mich in größter Not verraten, sodass ich meine Stellung aufm Bau verloren hab. Er hat mir persönlich angelastet, dass seine Frau die Miete nicht gezahlt hatte und zwangsgeräumt wurde. Er hat sich geweigert, mich wieder beim Habbelrath unterzubringen. Er hat mich vor meinen Saufbrüdern lächerlich gemacht, immer wieder, in meiner Stammkneipe, in die er ohne mich nie einen Fuß gesetzt hätte. Er hat nicht beim Familiengericht für mich ausgesagt, als sie mir den Peter weggenommen und Besuchsverbot erteilt haben. Er hat nie auch nur einmal gefragt, wie es mir geht nach dem Tod meiner Erna. Er hat gewusst, wie wichtig mir die Laufbahn vom Ottes ist, und trotzdem nichts unternommen dagegen, dass der Junge mit der Mira angebändelt hat. Stattdessen behandelt der mich seit Jahren wie einen Asozialen, so als würd er mich am liebsten ins Arbeitslager stecken.«

Nun glänzte auch in Huldas Auge eine Träne. »Ach, Horst«, sagte sie, »ich hatte keine Ahnung, dass dir das mit deinem alten Herrn immer noch so nahegeht. Aber sei dir über eins klar: Dein Vater war kein Asozialer, nur weil er nicht gearbeitet hat. Und deine Mutter war keine Dirne, bloß weil sie Liebhaber hatte.«

Horst ließ die Tränen laufen, unterdrückte aber den Drang zum Heulen. Hulda war der einzige Mensch auf der Welt, der ihm mit diesem Thema kommen durfte.

»Mein Mann war in Börgermoor und später im Strafbataillon. An der Front haben sie ihn als Schutzschild benutzt und in Stücke schießen lassen. Hat der Willy dir das mal erzählt? Oder hab ich dir das vielleicht sogar schon gesagt?«

Horst rührte sich nicht.

»Jedenfalls weiß ich, was es heißt, das Liebste zu verlieren, weil man anders ist oder anders denkt.«

Horst griff nach Huldas Hand, die auf seiner Schulter ruhte.

»Der Staat hat mir damals keine Witwenrente gezahlt.

Ich konnte zwar erst nach dem Krieg in die KPD eintreten, aber ich hab auf den Erzhütten bei jedem dämlichen Heil Hitler den Arm unten gelassen und bloß Gutn Tach gesagt. Das war denen genug, um mich verhungern zu lassen. Bevor sie meinen Willy abholen und in 'nem Erziehungslager zum Nazi machen konnten, hab ich ihn in ein christliches Heim gegeben. Und das hat er mir bis heute nicht verziehen, obwohl ich es ihm hundertmal versucht hab zu erklären. Suche immer nach dem Frieden, aber lass das Unrecht nicht siegen, das ist meine Lektion aus der Zeit, bis heute. Der alte Brecht hat gesagt: ›Wer kämpft, kann verlieren. Wer nicht kämpft, hat schon verloren.‹«

Als Hannes Wader mit dem Publikum im ganzen Saal zum letzten Mal grölte: »Dann ziehn die Moorsoldatäään nicht mehr mit dem Spatäään ins Moor«, da saßen Horst und Hulda auf dem Bett, Hand in Hand, und die arme alte Frau ahnte nicht, welchen Entschluss Horst gerade gefasst hatte.

4

Das Weihnachtsfest war dahingeplätschert. Ottes hatte sich nicht blicken lassen, Horst hatte nur seine Schmuddelheftchen und das Fernsehgerät. Seine Wohnung verließ er erst wieder am Abend vor Silvester, und dabei achtete er darauf, dass keine Geräusche im Hausflur zu hören waren. Das Licht blieb aus, Stufe für Stufe schlich er hinab. Eine zufällige Begegnung mit Willy zur falschen Zeit wäre das Allerletzte gewesen, was er jetzt gebraucht hätte.

Einen Abstecher in die Goldmine sparte er sich, der würde Horst nur unnötig aufheitern, heute musste er in Kampfstimmung kommen. Der Sepp war die Anlaufstelle zum Mutantrinken.

»Ei guggemol do, nommo volltanke, bevor wir all mitnanner in die Achtzischer starten?«

»Hab heut Abend ganz wenig Zeit, Sepp, tut mir leid. Gib mir zwei Bier und 'ne Flasche Korn.«

»Seit wonn saufsch dann du Korn? Des Fläschelsche liegt bei mir seit Monate bleischwer im Regal wie die Regewolke überm Kotte, un jetzert willsch du's mir änfach so abnemme. Was hasche dann vor heit Owend?«

»Wenn ich dir das verraten würde, müsste ich dich umbringen«, sagte Horst möglichst ernst, was den Sepp nicht daran hinderte, sich den Arsch abzulachen.

»Kann ich mal eben deine Toilette benutzen?«

»Ajo, awwer bass uf, des Klobabier is so hart, des war frieher mol Absperrband uf de Baustell.«

Horst ging zur Rückseite des Ständchens. Die Eisentür klemmte, aber mit etwas Gewalt ging sie auf und flog krachend zurück ins Schloss. Über dem Waschbecken betrachtete Horst sein Spiegelbild. Ob wir das wirklich wollen, fragte er, ob wir uns das gut überlegt haben? Dann dachte er an Willy, den künftigen Willy mit seinem fetten Rentenbescheid, und er nahm die Schreckschusspistole heraus, zielte auf die Fliesen, ein lauter Knall, einwandfrei.

»Is dir de Darm geplatzt, oder was war des für en Lärm do drin?«, fragte der Sepp, als er den Schlüssel zurücknahm. »Nun saach schun, wo es hingeht. Zu de Freundin, die du mir als noch net vorgestellt hosch?«

»Ach, woher denn, Sepp. Das würd mir nix bringen heut Abend. Die hat ihre Tage.«

»Wäässche was, mein Beschder? Du kennsch doch den Spruch: En gute Seemann sticht auch ins rote Meer!«

Das Kichern vom Sepp war noch bis runter zum Plus zu hören, hinter dem Horst abbog und in seinen geliebten Ford Capri stieg, der vor seiner ersten Spritztour seit Wochen stand. Bis raus zum Einsiedlerhof waren es acht Kilometer, für die Horst zehn Minuten Fahrzeit eingeplant hatte. Hinter der Pariser Straße überfuhr er ein Stoppschild, die Straßenlaternen funkelten durch die Windschutzscheibe, mit der Lichthupe vertrieb er die Schleicher von der linken Spur.

Hulda hatte ihm verraten, wo die beiden waren. Wenn die wüsste, welche Folgen ihr Plappermäulchen haben würde, dachte Horst, und dann bog er zum letzten Mal ab, machte die Scheinwerfer aus und parkte den Wagen gut hundert Meter vor dem Ziel. Rund um die Alte Ziegelei war es mucksmäuschenstill, die Straße unbeleuchtet. Aufgescheuchte Ratten huschten über den Weg. Eine steile Treppe führte hinauf zum Apartment, in dem Licht brannte, er war also nicht zu spät. Mit der Faust hämmerte Horst gegen die Stahltür. Es dauerte zwei Minuten, ehe sich dort drinnen was tat. Langsam und quietschend ging die Tür auf. Noch nie hatte Horst seinen Sohn derart aus allen Wolken fallen sehen.

»Was machst du denn hier?«, fragte er.

»Lässt du deinen alten Herrn rein? Dauert nicht lang, versprochen. Ich will nur was mit euch besprechen.«

Ottes zögerte, doch dann ließ er den so friedfertig wie möglich dreinblickenden Horst eintreten. »Schön habt ihr's«, sagte er, Ottes hatte den Arm um Mira gelegt, in sicherer Entfernung standen sie in der Zimmerecke direkt am Fenster.

»Wie hast du uns gefunden?«, fragte Ottes.

»Weißt du, mein Gutster, ich wollte ein besserer Mensch sein, jemand Anständiges. War mir wichtig, und ich hab's durchgezogen. Dann haben sie mich bei den Packern rausgeworfen, seitdem muss ich putzen gehen und mich von überbezahlten Arschlöchern behandeln lassen wie der letzte Dreck. Hab ich ausgehalten, hab ich alles ausgehalten.«

Horst ging langsam auf die beiden zu, während er weitersprach.

»Dann haben sie mir den Peter ins Heim gesteckt. Erna hat sich von der Alten Brücke gestürzt. Mein bester Freund spricht nicht mehr mit mir, weil er mich für einen Asozialen hält. Und zu guter Letzt …«

Nun stand Horst direkt vor Ottes, der Mira losließ. Horst griff hinter seinen Rücken und zog die Pistole heraus.

»Was …«, sagte Ottes, »was soll das?«

»Weißt du, mein Gutster, drüben in der Zone, da stehen sie Schlange wegen Brot und Wurst und dürfen nicht, wie sie wollen, und hier bei uns im Westen jaulen sie nur noch Frieden, Frieden, Frieden. Widerlich.«

Mit der linken Hand griff Horst in seine Hemdtasche, zog eine HB heraus und zündete sie an, die Waffe in der rechten. Wenn sich dabei ein Schuss gelöst hätte, wäre die Kugel wohl in Horsts Magengrube gelandet.

»Da darfste mich nicht falsch verstehen. Ich bin ein großer Friedensfreund. Aber wenn sich so viele ungerechte Sachen zutragen, dann kommt irgendwann der Moment, da man sich wehren muss. Verstehste doch, gell? ›Wer kämpft, kann verlieren. Wer nicht kämpft, hat schon verloren.‹«

Er hob die Pistole, spannte den Hahn und zielte auf Mira.

»Vater, bist du verrückt geworden?«

»O nein, mein Gutster, ganz im Gegenteil. Ich war noch nie bei so klarem Verstand. Die Kleine soll sich auf die Matratze legen. Hopp, wird's bald?«

Mira warf Ottes einen Blick zu und ging seelenruhig rüber zur Matte. Horst richtete die Schreckschusswaffe auf Ottes und sagte: »Wenn du dich auch nur einen Schritt bewegst, schieß ich dir deine Klöten kaputt, dann machste mich nie zum Opa.«

Die Waffe blieb auf Ottes gerichtet, als Horst Mira aufforderte, die Bluse bis zum Brustansatz hochzuschieben. Dann ging er zur Matratze, drückte den Lauf der Pistole auf Miras Bauch und sagte: »Ein Kind haste schon verloren. Lass dem kein zweites folgen.«

»Vater, lass sie in Ruhe.«

»Halt's Maul! Du wolltest nicht auf mich hören, du wolltest einfach nicht. Und jetzt kommst du mit nach Hause. Du triffst dieses Mädchen nicht mehr. Da steht ein neues Jahrzehnt vor der Tür, und von euch beiden lass ich es mir nicht kaputt machen, bevor es angefangen hat.«

5

Eine Welle quoll aus den Abteilen, überschwemmte den Bahnsteig, grüßte, ließ sich grüßen, schnäuzte die Wiedersehensfreude ins Taschentuch oder brüllte die Silvesterfeierlust heraus und brandete lärmend in die kleine Bahnhofshalle, von der aus Horst seinen Sohn im Blick behielt. Ein Seufzen, ein Nicken, dann schulterte Ottes sein Bündel und stieg in den Zug nach Sonthofen. Wäre Horst nicht noch vorgestern zufällig dem Dubbes begegnet, der in der Reserve des Heers war, dann hätte er Ottes über den unmittelbar bevorstehenden Jahreswechsel hinaus daheim einsperren müssen. So aber war der Platz im Soldatenheim am letzten Tag des Jahres klargemacht, die Silvesternacht und die Tage danach würde Ottes in der Generaloberst-Beck-Kaserne verbringen, einer ehemaligen Burg, in die keine Mira, keine Drogen und kein anderer Mumpitz eindringen konnten.

Und dann, wenn der Betrieb wieder anfangen würde im neuen Jahr, ließe sich drüber reden, in welcher Funktion sie Ottes bei sich behalten würden. Zeitsoldat, das wäre fürs Erste ausreichend, solider Sold, von dem er was zu Hause abliefern würde, irgendwann hätte Horst genug Geld beisammen, um vor Gericht zu ziehen und sich den Peter zurückzuholen, so in etwa stellte Horst sich das vor.

Noch war das Tageslicht nicht ganz verschwunden. Auf dem Vorplatz leuchteten die elektrischen Sonnen, vertrieben das Graue vom Himmel und besprenkelten die schiefen Häuser der Umgebung mit Leuchttupfern. Horst warf sich Kolapastillen ein, zog seine Batschkapp ins Gesicht, dachte schon in der Richard-Wagner-Straße an das erste Bier des Abends und empfand wie jedes Jahr um diese Zeit Melancholie. So wie er sich beim Nachschütten von Salz in den Streuer jedes Mal fragte, ob er den irgendwann noch mal neu befüllen würde, so kam ihm vor dem Silvesterbesuch in der Goldmine alljährlich der Gedanke, dass es sein letzter Jahreswechsel sein könnte. Manchmal fielen Menschen tot um, einfach so und ohne jede Vorwarnung. Darauf war Horst gefasst, auch wenn er nicht pausenlos daran dachte. Wenn es so weit sein sollte, dann sollte es eben so weit sein, aber vorher wären seine Dinge geregelt, dafür würde er sorgen und danach jeden neuen Tag mitnehmen wie einen Pudding, einfach genießen und schweigen, der Teufel würde ihn früh genug kriegen.

»Was muss denn ausgerechnet heute dieser Lackaffe hinter der Theke stehen?«, rief er Helga zu, die gerade dabei war, einen Stapel Weinkistchen aus der Kammer zu holen, und gut gelaunt aufbrauste: »Guck mal in den Kalender. Wenn ich heut Nacht allein den Laden schmeißen würd, müsste ich dich und die anderen Saufbrüder trockenlegen, damit mir die zahlungskräftige Kundschaft die Existenz sichert. Also laber nicht so dumm und hilf mir beim Tragen.«

Viel war noch nicht los, aber wer da war, der sah feierlich aus. Der S-Bahn-Dirk trug eine schwarze Fliege über dem blau-weiß karierten Holzfällerhemd. Luis, der Stinker, hatte seinen Blaumann gewaschen. Jäcki war geschniegelt und gebügelt wie immer. Helga trug doch tatsächlich ein rotes Brokatkleid, das sie zehn Jahre jünger aussehen ließ, ein bisschen aber auch wie eine Nutte im Edelpuff. Überall hingen Girlanden, die das Jahr neunzehnhundertachtzig begrüßten, es gab mehr Kerzen, als jemals auf einmal Gäste hier drin gewesen waren, auf den Tischen lagen allen Ernstes weiße Decken, und zur Feier des Tages sang Tony Marschall aus der Jukebox.

Gegen zehn hatte der Alkohol den stillen Jäcki rebellisch gemacht. Er wurde zum Lautesten von allen. Je mehr Studenten in die Spelunke einliefen, desto mehr schwang sich dieser Bengel zum Wortführer auf.

»Blutsbrüder, sauft!«, rief er seinen Studierzimmerkameraden zu, und alle stürzten sie den Fusel runter. Für 'ne Mark schenkte Helga den alten Schnaps aus, der in der Kehle brannte wie Pfeffer, den rührte Horst nicht mehr an, er blieb bei seinem Schoppenglas, da rief Jäcki schon wieder: »Blutsbrüder, sauft!«, und so ging das weiter, bestimmt zehn Mal, zehn Schnäpse hintereinander, wie sollten das die Mägen der Lavendelbuben verkraften, und prompt kippte hinten beim Flipper einer um, was Horst nicht ohne Schadenfreude registrierte. Helga hob den Jungspund zurück in den Stuhl und tat, wie wenn nichts gewesen wäre, der Kerl aber starrte in seinen Schoß mit dem Erbrochenen, verzerrte die Fresse und langte hinein in den Kotzmatsch mit seinen Händen, die trotz allem in diesem Leben noch das eine oder andere

Mädchen berühren würden, das eine oder andere Mädchen, das sich nicht wehren, sondern sich nach diesen Händen verzehren würde in diesem neuen Jahrzehnt, dem sie alle entgegensoffen wie die Bekloppten.

Die Uhr neben dem ausgeschalteten Fernseher tickte Richtung Mitternacht, und Horst schossen Bilder durch die Birne, Bilder von Menschen, die er in diesem verfluchten Jahrzehnt verloren hatte und nie wiedersehen würde. Erna, klar, die war tot wie ein Türnagel, irgendwie traf das aber auch auf Peter zu, wie konnte man einen Jungen von Anfang zwanzig ins Seniorenheim verfrachten, der Junge alterte doch im Affenzahn, seit er dort vor sich hin vegetierte. Und Dora, seine Dora, an die Horst wieder dachte, Tag für Tag und bisweilen sogar Stunde um Stunde, sie war die Liebe seines Lebens und würde es immer bleiben, in seinem Kopf und in seiner Brust, und obwohl sie vermutlich irgendwo lebte, dort drüben in den Staaten, kam sie ihm toter vor als Erna, was sich auf seltsame Weise richtig gut anfühlte in diesem Moment.

Zu drei Viertel war die letzte Stunde des Jahrzehnts voll, da hatte Horst sein elftes Bier ausgetrunken. Er verzog sich in die Porzellanabteilung, wo es im schummrigen Licht nach Männerpisse roch. Als er gerade wieder in den Schankraum wanken wollte, flog die Kneipentür auf, und im Dunkel des Windfangs erschien eine Silhouette, mit der Horst in diesem Jahr und an diesem Ort nicht mehr gerechnet hatte.

Alter Freund und Kupferstecher, wollte er brüllen, tat es dann aber doch nicht, denn in Willys rechter Hand hing eine Axt. Eine Zeit lang stand er da wie ein verregnetes Huhn im Sturm, da waren bereits fast alle Blicke auf ihn gerichtet, sogar der Lärm der Studenten war erstorben, aus der Jukebox kam »Das Lied der Schlümpfe« von Vader Abraham.

»Wo ist er?«, schrie Willy, er ging auf den Tresen zu und wurde auf halber Strecke von Helga abgefangen, die ihn auf seinen Stammplatz drückte und ihm ein Bier zapfte. Willy war gerade dabei, einen kräftigen Schluck zu nehmen, da trat Horst aus dem Dunkeln hervor. Vader Abraham gab Ruhe, Helga spielte hinter dem Tresen die Rolle des Bullen, der die Menge auffordert, weiterzugehen, weil es hier nichts zu sehen gebe.

Willy sah ihn, stand langsam auf und sagte: »Diesmal bist du zu weit gegangen, Horst.«

»Keine Ahnung, wovon du redest«, sagte Horst.

»Ich hatte dich gewarnt«, sagte Willy, »wenn du meiner Familie zu nahe kommst, dann reiß ich dir den Kopf ab, das hab ich gesagt.«

Aus seiner Hemdtasche nahm Horst seine Schachtel, klopfte eine HB heraus und zündete sie mit einem Streichholz an.

»Dass du meiner Mutter das Geld aus der Tasche ziehst, da hätt man noch drüber reden können. Was du aber mit meiner Tochter getrieben hast, dafür verdienst du, dass ich meine Drohung wahr mache.«

»Komm mal runter, alter Freund und Kupferstecher, und verrat mir erst mal, was ich denn bitte mit deiner Tochter angestellt haben soll?«

Willys linkes Auge zuckte.

»Hat dir wieder irgendwer 'nen Floh ins Ohr gesetzt?«

Willy griff nach der Axt, hob sie über seinen Kopf und musste sich ausgerechnet von Jäcki davon abhalten lassen, Horst einen Kopf kürzer zu machen. Der Bengel hielt todesmutig die Hand am Schaft der Axt und ließ nicht los. Willy brüllte: »Gib's doch wenigstens zu, du Drecksack, wenn du es doch wenigstens zugeben würdest!«

Wie es in Horst aussah, war eine Sache, aber nach außen hin blieb er der John Wayne aus Kaiserslautern, missverstanden und aufrecht. Er verschränkte die Arme vor der Brust und sagte mit wippender Kippe im Mundwinkel: »Willy, das willst du doch selber nicht. Es ist wie damals im Umzugswagen. Weißt du noch? Da wolltest du mir auch schon den Kopf abreißen und bist am Ende vernünftig geworden. Was nützt es deinen Mädchen, wenn du den Rest deines Lebens als Mörder im Knast verbringst?«

Willy ließ die Axt sinken.

»So leicht kommst du mir nicht davon«, sagte er, »nicht dieses Mal.«

Die Hand, in der die Axt lag, zitterte. Der immer so friedliche Willy stand mit entsetzlicher Mordlust vor Horst, den sie immer alle für den Bösen hielten. Und jetzt sahen sie, wie es wirklich war. Willy war ein Feigling, immer schon gewesen, da stand er und ließ sich von Jäcki festhalten.

Die Uhr ging auf Mitternacht zu, dreißig Sekunden waren übrig, und niemand wagte es, die verbliebene Zeit laut herunterzuzählen. Dann ging draußen das Geschrei und Geböller los, Willy befreite sich aus Jäckis Griff, donnerte die Axt in den Holztresen und stieß die Tür auf. Im Windfang riss er auch die zweite Tür auf, blieb aber stehen. Halb drehte er sich zu Horst um, fixierte ihn mit einem müden Blick, dann schüttelte er den Kopf und verschwand in der ersten Nacht der Achtzigerjahre.

November 2011

Eine Sache zu Ende gebracht

Auf dem Weg vom Stadtpark nach Hause stieg Willy zwei Stationen früher aus. Beppos Trinkhalle neben dem Gelände des Sportvereins ESC West war nach dem Einkaufen jeden Samstag seine Anlaufstelle.

Beide Ellbogen hielt Beppo auf seinen knarzenden Verkaufstresen gestützt und rührte sich nicht, als Willy längst an seinem mit Taubenkot übersäten Stehtisch angekommen war.

»Meister, krieg ich ein Bierchen?«, rief er.

Neben Willy stand der kleine S-Bahn-Dirk mit seinem aufgedunsenen Säufergesicht und der bleichen FCK-Mütze. Er tippte auf seine digitale Armbanduhr und sagte: »Unser Beppo ist eingeschnappt, weil du zu spät bist.«

»Red keinen Quatsch«, sagte Willy. »Beppo, stimmt das, was der da grad gesagt hat?«

Beppo rührte sich nicht.

»Du kennst unseren Beppo. Schweigen heißt Ja. Ist es nicht so, Beppo, ich hab doch recht?«

Wieder keine Reaktion.

»Siehste«, sagte der S-Bahn-Dirk, der erst jetzt Willys gierigen Blick auf sein Pils bemerkt hatte und die Flasche in einem Zug leerte.

»Was liegt an, Willy? Warum so spät heut?«

Willy winkte ab: »Komm, geh fort! Mein Enkelchen hat

den Familienrat einberufen. Alle in den Stadtpark. Da musste ich nach dem Einkaufen gleich hin.«

»Haste deine fünf Lidl-Tüten bis runter zum Stadtpark geschleppt?«

Willy winkte ab.

»Und eine davon biste nicht losgeworden.« Der S-Bahn-Dirk deutete auf den Plastikbeutel unter dem Tisch. »Du bist keine vierzig mehr, Freundchen. Sieh es ein und altere in Würde, sonst klappste mir noch auf offener Straße zusammen.«

»Sagt einer, der mit fünfundachtzig noch Auto fährt. Sturzbetrunken. Reg dich ab. Retour bin ich mit dem Bus gefahren, wie sich das für 'nen alten Knacker in beiger Jacke gehört.«

»Braver Junge. Zur Belohnung geb ich dir ein Bier aus, wenn du eins willst. Willste eins?«

Willy winkte ab. Er hatte den S-Bahn-Dirk schon vom Bus aus entdeckt, was ihn beinahe dazu gebracht hatte, nach Hause weiterzufahren, aber seinen Samstagstrunk wollte er sich dann doch nicht nehmen lassen.

Der S-Bahn-Dirk stellte zwei Bier auf die weiße Tischplatte, stieß eine Flasche gegen die andere und setzte zum Trinken an, ehe er den Faden wiederaufnahm: »Welcher Enkel eigentlich? Bestimmt der Christian, gell? Der Studierte. Sind immer die Studierten, die sich so 'n Quatsch ausdenken. Und was 'n überhaupt fürn Familienrat?«

»Mein Enkelchen hat das Grab von seinem Vater gefunden. Weißte doch, dem Horst sein Kleiner.«

»Ajo, der Ottes! Hat sich zu Tode gesoffen, der Kerl. Is lang her, dass der gestorben is. Haben wir 'n grad fürn Jahr? Zwanzigelf, gell? Sieben, acht Jahre?«

»Tja, und jetzt kommt's: Das arme Schwein hat nicht mal

ein richtiges Grab. Mein Enkelchen sagt, da liegt bloß ein Häuflein Erde. Nicht mal ein vermaledeites Holzkreuz. Hat der nicht verdient.«

»Hör mir auf mit dem Ottes. Dem hab ich damals das Hausverbot in der Goldmine zu verdanken gehabt. Hat Müll verbreitet, von wegen ich hätt in allen Kneipen der Stadt meine unbezahlten Deckel rumliegen. Dabei war das genau die Masche vom Ottes. So hab ich mich nicht mal von der Helga verabschieden können. Außerdem hat es den besser getroffen als seine Frau. Arme Mira. Mit zweiunddreißig am Krebs verreckt, weil der Ottes sie krank gemacht hat mit seiner Sauferei und Prügelei. Dass du dem Ottes damals nicht den Kopf abgerissen hast dafür, dass er deine Tochter auf dem Gewissen hat, das werd ich nie begreifen, mein lieber Willy. Wenn das mein Mädchen gewesen wär, hätt ich keine Gnade gekannt. Die Eier hätt ich dem Ottes abgeschnitten, mindestens.«

»Hast du gestern den Betze gesehen?«, sagte Willy, »wer daheim zwei zu null gegen Leverkusen verliert, und dann ist auch noch der steinalte Ballack bester Mann auf dem Platz, der steigt ab.«

»Jetzt babbelst *du* Mist, Willy. Die haben vorher fünf Spiele nicht verloren und immer noch fast dieselbe Mannschaft wie im letzten Jahr, wo sie als Aufsteiger gleich mal Siebter geworden sind. Der Kuntze Stefan weiß schon, was er tut. Solang der dort oben das Sagen hat, steigen die nicht ab.«

»Guck dir die Tabelle an. Zweihundert Euro krieg ich von unsrem Beppo, wenn die absteigen. Da freu ich mich drauf.«

»Jedenfalls war der Ottes ein Gauner, genau wie sein dämlicher Vater«, sagte der S-Bahn-Dirk.

Willy trank sein Belohnungsbier schnell aus, weil er sich

vom Acker machen wollte, da spürte er plötzlich einen bestialischen Schmerz im Rachen und schrie auf. Der S-Bahn-Dirk stürzte zu ihm, und sogar der Beppo zeigte so was wie eine menschliche Regung.

»Was denn los«, sagte der S-Bahn-Dirk, dann riss er die Augen auf und fasste Willy an den Hals, worauf der erneut aufschrie und den S-Bahn-Dirk beiseitestieß.

»Freundchen, dein Schlund ist dick wie ein Gugelhupf. Vielleicht hat dich 'ne Wespe gestochen.«

»Eine Wespe. Mitten im November. Du tickst nicht mehr ganz sauber.«

»Du musst sofort zum Arzt.«

»Nix da. Ich bring jetzt die Tüte heim.«

Er klopfte drei Mal auf den Tisch, nahm den Plastikbeutel und machte sich keuchend auf den Trab. Kurz vor der Marienburger Straße blieb ihm die Luft weg. Ihm fiel die Tüte hin, und kurz darauf stürzte auch er aufs Trottoir. Es dauerte zwei, drei Minuten, ehe ein Auto anhielt, aus dem der Fahrer heraussprang und Willy in stabile Seitenlage brachte, ehe er seinen fetten Hals sah und ihn in seine Karre verfrachtete.

Bei der Notaufnahme mussten sie warten. Eine kaugummikauende Frau hatte hinter dem Tresen kaum von ihrer Illustrierten aufgeblickt, als die beiden vor ihr standen. Sie müssten warten wie jeder andere auch, immerhin gab es kalte Umschläge. Nach und nach rückten im Wartezimmer alle anderen vom kollernden Willy ab, das blonde Mädchen mit dem blaugeschlagenen Auge, dann der Muskelmann mit dem offenbar gebrochenen Arm.

Nach einer Viertelstunde trat eine Krankenschwester mit Klemmbrett in den Warteraum und zog Willy ohne Tamtam vor. Ein Quacksalber rammte Willy eine Spritze in den Hals. Dann behauptete er, der Rachen werde zügig abschwellen.

Es sei eine allergische Reaktion. Wahrscheinlich verursacht durch einen Wespenstich. Wie das denn sein könne, mitten im November, fragte Willy. Sei nicht ungewöhnlich, sagte der Doktor, bei entsprechenden Temperaturen könne die Deutsche Wespe bis in den Frühwinter aktiv bleiben, das sei zähes Viehzeug. Willy dachte sich seinen Teil. Zur Beobachtung müsse er in der Klinik bleiben, sagte die Schwester, der Willy ebenso wie dem Arzt die Dollarzeichen in den Augen anzusehen glaubte. Bitte draußen warten, danke.

Der Mann, der ihn aufgelesen hatte, war noch da, und sie gingen zum Rauchen vor die Tür. Willy rauchte seit Jahren nicht mehr, der Mann zündete sich eine Reval ohne Filter an. Aus der Jackentasche nahm er sein Handy und fragte, ob er Angehörige verständigen solle. Ja, seine Tochter solle kommen, sagte Willy, deren Nummer kannte er auswendig. Wie sie denn heiße, fragte der Mann. Juli, sagte Willy. Juli? Ja, Juli, Juliane mit bürgerlichem Namen, wenn er das Förmliche bevorzuge.

Der Mann kniff die Augen zusammen: »Die ganze Zeit hatte ich schon gedacht, dass wir uns kennen. Wenn Ihre Tochter Juli heißt, dann sind Sie … bist du … Willy?«

»Und wer sind Sie?«

Willy betrachtete den Typ aufmerksam. Er war spindeldürr, hatte aber heute schon ordentlich Kraft bewiesen. Er mochte Mitte fünfzig sein, den Falten im Gesicht nach vielleicht sogar ein paar Jahre älter, oder er hatte eine lange Säuferkarriere hinter sich. Auf dem Kopf nur noch Flaum, umso prächtiger stand ihm der graue Schnorres unter der Nase. So in etwa, kam es Willy plötzlich in den Sinn, würde wohl der Ottes aussehen, wäre er noch am Leben.

»Meine Fresse, Willy, du bist es wirklich!«, sagte der Kerl. Er fing an zu lachen und umarmte Willy, gerade so wenig schroff, dass der noch Luft bekam. Er zog an seinem Gesicht herum: »Erkennste mich nicht? Ich bin's, der Kalle!«

»Das darf nicht wahr sein«, sagte Willy. »Wie ist es dir ergangen, Junge?«

»Ach, es muss«, sagte Kalle.

»Das gibt's doch nicht. Grade vorhin hab ich noch mit 'nem Kumpan beim Beppo über den Ottes gesprochen. Wohnt ihr noch aufm Bännjerrück?«

»Ajo«, sagte Kalle. »Ich schaff sogar noch beim Schulz & Kuhnert. Auf meine alten Tage nur noch als Fahrer, aber ich pack auch gern mal noch mit an. Gott sei Dank hat mein Vater mich damals dort untergebracht, nachdem ich wieder bei ihm in der Berliner Straße eingezogen war.«

»Nicht zu fassen«, sagte Willy, »manches ändert sich nie.«

»Und was für 'ne Ironie, was? Damals im Krieg hast du meinen alten Herrn vorm Karzer bewahrt, und jetzt biste dank mir dem Tod von der Schippe gesprungen. Da haste Krieg und alles überlebt, und dann bringt dich fast so 'ne Wespe ins Grab. Würd sagen, ihr zwei seid quitt jetzt, mein Vater und du.«

»Hat er dir mal erzählt, wie wir uns kennengelernt haben?«

»Ja klar«, sagte Kalle, »das hab ich schon als Bub gewusst. Manchmal hat der den Moralischen gekriegt und uns Geschichten aus seiner Kindheit erzählt, und dabei hat er geheult wie ein Schlosshund. Der Mann konnte auch anders.«

»Wie kommst du darauf, dass ich ihn vorm Karzer gerettet hab damals?«

»Ach, Willy, immer noch ein Tiefstapler. Du warst doch Brandwache in den Trümmern und hast meinen Vater bei den noch halbwegs anständigen unter den HJ-Jungs verstecken wollen.«

Willy hob den Kopf. Binnen weniger Minuten war es dunkel geworden. Der Mond schien hell.

»Dein Vater ist nie dort angekommen, wo ich ihn hingeschickt hab«, sagte Willy, ohne Kalle anzusehen.

»Weil ihn doch noch ein paar von den schlagkräftigeren HJ-Burschen gekascht haben. Weiß ich auch alles.«

»Also hab ich ihn nicht gerettet. Im Karzer ist er nicht gelandet, aber die haben ihm im Waisenhaus die Hölle heißgemacht und ihn fünfundvierzig erst recht als Kanonenfutter an die Front schicken wollen. Genau das Gleiche wär auch passiert, wenn ich ihn gleich bei der Fürsorge abgeliefert hätte, wie es meine Pflicht gewesen wär als Brandwache.«

»Machst du dir Vorwürfe?«, sagte Kalle. »Den HJ-Kadern konnte er sagen, dass er sich bloß verlaufen hatte nach dem Dienst zum Schuttwegräumen. Hättest du ihn als Flüchtigen abgeliefert, hätten sie ganz andre Saiten aufgezogen. Wer weiß, im schlimmsten Fall wär er in Dachau gelandet, wie sein Vater.«

Willy schwieg, sah schnaufend um sich, und nach einer Weile sagte er: »Kalle, Horst hat dir nicht die ganze Wahrheit gesagt. Ich hab ihn angeflunkert. In Wahrheit kannte ich im HJ-Heim keinen, der ihm geholfen hätte. Das war reine Spekulation. Und am Ende haben die harten Burschen ihn dann ja tatsächlich erwischt. Das war meine Schuld.«

Kalle sah ihn an. Willy konnte den Blick nur kurz erwidern, so sehr fürchtete er, der Ausdruck würde in Hass umschlagen.

»Dass die ihn erwischt haben, dafür hätte er niemals dir die Schuld gegeben. Du wolltest ihm helfen. Ist halt danebengegangen, so was passiert. Es war Krieg.« Kalle blies den Rauch seiner Reval durch die Nase. Dem Kerl war keine Spur von Zorn anzusehen. »Mit meinem alten Herrn bin ich noch nicht fertig, weißte, Willy? Als ich erfahren hab, dass er sterben würde, damals, zweitausendzwei, da war die ganze Stadt im Fieber der erfolgreichen Fußball-WM.«

»Ja, mit Miro Klose als Torjäger«, murmelte Willy, »und mit dem Andi Brehme, der nach dem Turnier gesagt hat, die Jungs hätten Deutschland würdig verteidigt. Hat mich alles nicht groß interessiert damals.«

»Ja, weil du Wache gehalten hast an seinem Sterbebett. Ich hab ewig hin- und herüberlegt, ob ich ihn noch mal besuchen soll«, sagte Kalle. »Hab ich dann aber nicht. Und heute bereu ich das.«

»Mach dir keinen Kopp«, sagte Willy, der es wagte, Kalle den Rücken zu tätscheln. »Immerhin war der Ottes noch mal da.«

»Ich werd mir das bis ans Ende meiner Tage vorwerfen. Dass ich es als erwachsener Mann nicht fertiggebracht hab, meinem krepierenden Vater zu verzeihen … Aber *du* hast nicht das Recht, dir Vorwürfe zu machen. Wie alt warste damals? Nicht mal sechzehn wahrscheinlich. Außerdem war dein Hirnkasten voll mit diesem Nazidreck. Da hast du aus der Logik heraus alles sehr anständig gemacht mit meinem Vater. Und ganz zum Schluss warst du für ihn da, als er dich am meisten gebraucht hat. Letztlich zählt doch vor allem, wie man eine Sache zu Ende bringt.«

»Den Satz hätte auch der Hitler sagen können, bevor er sich umgebracht hat«, lachte Willy.

»Hat er aber nicht«, sagte Kalle.

»Dafür hat dein Vater dir seinen Hang zu Kalendersprüchen vererbt.«

»Wenn es das ist, was auf Dauer von ihm bleibt«, sagte Kalle und drückte seine Reval aus, »dann hat er mehr Spuren hinterlassen auf der Welt als die meisten anderen Trottel.«

INHALT

DANK

An meine Großeltern, Eltern, Geschwister und Tanten für das Glück, Teil dieser wundersamen Familie zu sein.

An die Stadt Kaiserslautern, deren Bewohner mich faszinieren und inspirieren.

An Maria Barankow, Franziska Günther und Karsten Kredel, ohne deren Kritik und Fürsprache ich keine Zeile dieses Textes veröffentlicht hätte.

An Michael Angele, Uli Brinkmann, Oliver Damitz, Sebastian Friedrich, Martin Hatzius, Karoline Herrmann, Andreas Jager, Timon Karl Kaleyta, Ole Nymoen, Resi Piekarski, Sebastian Puschner, Wolfgang M. Schmitt, Feivel Seidenberg, Gabi Steinwachs, Klaus Ungerer und Sophie Wahl, die ihren Anteil am Entstehen dieses Buches unterschätzen.

An Vicki Baum, Alfred Döblin, Hans Fallada, Jörg Fauser, Hubert Fichte, Hermann Hesse, Lili Grün, Irmgard Keun, Flannery O'Connor und John Steinbeck, deren Bücher ich mit Gewinn für diesen Roman gelesen habe.

An meine Katzen Baliz und Nuri, die mir beim Schreiben zu Ruhe und Gelassenheit verholfen haben.

An meine Frau Britta für ihre Liebe, ihre Geduld und ihr Gespür für das, was im Leben wichtig ist. Ihr widme ich dieses Buch.